VERSUS

Barbara Bleisch
Markus Huppenbauer
Christoph Baumberger

Ethische Entscheidungsfindung

Ein Handbuch für die Praxis

3., vollständig überarbeitete
und aktualisierte Auflage

Nomos Verlag · Baden-Baden *Versus · Zürich*

Zur Künstlerin: Die Malerin Susanne Keller lebt und arbeitet in Zürich. In ihrem Atelier entstehen vor allem großformatige Gemälde, die seit 1980 an zahlreichen Ausstellungen im In- und Ausland zu sehen sind.
Das Thema des vorliegenden Buches ist Ethik. Ein Wort, das viel aushalten muss. Im Vorfeld für die Illustration ist «die Sünde» als Gegenbegriff zu «Ethik» aufgetaucht.
Der alternative Buchtitel auf der Rückseite *The Good, The Bad and The Ugly* vereint beide und öffnet für die Illustrationen das weite Feld des Kinofilms. Die Zeichnungen sind als Assoziationen zu den Filmtiteln zu verstehen, Anspielungen, die wie kleine Ausflüge im Buchinhalt erscheinen sollen.

Bibliografische Information der Deutschen Nationalbibliothek

Die Deutsche Nationalbibliothek verzeichnet diese Publikation in der Deutschen Nationalbibliografie; detaillierte bibliografische Daten sind im Internet über http://dnb.dnb.de abrufbar.

Versus Verlag AG, Zürich · www.versus.ch
Nomos Verlagsgesellschaft, Baden-Baden · www.nomos.de

Umschlagbild und Kapitelillustrationen: Susanne Keller · Zürich
Satz und Herstellung: Versus Verlag · Zürich
Druck: Westermann Druck Zwickau GmbH · Zwickau
Printed in Germany

ISBN Versus: 978-3-03909-309-0 (Print) 978-3-03909-809-5 (E-Book)
ISBN Nomos: 978-3-8487-8118-8 (Print) 978-3-7489-2535-4 (E-Book)

Vorwort

Dieses Buch ist über einen langen Zeitraum hinweg entstanden. Markus Huppenbauer und ich haben 2009 eine erste Fassung geschrieben auf der Grundlage jahrelang erprobter Unterrichtsmaterialien und eines Vorgängerbuches, das in Zusammenarbeit mit Jörg de Bernardi entstanden war. 2010 erschien dann die erste Auflage des «Schemas ethischer Entscheidungsfindung», 2014 legten wir eine zweite Auflage vor. In den Jahren dazwischen und danach haben wir unzählige Veranstaltungen mit unserem Buch bestritten, oft Seite an Seite.

Als im Herbst 2019 klar wurde, dass eine dritte Auflage vonnöten würde, entschieden wir uns, das Buch grundlegend zu aktualisieren und zu überarbeiten.

Am 23. Juli 2020 verstarb Markus Huppenbauer völlig unerwartet. Noch in den Tagen vor seinem Tod standen wir in intensivem Austausch, lachten über schräge Metaphern, rangen um passende Beispiele und feilten an Formulierungen. Markus stand auf dem Höhepunkt seiner Karriere und war bester Dinge.

Der Tod von Markus ist ein immenser Verlust für all jene, die ihm nahestanden. Er fehlt uns allen sehr. Der Verlust trifft aber auch alle, die er unterrichtet hat, die von ihm gelernt haben und denen er unermüdlich seine Begeisterung für Fragen der Ethik nähergebracht hat. Das «Schema ethischer Entscheidungsfindung» und dieses Buch gäbe es nicht ohne Markus, und es ist für mich ein großes Privileg, mit ihm gemeinsam an diesem Projekt gearbeitet haben zu dürfen.

Markus machte keine halben Sachen. Was er anpackte, wollte er gut machen und zu Ende führen. Gemeinsam mit dem Versus Verlag bin ich der Ansicht, dass es in Markus' Sinne ist, wenn dieses Buch in der geplanten Neuauflage erscheinen kann und die Lehrmaterialien weiter greifbar sind. Das Buch war und bleibt dabei ein Gemeinschaftsprojekt und genauso Markus' Werk wie meines.

Gerade weil wir stets Hand in Hand gearbeitet haben, war es mir wichtig, dies weiterhin tun zu können. Ethik lebt vom Dialog, von der Debatte. Ich bin deshalb glücklich, in Christoph Baumberger eine Person gefunden zu haben, die die Überarbeitung des Buches mit mir zu Ende führen konnte. Das Buch hat damit nochmals ganz neu und maßgeblich profitiert vom kundigen Blick und der philosophischen Kompetenz eines neuen Co-Autors. Ich bedanke mich sehr herzlich bei Christoph Baumberger, dass er bereit war und ist, dieses Buch neu gemeinsam mit mir zu verantworten. Markus Huppenbauer werden wir stets in allerbester Erinnerung halten.

Zürich, im Januar 2021, Barbara Bleisch

Inhaltsverzeichnis

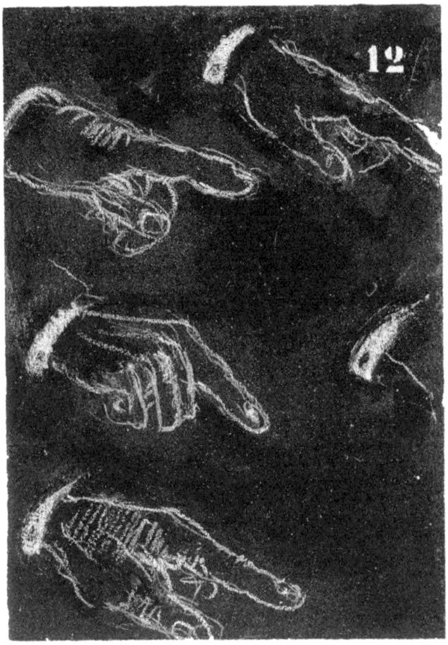
12

ANGRY MEN

Zum Auftakt

Das Frühjahr 2020 wird in die Geschichte eingehen. Die Corona-Pandemie, die Anfang des Jahres von China auf Europa überschwappte und den gesamten Globus erfasste, warf neben epidemiologischen und medizinischen Fragen auch zahlreiche ethische Fragen auf. Viele dieser Fragen sind zwar nicht gänzlich neu. Die Pandemie hat aber wie ein Brennglas einige der kritischen Momente unserer globalisierten, vernetzten Gegenwart hervortreten lassen und einige Fragen neu zugespitzt. Wie etwa ist das Verhältnis zwischen Freiheit und Sicherheit auszugestalten, wie verhalten sich Ökonomie und Politik zueinander? Unter welchen Umständen, mit welchem Ziel und mit welchen Mitteln darf ein Rechtsstaat die Freiheiten seiner Bürgerinnen und Bürger beschneiden? Welchen Wert hat der Schutz der Privatsphäre, wenn sich mit Hilfe der Auswertung von Mobilfunkdaten die Gesundheit unserer Gesellschaft schützen oder verbessern lässt? Zu diesen grundsätzlichen politiktheoretischen und rechtsphilosophischen Fragen haben sich ethische Fragen gesellt: Wie etwa ist der Wert des einzelnen Lebens zu beziffern, wenn zu seiner Rettung die Wirtschaft massiv beschnitten werden muss? Sind solche Berechnungen überhaupt legitim – oder verstoßen sie gegen die Menschenwürde? Nach welchen Kriterien ist zu triagieren, wenn die Betten auf der Intensivstation knapp werden?

Im selben Frühjahr wurde in Minneapolis (USA) abermals ein Afroamerikaner bei einem Polizeieinsatz gewaltsam getötet. Der Tod von George Floyd führte weltweit zu Protesten gegen Rassismus und Diskriminierung. Er warf ein grelles Licht auf die weltweite Diskriminierung von *people of color.* In den USA fielen die Demonstrationen umso heftiger aus, als die zeitgleich wütende Corona-Pandemie den durchschnittlich ärmeren und medizinisch schlechter versorgten schwarzen Menschen besonders zusetzte. Auch in der Schweiz flammte die Diskussion über institutionellen Rassismus, über Bildungschancen und die Rechte von Migrantinnen und Migranten neu auf. Unter anderem wurde über die Bezeichnung des Schokokusses debattiert respektive darüber, unter welchen Umständen Sprache verletzend ist und angepasst gehört, und wann Empfindlichkeiten zu weit gehen und unzulässig moralistisch sind.

Die Liste ethischer Spannungsfelder, die zur Zeit Debatten anstoßen und befeuern, ließe sich beliebig fortsetzen: Zeigte nicht der Skandal im deutschen Schlachtbetrieb Tönnies während der Pandemie von 2020, dass unser Fleischkonsum ethisch nicht mehr zu rechtfertigen ist? Ist es richtig, im Zuge der «Ehe für alle», die im Schweizer Parlament diskutiert wird, auch den Zugang zur Samenspende für gleichgeschlechtliche Paare zu erlauben? In einer pluralistischen Gesellschaft sind Fragen der Ethik eine stete Begleiterscheinung. Richard von Weizsäcker hatte gewiss Recht, wenn er einmal sagte, Politik, Demokratie und Wirtschaft könnten ohne einen Bodensatz von Ethik nicht existieren. Doch worin genau dieser Bodensatz besteht, was davon allenfalls auch getrost entsorgt werden darf und wie der Bodensatz sich allenfalls erneuern lässt, das ist und bleibt strittig. Dennoch müssen wir uns als Gesellschaft, als Unternehmen, als Institutionen und als Privatpersonen zu diesen Fragen verhalten und Entscheidungen treffen.

Das vorliegende Buch bietet Hand dafür und vermittelt, wie ethische Fragen und Probleme einer begründeten Lösung zugeführt werden können. In seinem Zentrum stehen jene Entscheidungsprozesse, zu denen solche Fragen anhalten. Wie es sein Untertitel sagt, ist das Buch für den Gebrauch in der Praxis geschrieben. Es richtet sich an Menschen in ihrem Arbeitsumfeld, an Mitarbeitende von Unternehmen, Behörden und NGOs sowie an Lehrpersonen, die das entsprechende Wissen anderen Berufspersonen vermitteln wollen. Sein Augenmerk liegt deshalb nicht auf moralischen Fragen, wie sie sich in unserem Privatleben stellen können: Darf man Geschenke bei Nicht-Gefallen weiterschenken? Muss man seinem Freund erzählen, dass man weiß, dass seine Partnerin ihn betrügt? Ist es erlaubt, einen Pelzmantel zu tragen? Im Zentrum dieses Buches stehen vielmehr Konflikte, wie sie unser professionelles Umfeld oder die Gesellschaft als Ganze betreffen: Ist Kinderarbeit in jedem Fall moralisch verwerflich? Sollte Suizidbeihilfe auch in Pflegeheimen zugelassen sein? Darf man Sexualstraftäter lebenslänglich verwahren?

Dieses Buch stellt ethische Entscheidungsfindung als einen Prozess vor, der rational nachvollziehbaren Kriterien genügt und an den wissenschaftlichen Ethik-Diskurs anknüpft. So verstanden, ist ethische Entscheidungsfindung nicht möglich, ohne zumindest die philosophischen Grundlagen der Ethik zu verstehen und zu berücksichtigen. Deshalb bietet dieses Buch auch eine knappe Einführung in die Grundbegriffe und Theorien der Ethik, die jedoch stets im Hinblick auf das vorgestellte Modell ethischer Entscheidungsfindung vermittelt werden. Das Buch ist im Wesentlichen eine erweiterte und überarbeitete Auflage von «Ethische Entscheidungsfindung. Ein Handbuch für die Praxis», das 2011 in einer ersten und 2014 in einer zweiten Auflage erschienen ist. Wir haben den Text für diese Neuauflage grundlegend überarbeitet und mit aktuellen Bezügen auf laufende Debatten wie etwa zu Fake News, zu *political correctness* oder zum sogenannten *nudging* ergänzt sowie das Verzeichnis zu Ressourcen wie Literatur, Websites und Medien aktualisiert. In den bisherigen Auflagen des Buches wurden in einem dritten Teil jeweils einige Fallbeispiele ausführlich diskutiert. Diese wurden nun für die überarbeitete und aktualisierte Neuauflage ausgelagert. Entsprechende Unterlagen, die sich auch im Unterricht oder zu Schulungszwecken eignen, sind auf Anfrage beim Verlag erhältlich.

Wir waren und sind nicht die Ersten, die sich mit der Frage ethischer Entscheidungsfindung wissenschaftlich auseinandersetzen und ein entsprechendes Schema entwickelt und vorgelegt haben. Im deutschsprachigen Raum hat sich der Theologe Heinz Eduard Tödt bereits 1977 Ähnliches vorgenommen und ein Schema zur Urteilsfindung in ethischen Fragen vorgelegt. Weitere Vorschläge, wie ethische Streitfragen systematisch einer Lösung zugeführt werden könnten, haben etwa Ben Mepham ausgearbeitet, dessen Matrix auf Fragen der Bioethik zugeschnitten ist, oder Kenneth Goodpaster, dessen «Case Analysis Template» sich vor allem zur Lösung von Fallbeispielen aus der Wirtschaftsethik eignet. In der Schweiz ist vorrangig Ruth Baumann-Hölzles «Modell strukturierter Fallbesprechung in 7 Schritten» bekannt geworden, das dem Kontext der Medizinethik entstammt. Das von uns vorgelegte Schema unterscheidet sich von den drei eben erwähnten Modellen insofern, als es weder einer konkreten Bereichsethik entstammt noch in seinem Anwendungsbereich auf Fragen einer einzigen Bereichsethik eingeschränkt ist.

Im ersten Teil dieses Buches legen wir ein Schema ethischer Entscheidungsfindung vor, das in fünf Schritten zur Bildung eines ethischen Urteils anleitet. Damit soll nicht der Anspruch eines simplen Automatismus oder Algorithmus erhoben werden, mit dessen Hilfe ethische Fragen schnell und widerspruchsfrei beantwortet werden können. Das Schema hat vielmehr den Charakter einer Toolbox, welche zur Lösung ethischer Probleme die passenden Instrumente bereithält, die von Fall zu Fall überlegt angewendet und eingesetzt werden müssen. Dies bedeutet, dass unser Schema niemanden vom Selber-Denken befreit – und das ist selbstverständlich gut so. Das Schema nimmt jedoch für sich in Anspruch, dass es, richtig angewendet, komplexe Streitfragen aufzuschlüsseln und den Entscheidungsprozess sicher anzuleiten vermag. Es beruft sich dabei stets auf rational nachvollziehbare Kriterien: Eine ethische Entscheidung zu fällen, ist – so die These dieses Buches – etwas anderes, als seine persönliche Meinung kundzutun oder individuelle Präferenzen zu äußern. Damit ist auch gesagt, dass sich zwar durchaus unterschiedliche Entscheidungen rechtfertigen lassen; nicht alle genügen jedoch den Standards, die wir in diesem Buch für ethische Entscheidungen formulieren. Weil das Schema ethischer Entscheidungsfindung nicht nur für den akademischen Elfenbeinturm, sondern auch für die Praxis taugen soll, umfasst es auch die Frage nach der Umsetzung oder Implementierung von Ethik – ein Thema, das gewöhnlich nicht zum Geschäft der Ethikerinnen und Ethiker gezählt wird. Tatsächlich sind viele Implementierungsfragen nicht philosophischer, sondern psychologischer, soziologischer oder ökonomischer Art. Dennoch hat die Frage der Umsetzung ethischer Überzeugungen selbstverständlich auch Komponenten, die aus Sicht der Ethik wichtig sind. Ihnen haben wir versucht, in einigen Abschnitten Rechnung zu tragen.

Im zweiten Teil gehen wir der Frage nach, was es heißt, Ethik als wissenschaftlich fundierte, philosophische Reflexion zu verstehen und zu betreiben: Wir sprechen darüber, was «Wahrheit» und «Objektivität» in der Ethik bedeuten können. Damit nehmen wir jene Vorwürfe auf, mit denen sich Ethikerinnen und Ethiker im öffentlichen Raum häufig konfrontiert sehen: Ethik sei doch «subjektiv» oder «relativ» und sicherlich keine Wissenschaft. Wir versuchen zu zeigen, inwiefern Ethik durchaus «objektiv» sein kann und welcher Wahrheitsanspruch ethischen Urteilen unserer Meinung nach innewohnt. Im Weiteren widmen wir uns der Argumentationslehre, also der Frage, was gute von schlechten Argumenten unterscheidet, worin die Gültigkeit oder Ungültigkeit von Argumenten besteht und wie man Argumentationsfehler vermeidet. Abschließend diskutieren wir, in welchem Geist ethische Entscheidungsfindung betrieben werden sollte und präsentieren jene Diskurstugenden, die ethische Urteilsfindung gerade in einer pluralistischen Gesellschaft wie der unseren anleiten sollten.

Wir bedanken uns bei allen Studierenden und Doktorierenden, die in den letzten Jahren unsere Seminare und Kurse zum Thema besucht haben und uns mit ihren kritischen Rückfragen und Kommentaren weitergebracht haben. Großen Dank sprechen wir auch den Mitarbeiterinnen vom Versus Verlag aus: für ihre Geduld und ihre Akribie und für die wertvolle Zusammenarbeit.

Barbara Bleisch, Markus Huppenbauer, Christoph Baumberger

Teil I

Fünf Schritte zur ethischen Entscheidungsfindung

Sucht jemand eine Arztpraxis auf, wird die Ärztin als Erstes eine Anamnese machen, also nach Vorerkrankungen und familiären Belastungen fragen, nach Allergien und Medikamenteneinnahmen, nach den Lebensumständen des Patienten und seinem Beruf, nach seinem allgemeinen Befinden und seinen Beschwerden. Ganz ähnlich wird ein Bauherr, bevor er ein Gebäude plant, seine Recherchen anstellen: zur Beschaffenheit des Bodens und der Erschließung des Geländes, zum ökonomischen Wert der Parzelle und der erwartbaren Wertsteigerung, zu Besonnung und Wetterbedingungen, zum Baurecht und zu möglichen Einsprüchen. Entscheidungsfindung ist, anders gesagt, weder das Befolgen eines Bauchgefühls noch intuitive Selbstbefragung, noch ein spontaner Entschluss. Entscheidungsfindung ist vielmehr ein langwieriger, sorgfältig abwägender Prozess, der im Für und Wider Argumente prüft und herausschält, was zu tun am klügsten, verhältnismäßigsten und nachhaltigsten ist. Ganz ähnlich in der Ethik: Auch die Lösung ethischer Fragen bedingt eine sorgfältige «Anamnese», ein Verständnis für die zentralen Konflikte, ein Prüfen der widerstreitenden Argumente und schließlich eine Entscheidung, die sich verantworten und umsetzen lässt.

Im ersten Teil dieses Buches gehen wir mit dieser Vorstellung ethischen Streitfragen auf den Grund: Wir zeigen, was ethische Fragen von anderen Fragen – beispielsweise Fragen des Rechts, der Wirtschaft, des Anstands oder des persönlichen Geschmacks – unterscheidet, und führen ein Schema zur Lösung ethischer Konflikte ein. Dieses Schema ist als eine Art Toolbox zu verstehen, die mit Instrumenten bestückt ist, die nötig sind, um moralische Konflikte einer stichhaltigen und ethisch vertretbaren Lösung zuzuführen. Eine solche Toolbox ist – wie der Begriff schon sagt – kein starrer Mechanismus, der fixfertige Lösungen zutage fördert. Was wir im Folgenden vorführen, ist vielmehr ein Schema zur Urteilsbildung in fünf Schritten, das zur eigenständigen Entscheidungsfindung anleitet und aufzeigt, welche spezifischen Bedingungen Entscheidungen in der Ethik erfüllen müssen.

In einem ersten Schritt (Kapitel 1) zeigen wir, wie die Streitfrage in ihrem aktuellen Kontext zu erfassen ist. Die Kenntnis der empirischen Sachlage ist für den Prozess der ethischen Entscheidungsfindung unumgänglich. Ebenso zentral ist es, die Interessen und Argumente aller von der jeweiligen Frage Betroffenen einzubeziehen. Im zweiten Schritt (Kapitel 2) nehmen wir die Ausgangsfrage selbst unter die Lupe und untersuchen, was eine Frage überhaupt zu einem Thema der Ethik macht respektive welche Aspekte der zu lösenden Streitfrage eigentlich moralische Aspekte sind. Haben wir die moralische Frage, die einer Lösung zugeführt werden soll, erst einmal herausgeschält und hinreichend klar formuliert, analysieren wir in einem dritten Schritt (Kapitel 3) die Argumente, die von den unterschiedlichen Parteien eingebracht werden. Wie ersichtlich werden wird, sind für diesen Schritt Kenntnisse der wichtigsten Moraltheorien unerlässlich, weshalb wir auch einen Blick auf diese werfen. In einem vierten Schritt (Kapitel 4) schließlich treffen wir eine Entscheidung. Dazu müssen wir verstehen, wie Argumente gewichtet werden und welche Rolle in diesem Prozess Intuitionen und Gefühle spielen. Der fünfte Schritt (Kapitel 5) thematisiert abschließend Implementierungsfragen.

Schema ethischer Entscheidungsfindung	
1. Schritt	
Analyse des Ist-Zustandes	▪ Harte Fakten auflisten ▪ Geltendes Recht analysieren ▪ Stakeholder identifizieren ▪ Kontextsensibilität entwickeln
2. Schritt	
Die moralische Frage benennen	▪ Moralisch relevante Frage(n) und Konflikte identifizieren ▪ Strittige Frage formulieren ▪ Außermoralische Aspekte ausscheiden
3. Schritt	
Analyse der Argumente	▪ Argumente pro und kontra aufführen ▪ Moralische Normen und Werte rekonstruieren ▪ Argumente mit normativen Hintergrundtheorien abgleichen
4. Schritt	
Evaluation und Entscheidung	▪ Standpunkt der Moral einnehmen ▪ Argumente beurteilen und gewichten ▪ Entscheidung fällen
5. Schritt	
Implementierung	▪ Möglichkeiten der Implementierung abschätzen ▪ Maßnahmen zur erfolgreichen Implementierung identifizieren ▪ Alternative Perspektiven ausloten

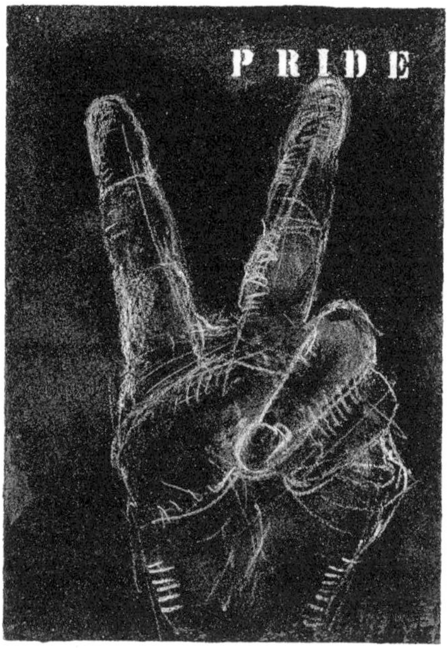
PRIDE
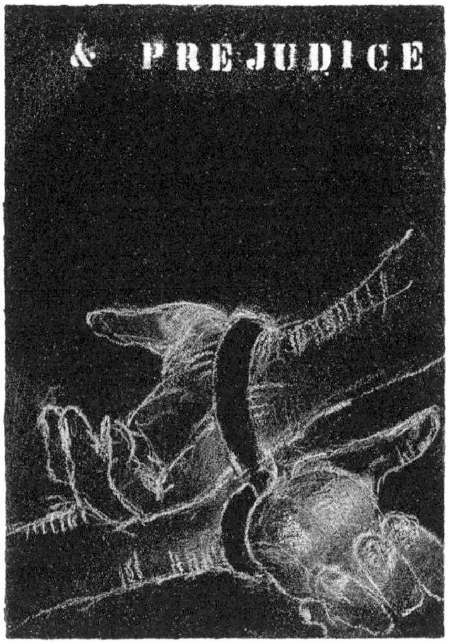
& PREJUDICE

1

Analyse des Ist-Zustandes

Große Ereignisse wie die Finanz- und Wirtschaftskrise von 2008 oder die Corona-Pandemie von 2020 haben eine Vielzahl an Privatpersonen, Arbeitnehmenden, Unternehmen, Institutionen und Staaten geschädigt. Es ist deshalb verständlich, wenn man im Anschluss an derartige Ereignisse Schuldige und Verantwortliche identifizieren will. Aber ist dies wirklich so einfach, wie zuweilen in Zeitungsartikeln, Fernsehrunden und Social-Media-Kommentaren suggeriert? Wer sich tiefgründiger mit der Angelegenheit beschäftigt und die Verantwortlichen bestimmen will, wird schnell erkennen, wie komplex die Sachverhalte oft liegen. Zur fairen und sachgemäßen Beurteilung des Geschehenen sind fundierte und vielfältige Informationen deshalb unabdingbar. Dazu gehören Kenntnisse über die beteiligten Akteure, deren institutionelle oder organisatorische Einbindung sowie zum Einsatz gelangte Risikomodelle, Verkaufsmethoden usw. Ebenso wichtig sind Kenntnisse über die relevanten gesellschaftlichen, ökonomischen, politischen und juristischen Rahmenbedingungen, innerhalb derer sich die Geschehnisse abspielen oder abgespielt haben.

Je mehr man weiß, umso schwieriger wird es allerdings, klar und deutlich die Verantwortlichen oder sogar «Schuldigen» zu benennen. Über mehr Informationen zu verfügen, heißt in vielen Fällen zu erkennen, dass die Verantwortung eine geteilte ist oder dass Personen unwissend gehandelt haben oder Sachzwängen unterlagen. Zuweilen sind Naturereignisse im Spiel, an denen im engeren Sinn niemand «schuld» ist. Sie hätten aber antizipiert werden müssen, oder es wurde in deren Nachgang zu wenig entschlossen gehandelt. Beides kann durchaus moralisch problematisch sein. Denken wir etwa an die Corona-Pandemie: Sicher hätten die politischen Verantwortlichen in Wuhan früher warnen müssen, statt die Befürchtungen eines neuen SARS-Ausbruchs zu vertuschen. Dennoch ist es nicht zulässig, China zum Sündenbock zu stipulieren und entsprechend, wie die Administration Trump es tat, vom «Wuhan-Virus» zu sprechen. Gesellschaften haben allerdings gerade in Krisensituationen oft das Bedürfnis nach einem Sündenbock, an dem sie ihre Frustration und das Gefühl der Machtlosigkeit auslassen können. Dasselbe Phänomen ließ sich auch während der Spanischen Grippe von 1918 bis 1920 beobachten, die in verschiedenen Ländern unterschiedliche Namen erhielt – je nachdem, mit wem man gerade eher auf Kriegsfuß stand. In Brasilien hieß sie etwa «Deutsche Grippe». Vermutlich nahm die damalige Pandemie ihren Ausgang in Kansas, USA. Sie als «Spanische Grippe» zu bezeichnen, ist also mit Bestimmtheit unsachgemäß. Für die ethische Entscheidungsfindung müssen solche politisch motivierten Schuldzuweisungen außen vor gelassen werden. Es interessiert allein, wie moralische Rechte und Pflichten zu bestimmen und Verantwortung zuzusprechen ist; nicht, wen als «Schuldigen» zu bestimmen, politisch oder gesellschaftlich opportun ist.

Vor diesem Hintergrund ist es unabdingbar, die Sachlage (den Ist-Zustand) in seiner Komplexität zu verstehen und vorab entsprechend fundiert zu recherchieren. Je komplexer die Situation, umso mehr Faktoren sind zu berücksichtigen und umso mehr Akteure sind involviert. Um eine sachgemäße ethische Entscheidung treffen zu können, müssen wir diese Komplexität erst einmal erfassen und Zusammenhänge verstehen.

In vier Abschnitten werden wir in diesem Kapitel einige der in der Ethik üblichen methodischen Praktiken vorstellen, wie Sachverhalte aufzubereiten sind, sodass für eine spätere Beurteilung der Faktenlage das nötige Wissen vorhanden ist. Vor jeder ethischen Entscheidungsfindung wird im ersten Schritt das empirische Material gesichtet: Es gilt, harte Fakten aufzulisten (1.1), geltendes Recht zu berücksichtigen (1.2), Stakeholder zu identifizieren (1.3) und eine Kontextsensibilität zu entwickeln (1.4).

Der Unterschied von Ethik und Moral

Viele Ethikerinnen und Ethiker unterscheiden zwischen Ethik und Moral. Mit dem Wort «Moral» werden oft mehr oder weniger bewusste Normen und Werte sowie Haltungen und Tugenden bezeichnet, an denen sich Gesellschaften oder Gesellschaftsgruppen faktisch orientieren. So gesehen hat auch die Mafia eine Moral: Auch sie folgt gewissen Normen, kennt Tugenden und Werte respektive Phänomene wie Verrat oder Verdienst. Die kritisch-philosophische Reflexion auf die faktisch vorliegende Moral wird demgegenüber als «Ethik» bezeichnet. Aus ethischer Perspektive können faktisch geltende Moralsysteme demnach auch als nicht legitim bezeichnet werden, sprich: als ethisch unhaltbar. Die Ideologie der *white supremacy*, der Vorherrschaft der Weißen, die viele rassistische Systeme fundiert, beruht so verstanden auf moralischen Überzeugungen, die aus ethischer Sicht klar kritisiert und zurückgewiesen werden müssen.

Im vorliegenden Buch folgen wir dieser Unterscheidung. Mit «Ethik» bezeichnen wir also die methodische Reflexion auf moralische Werte und Normen, während «Moral» die in einer Gesellschaft tatsächlich geltenden Werte und Normen meint.

Die Adjektive «moralisch» und «ethisch» werden dagegen oft synonym verwendet. Auch wir machen zwischen diesen beiden Adjektiven in der Folge keinen Unterschied – zumal im englischsprachigen Raum «moral» und «ethical» ebenfalls oft synonym verwendet werden.

1.1 Harte Fakten auflisten

Wollen wir ethische Probleme vernünftig bearbeiten und einer nachvollziehbaren Lösung zuführen, sind wir in der Regel auf spezifisches Vorwissen angewiesen. Gilt es beispielsweise zu beurteilen, ob ein Helmobligatorium für Fahrradfahrer moralisch vertretbar wäre, müssen wir zuerst wissen, vor welchen Risiken ein Helm tatsächlich schützt und welche Nebenwirkungen eines Obligatoriums zu erwarten sind. Entsprechendes Wissen lässt sich aus den unterschiedlichsten Quellen gewinnen: aus wissenschaftlichen Büchern und Zeitschriften, aus Datenbanken und Bibliotheken, Archiven oder Websites von Unternehmen und Organisationen usw. Das Problem ist dabei (zumindest in unserer heutigen Gesellschaft) weniger die Zugänglichkeit von Wissen als die Frage, ob die entsprechenden Informationen auch verlässlich sind. Als verlässlich sehen wir in der Regel Überzeugungen an, die wissenschaftlich überprüfbar und nachvollziehbar sind. Bloße Meinungen oder schiere Vorurteile bringen die Lösung moralischer Probleme nicht voran. Relevant sind, wie man sagt, die harten Fakten.

Handelt es sich bei der Frage, die wir bearbeiten wollen, um ein Problem aus einem konkreten Praxisbereich – beispielsweise aus dem Private Banking, der Lebensmittelindustrie oder einem Medienunternehmen – sind wir bei der ethischen Entscheidungsfindung auf zuverlässiges Wissen von Experten und Expertinnen angewiesen. Es ist für Fachleute ärgerlich und der Sache der Ethik wenig dienlich, wenn ein ethisches Problem ohne Kenntnis der relevanten Fakten oder ohne Rücksichtnahme auf diese diskutiert wird. Eine adäquate Beurteilung ethischer Probleme moderner Gesellschaften kann es deshalb ohne vorgängige Recherche nicht geben.

Bei der Informationsbeschaffung gilt es Folgendes zu beachten:

1. **Perspektivenabhängigkeit der Beschreibungen:** Gerade wenn es um ethische Konflikte geht, trifft man selten auf eine einfache oder einheitliche Beschreibung der Situation, die von allen Beteiligten in jeder Hinsicht für zutreffend gehalten wird. Keine Beschreibung ist vollständig und bei jeder Beschreibung spielen bestimmte Interessen mit, die die Sprache prägen, die Wahrnehmungen beeinflussen und Gewichtungen vorgeben. Beschreibungen sind also immer selektiv und ein Stück weit perspektivenabhängig. Das ist unvermeidbar. Man wird deshalb darauf achten müssen, Beschreibungen angemessen komplex zu halten, um möglichst allen Perspektiven gerecht zu werden. Werden Sachverhalte allzu einfach und problemfrei dargestellt, sollte uns dies misstrauisch stimmen. Und es ist sinnvoll, sich an eine einfache Regel zu halten: Auch wer eine Situation anders beschreibt als wir, könnte mit seiner Darstellung (jedenfalls teilweise) recht haben.

2. **Unsicherheit des Wissens:** Oft wissen nicht einmal Experten und Expertinnen genau, welche Folgen bestimmte Anwendungen einer neuen Technologie haben, welche Risiken ein neuartiges Virus mit sich bringt, welche Effekte klimatische Veränderungen haben werden. Ein gutes Beispiel hierfür sind verschiedene Anwendungen aus dem Bereich der künstlichen Intelligenz: Während die einen befürchten, dass bereits in fünfzig Jahren der Moment der sogenannten Singularität erreicht sein wird, in dem Maschinen beginnen, uns Menschen zu dominieren, ohne dass wir dies bemerken, sind andere der Meinung, künstliche Intelligenzen würden maßlos überschätzt und würden menschliche Intelligenz lediglich in klar umrissenen Teilgebieten überrunden. Solche Differenzen sind damit zu begründen, dass noch zu wenig Forschungsergebnisse vorliegen, die aussagekräftige und zuverlässige Risikoevaluationen garantieren würden. Oft weiß man zudem nicht genau, wie zukünftige Entwicklungen aussehen werden. Wie werden die politischen und ökonomischen Strukturen der Schweiz in hundert Jahren beschaffen sein? Und müsste man dies nicht wissen, wenn man die Frage der Endlagerung von radioaktiven Abfällen diskutiert? Hier, wie in anderen Fällen auch, müssen

wir unter Bedingungen der Unsicherheit handeln. Inwieweit wir das tun wollen, ist eine eigene Frage der angewandten Ethik, die unter den Stichworten des Vorsorgeprinzips und der Risikoethik verhandelt wird.

3. **Verlässlichkeit der Quellen:** Heute hat das Internet eine herausragende Funktion bei der Beschaffung von Informationen. Doch kann man sich auf Internetquellen verlassen? Wie erkennt man, ob es sich bei den Rechercheergebnissen um zutreffende Informationen, um bloße Meinungen, Vorurteile oder sogar um Verleumdungen handelt? Das Problem der Fake News und der sich rasend schnell verbreitenden Verschwörungstheorien ist mit Sicherheit eines der zentralen unserer Zeit. Jedermann kann heute im Internet oder in den sozialen Medien seine Meinung publizieren. Die Medien als Gatekeeper der Informationsvermittlung büßen laufend an Relevanz ein oder werden teilweise selber zu Multiplikatoren von Falschmeldungen. Analoges gilt für Printprodukte: Jeder kann heute im Eigenverlag ein Buch herausgeben, und schnell ist eine Geschichte in Zeitungen und Zeitschriften und deren Newsportalen publiziert, die nicht der Wahrheit entspricht. Damit sind auch die Möglichkeiten gestiegen, dass wir bei einer Recherche Falschmeldungen aufsitzen. Es gehört deshalb zur seriösen Recherchearbeit, nach zuverlässigen Quellen zu suchen, herauszufinden, aus welchen gesellschaftlichen, institutionellen oder organisatorischen Kontexten Autorinnen und Autoren stammen, wen sie allenfalls vertreten und ob ihre Thesen wissenschaftlich fundiert sind. Ebenso empfiehlt es sich, nicht nur eine Informationsquelle, sondern eine Vielfalt von Quellen zu berücksichtigen und ein Augenmerk auf sich widersprechende Studien zu haben.

4. **Beschreibungen sind selten neutral:** Oft fällt es schwer, sogenannt harte Fakten unparteiisch und neutral zu beschreiben. Betrachten wir beispielsweise die Debatte um (zu) hohe Managerlöhne. Häufig fällt hier der Begriff der «Gier» im Zusammenhang mit einigen Führungsverantwortlichen. Wenn wir von Gier sprechen, beschreiben wir ein Verhalten – und zugleich bewerteten wir dieses. Es ist unmöglich, das Wort «Gier» zu verwenden, ohne gleichzeitig zu werten. Für die Analyse des Ist-Zustandes ist es aber von zentraler Bedeutung, von solchen Werturteilen so weit wie möglich zu abstrahieren. Im genannten Fall lässt sich etwa neutraler formulieren, dass bestimmte Führungsverantwortliche Gehälter erhalten, welche diejenigen ihrer Kollegen um ein Vielfaches übersteigen.

Wir werden später sehen (vgl. 2.1), dass es im Hinblick auf die ethische Entscheidungsfindung wichtig ist, empirische Streitfragen von moralischen sauber zu trennen. Nicht wenige Meinungsverschiedenheiten mit Bezug auf moralische Fragen gehen nämlich auf unterschiedliche empirische Einschätzungen zurück und sind genau besehen gar keine ethischen Konflikte. Solche Meinungsverschiedenheiten dürfen nicht künstlich zu einer Frage der Ethik hochstilisiert werden. Sie müssen vielmehr mit geeigneten anderen Mitteln bearbeitet werden. Ein Beispiel: Die globale Klimaerwärmung ist Fakt. Dass sie von Menschen (aufgrund von Treibhausgasemissionen) mitverursacht ist, ist wissenschaftlich erwiesen. Dass die Treibhausgase reduziert werden müssen, ist ein von vielen anerkanntes Ziel. Aber sind beispielsweise der Bau von weiteren Atomkraftwerken oder die Speicherung von CO_2 geeignete Mittel im Rahmen einer Strategie der Treibhausgasreduktion? Diese Frage kann nicht beantwortet werden ohne Rückgriff auf technisches, ökologisches und ökonomisches Wissen. Wenn sich die entsprechenden Experten und Expertinnen hinsichtlich dieser Frage uneins sind, ist es nicht die Aufgabe der Ethik, Einigkeit herzustellen. Es ist jedoch eine Frage der Ethik zu bestimmen, wem im Rahmen der Reduktion der Treibhausgasemissionen welche Verantwortung zukommt, wem also welche Kosten aufgebürdet werden sollen.

Sind sich selbst Fachleute bezüglich der empirischen Sachlage uneinig, sprechen wir von einem Expertenstreit. Einige Beispiele: Ist die Befruchtung menschlicher Eizellen im Labor tatsächlich mit Risiken für das so gezeugte Kind verbunden, wie einige Studien behaupten? Hat die Verkürzung der Arbeitszeit zu mehr oder zu weniger Arbeitslosigkeit geführt? Welche langfristigen Folgen hat die Entwicklungszusammenarbeit für die Bevölkerung der unterstützten Länder?

Wenn Expertinnen und Experten sich bezüglich fundamentaler Fakten und Informationen uneinig sind, sollten wir mit unseren ethischen Urteilen zurückhaltend sein respektive eine der beiden folgenden Strategien anwenden:

1. **Abwarten und die ethische Entscheidungsfindung sistieren,** bis besseres und zuverlässigeres Wissen zur Verfügung steht. Diese Option ist allerdings oft unbefriedigend, vor allem wenn ein moralisches Urteil drängt, etwa weil eine ethische Stellungnahme zu einem laufenden Gesetzgebungsverfahren ansteht oder sich ein Unternehmen für eine Strategie entscheiden muss.

2. **Die Entscheidungsfindung vorantreiben** und im Lichte explizit ausgewiesener Annahmen argumentieren, also unter der Annahme, dass bestimmte

Fakten zutreffen. Diese Strategie wird oft angewendet und kann selbst dann hilfreich sein, wenn der Expertenstreit andauert. So lässt sich beispielsweise fragen, ob die Veränderung des menschlichen Genoms mit der sogenannten Genschere CRISPR-Cas 9 moralisch gesehen zu rechtfertigen ist, gesetzt der Fall, das Verfahren wäre hinreichend sicher für die betroffenen Personen. Abgesehen von der Sicherheit stellen sich nämlich auch Fragen mit Blick auf die Menschenwürde oder das Recht auf eine offene Zukunft.

Zuweilen werden ethische Konflikte allerdings auch aus strategischen Gründen immer von Neuem auf den Expertenstreit enggeführt. In der Politik wird beispielsweise gern mit sich widersprechenden Studien argumentiert, statt dass die Grundfrage angegangen würde. Mit Blick auf eine Einführung des bedingungslosen Grundeinkommens streiten sich Exponentinnen gern über die Finanzierbarkeit eines solchen Modells. Als Ethiker sollten wir uns jedoch auf die ethischen Fragen konzentrieren, in diesem Beispiel also auf zugrunde liegende Aspekte der Gerechtigkeit und der sozialen Anerkennung. Für die ethische Entscheidungsfindung kann der Expertenstreit sogar irrelevant sein: Wenn sich beispielsweise zeigen sollte, dass Organhandel aus Sicht der Ethik unter allen Umständen illegitim ist, spielt es keine Rolle, ob die entsprechenden Märkte ökonomischen Kriterien genügen oder nicht. Der empirische Streit darüber ist dann für das Argument unerheblich.

1.2 Geltendes Recht analysieren

Dass wir andere Menschen nicht töten, auf Straßen gewisse Tempolimiten nicht überschreiten, keine Häuser außerhalb der Bauzone bauen, Menschen nicht klonen oder Verträge nicht brechen dürfen – dies ist nur ein kleiner Ausschnitt aus dem Regelwerk, das wir aufgrund geltender Normen zu befolgen haben. In modernen Gesellschaften wird unser Handeln auf unterschiedlichste Weise gesteuert und geregelt. Von größter Bedeutung sind dabei die jeweils geltenden rechtlichen Normen, also staatliche Verfassungen, Gesetze und Verordnungen. Sie schreiben verbindlich vor, wie sich Menschen innerhalb eines Staatsgebietes, einer Institution oder eines Vertragswerks verhalten müssen. Gesetze und Verordnungen lassen natürlich immer Handlungsspielraum, aber wir finden hier präzise Regelungen dessen, was in einer Gesellschaft verboten ist oder was (beispielsweise im Umgang mit Tieren oder in der Ausgestaltung von Arbeitsverhältnissen) geboten ist. Wer diese Regelungen nicht befolgt, wird Sanktionen unterschiedlichen Schweregrads zu erwarten haben.

In der ethischen Analyse und Entscheidungsfindung ist das geltende Recht schon deshalb zu berücksichtigen, weil sowohl das Einhalten von Gesetzen wie auch Rechtssicherheit moralische Werte sind. Das heißt allerdings nicht, dass geltendes Recht nicht hinterfragt werden darf respektive hinterfragt werden muss.

Gelegentlich findet man die Ansicht, wer die geltenden staatlichen Gesetze befolge, verhalte sich automatisch moralisch richtig. Aber die Sache ist komplexer: Es gab und gibt Gesetze, die menschenverachtend (z. B. die Nürnberger Rassengesetze von 1935) oder diskriminierend (z. B. der Ausschluss der Frauen vom Stimm- und Wahlrecht in der Schweiz bis 1971) sind. Sie zu befolgen, war deshalb in gewisser Hinsicht unmoralisch. Berühmt geworden ist in diesem Zusammenhang die sogenannte Radbruchsche Formel von 1946. Sie geht auf den deutschen Rechtsphilosophen Gustav Radbruch (1878–1949) zurück und besagt, dass man sich im Konflikt zwischen gegebenem Recht und Gerechtigkeit unter ganz bestimmten Bedingungen gegen das Gesetz und für moralische Gerechtigkeit entscheiden müsse. Gustav Radbruch war der Ansicht, dass positives Recht seine Gültigkeit verliere, wenn es in Widerspruch stehe zu naturrechtlichen Grundsätzen wie etwa der Menschenwürde. Andere Rechtsphilosophen vertreten demgegenüber die Position, dass das positive Recht stets seine Gültigkeit behält, bis es von anderem Recht abgelöst wird, dass es aber unter Umständen gebrochen werden darf oder muss. Dies ist etwa dann der Fall, wenn das gegebene Recht sich in einer unerträglichen Spannung zum moralischen Verständnis von Gerechtigkeit als der dem Recht zugrunde liegenden Idee befindet, wenn also beispielsweise die im Begriff des Rechts eigentlich vorausgesetzte Gleichheit aller Menschen geleugnet wird.

Zudem gibt es viele Bereiche, die gesetzlich nicht geregelt sind, aber dennoch ethische Fragen aufwerfen. So existiert beispielsweise kein Gesetz, das regelt, wie viel und welches Fleisch wir konsumieren dürfen. Dennoch haben Klima- und Tierschützer natürlich recht, wenn sie sagen, dass unser Konsumverhalten zumindest auch Belange des Klimawandels und des Tierwohls berücksichtigen sollte. Oder denken wir an das Problem der Verheiratung Minderjähriger: Bei uns ist dies klarerweise verboten; in anderen Ländern jedoch nicht, und Familien, die ihre Kinder verheiraten, verweisen denn auch auf das fehlende Verbot in ihrem Herkunftsland. Im Bereich der Unternehmensethik lässt sich zwar feststellen, dass immer mehr Staaten Gesetze erlassen, die Unternehmen zwingen, gewisse Umweltschutz- und Arbeitsstandards einzuhalten. Im Ausland fehlen aber teilweise entsprechende Gesetze. Das kann zweifelsohne zu ethisch fragwürdigen Praktiken führen, wenn beispielsweise das Verbot von Kinderarbeit in bestimmten Ländern staatlich nicht ausreichend kontrolliert wird und dies von transnationalen Unternehmen ausgenutzt wird. Viele international tätige Unternehmen haben darauf in Form von Codes of Conduct reagiert (vgl. 5.2). Sie bekennen sich darin zu einem Wertekatalog und verpflichten sich, im Rahmen ihrer Aktivitäten auf ethisch fragwürdige Praktiken zu verzichten. Dies gilt auch dann, wenn die Gesetze der Länder, in denen die Unternehmen tätig sind, solche Praktiken zulassen.

International geltende ethische Standards

Es gibt unterdessen eine Reihe von globalen Initiativen, die die Unternehmen zur Einhaltung ethischer Mindeststandards (wie Verbot von Kinderarbeit, Gewerkschaftsfreiheit, Mindestlöhne) anhalten wollen. Zu erwähnen sind etwa freiwillige Initiativen wie die *Business Social Compliance Initiative (BSCI)* oder der *United Nations Global Compact (UNGC)*. Die unterzeichnenden Unternehmen verpflichten sich darin, bestimmte ethische Standards auch unabhängig vom lokal geltenden Recht einzuhalten. Von internationaler Bedeutung ist zudem die *Global Reporting Initiative (GRI)*. Die GRI hat in Zusammenarbeit mit verschiedenen Stakeholdergruppen (also auch unter Einbezug von NGOs) Richtlinien für die branchenspezifische Nachhaltigkeitsberichterstattung von Unternehmen entwickelt und berücksichtigt ökonomische, ökologische und soziale Leistungsindikatoren. Die 2011 verabschiedeten *UN Guiding Principles on Business and Human Rights* haben dieser Bewegung zusätzlichen Schub verliehen.
Ein zentrales Problem der meisten dieser Instrumente betrifft allerdings deren Umsetzung und Kontrolle. In diesem Zusammenhang ist gerade von NGOs die Forderung laut geworden, der ganze Bereich der freiwilligen *Corporate Social Responsibility (CSR)* sei durch staatliche Regelungen zu ersetzen. Diese soll es ermöglichen, transnationale Unternehmen auch über Landesgrenzen hinweg für ihre Vergehen in den Bereichen ökologischer und sozialer Nachhaltigkeit haftbar zu machen. In der EU gibt es unterdessen Vorschriften im Hinblick auf Transparenz und Sorgfaltspflichten von Unternehmen einer bestimmten Größe *(Leitlinien für die Berichterstattung über nichtfinanzielle Informationen*, 2017). In der Schweiz konnten die Stimmbürger und -bürgerinnen 2020 über die sogenannte Konzernverantwortungsinitiative abstimmen. Die Initiative ist am Ständemehr gescheitert. Wäre sie angenommen worden, hätten Geschädigte im Ausland in der Schweiz zivilrechtliche Haftungsklagen gegen Schweizer Unternehmen erheben können.

Diese Beispiele zeigen: Geltendes Recht und Moral dürfen nicht einfach gleichgesetzt werden. Zwar haben wir es in beiden Fällen mit Formen der Regulierung und Bewertung unseres Handelns zu tun. Es gibt jedoch markante Unterschiede mit Blick auf die Art und Weise, wie diese Funktion wahrgenommen wird. Rechtliche Normen werden, jedenfalls in Demokratien, durch transparente Prozeduren festgelegt und schaffen einen allgemeinverbindlichen Rahmen, in dem die Einzelnen ihr Leben nach eigenen Vorstellungen und Präferenzen gestalten können. Staatliche Organe (etwa die Polizei) setzen die geltenden Gesetze notfalls mit Zwang durch. Natürlich sind die Regeln des staatlichen Rechts offen für Veränderung, und entsprechend engagieren sich Menschen auch regelmäßig für eine Änderung bestehender Gesetze und fordern mehr Freiheit oder mehr Verbote. Demokratische Staaten verfügen also über Verfahren, die es erlauben, Gesetze zur Debatte zu stellen und allenfalls auch zu ändern.

Demgegenüber zeichnet sich die Moral durch Selbstverpflichtung aus. Die meisten moralischen Gebote und Verbote werden nicht (nur) deswegen befolgt, weil eine gesellschaftliche, staatliche oder religiöse Autorität sie angeordnet hat. Sie werden vielmehr – so zumindest der Idealfall – akzeptiert und realisiert, weil sie uns intuitiv einleuchten oder weil es für ihre Einhaltung Gründe gibt, die uns überzeugen. Wer durch gute Argumente von einer moralischen Position überzeugt und innerlich motiviert ist, wird auch öfters mehr zu tun bereit sein, als was durch staatliche Gesetze vorgeschrieben ist. Wir sind beispielsweise rechtlich verpflichtet, via Steuern einen Beitrag zum Sozialstaat zu leisten. Viele spenden darüber hinaus aus moralischen Gründen an wohltätige Organisationen. Dabei kennt auch die Moral Sanktionen: Mit persönlich adressierter Kritik, Verachtung, Anprangerung, Verweigerung von Kooperation, Boykotten usw. bringen wir unser Missfallen zum Ausdruck, wenn jemand gegen eine moralische Norm verstößt, die möglicherweise rechtlich nicht geregelt ist. Ein Unternehmen kann beispielsweise seine Geschäfte mit Partnern sistieren, wenn diese die Rechte ihrer Mitarbeitenden verletzen, oder wir können einer Arbeitskollegin unsere Unterstützung versagen, wenn sie andere Mitarbeitende mobbt.

Eine knappe Einführung in Fragen der Rechtsphilosophie bietet Norbert Hoerster in seinem Band *Was ist Recht? Grundfragen der Rechtsphilosophie* (München: Beck 2006). Das *Handbuch Rechtsphilosophie* (Stuttgart: Metzler 2017), hrsg. von Eric Hilgendorf und Jan C. Joerden, führt in die zentralen Fragen der Rechtsphilosophie ein.

Bisher war von den Unterschieden zwischen rechtlichen und moralischen Normen die Rede. Aber natürlich gibt es zwischen Recht und Moral auch Gemeinsamkeiten. In einigen Fällen repräsentiert staatliches Recht zum Beispiel zentrale moralische Überzeugungen einer Gesellschaft. Dazu gehört, was diese für ein friedliches und faires Zusammenleben für fundamental hält (z.B. den Schutz vor bestimmten Gefahren, die Versorgung mit Grundgütern, Vertragssicherheit, Schutz von Eigentum). Das Recht schützt in diesen Fällen moralische Werte und Normen. Entsprechend finden wir diese Normen auch in beiden Normsystemen: Wir kennen sowohl ein moralisches wie auch ein rechtliches Tötungsverbot von Menschen. Die Aussage «Töten ist verboten» kann deshalb sowohl rechtlich wie auch moralisch interpretiert werden. Je nach Interpretation sind unterschiedliche Formen der Verpflichtung (rechtlicher Zwang vs. moralische Selbstverpflichtung) und unterschiedliche Instanzen (staatliche Autorität vs. Vernunft und innere Motivation) angesprochen.

Welche moralischen Normen auch rechtlich geschützt und entsprechend verbrieft werden, ist eine Frage gesellschaftlicher Debatten und Entwicklungen. Einerseits können gesellschaftliche Veränderungen zu einer Verschärfung der Gesetze führen. So haben sich zum Beispiel die westlichen Gesellschaften schon vor einiger Zeit darauf geeinigt, Sklaverei und Rassismus nicht nur moralisch zu ächten, sondern auch gesetzlich zu verbieten. Ähnliche Entwicklungen sind im Bereich der Tierethik zu beobachten. Die Frage, wie wir mit empfindungsfähigen Tieren umgehen dürfen, stellt sich heute in vielen Staaten nicht mehr nur in einem moralischen Sinn, sondern es bestehen auch entsprechende rechtliche Vorschriften. Andererseits können Veränderungen in den Werthaltungen einer Gesellschaft auch zu einer liberaleren Gesetzgebung führen. Beispielsweise wurde der Schwangerschaftsabbruch in vielen Staaten gesetzlich erlaubt, als eine Mehrheit der Bevölkerung (oder deren Repräsentanten in Parlament und Regierung) die Fristenregelung für moralisch akzeptabel hielt.

Eigens erwähnt sei, dass viele Handlungen und Lebensformen sowohl moralisch wie auch rechtlich neutral sind. (Wir kommen auf die Thematik «außermoralischer Handlungen» in 2.2 zurück.) Ob man tanzen geht oder nicht und, wenn ja, eher Latin oder Standard, regeln weder der Gesetzgeber noch die Moral. Analoges gilt auch bezüglich alltäglicher Entscheidungen wie Krawatten tragen, Wein trinken, Marathon laufen, sich ehrenamtlich engagieren. Wo die Grenzen dessen gezogen werden sollten, was in den Bereich des moralisch und rechtlich Relevanten fällt, ist dabei strittig. Liberale Gesellschaften und Staaten zeichnen sich unter anderem dadurch aus, dass sie den Bereich des rechtlich Geregelten möglichst klein halten und dafür plädieren, Fragen der Moral als private Fragen anzusehen, deren Beantwortung wir den einzelnen Personen überlassen.

Vor diesem Hintergrund lassen sich abschließend zwei praktische Konsequenzen formulieren:

1. **Geltendes Recht muss offen für Kritik durch Ethik sein.** Denn dem Recht sind alle unterworfen. In der Regel kommt es aber nicht durch Zustimmung aller Beteiligten, sondern durch Mehrheitsentscheide zustande. Die Mehrheit kann sich allerdings irren, und Minderheiten können sich nicht angemessen repräsentiert fühlen. Verbesserungen des Rechts hin zum ethisch «Richtigeren» sind deshalb immer möglich.

2. **Was moralisch recht oder unrecht ist, muss nicht notwendigerweise in Gesetze implementiert und für alle zwingend durchgesetzt werden.** Bestimmte moralisch wertvolle Handlungsweisen würden ihren Sinn sogar verlieren, würde der Staat sie vorschreiben. Eine rechtliche Norm, seinen Wohltätern dankbar zu sein, wäre beispielsweise widersinnig, denn echte Dankbarkeit entspringt einem inneren Bedürfnis, keiner Gesetzesbefolgung. Es gibt heute allerdings eine gewisse Tendenz, möglichst viele gesellschaftliche, politische und wirtschaftliche Probleme anhand rechtlicher Normen in den Griff bekommen zu wollen. Ein gutes Beispiel hierfür ist das Littering-Verbot – die rechtliche Norm, dass Abfall nicht in der Öffentlichkeit liegen gelassen werden darf. Moralische Normen zu verrechtlichen, ist in einigen Fällen sicherlich eine gute Strategie, in anderen aber nicht (vgl. 5.2).

1.3 Stakeholder identifizieren

Analysieren wir den Ist-Zustand eines moralischen Problems, wird offensichtlich: Ohne einzelne Menschen oder Menschengruppen, die miteinander diskutieren oder in Konflikt geraten, würden moralische Streitfragen nicht auftreten. In Form von Ansprüchen, Empörungen und Anklagen bringen unterschiedlichste «Parteien» ihre Interessen ins Spiel. In diesem Zusammenhang ist von Stakeholdern die Rede (zu Deutsch «Interessenvertreter» oder «Anspruchsberechtigte»), ein Begriff, der aus der Betriebswirtschaftslehre stammt.

R. Edward Freemann et al.: *Stakeholder Theory. The State of the Art* (Cambridge: Cambridge University Press: 2010).

Natürlich möchte jede dieser Parteien nach Möglichkeit ihre Interessen durchsetzen. Je nach politischer und wirtschaftlicher Macht und kommunikativer Kompetenz wird ihnen dies auch mehr oder weniger leichtfallen. Eine ethische Entscheidungsfindung zeichnet sich aber gerade dadurch aus, dass die vorliegenden Machtverhältnisse und Einflussmöglichkeiten sistiert werden. Es wäre nicht fair, Personen oder Gruppen, deren Interessen durch bestimmte Handlungen oder Regelungen betroffen sind, nicht zu Wort kommen zu lassen.

In der Wirtschafts- und Unternehmensethik bringt der Begriff «Stakeholder» zum Ausdruck, dass Unternehmen nicht nur Verpflichtungen gegenüber ihren Kapitalgebern oder Eigentümern (den sogenannten Shareholdern) haben. Sowohl unternehmensinterne Gruppen wie die Manager und andere Mitarbeitende als auch unternehmensexterne Gruppen wie Kunden, Lieferanten und Konkurrentinnen sowie politische Institutionen und gesellschaftliche Gruppierungen (Gemeinden, Verbände, NGOs usw.) haben unter Umständen berechtigte Interessen, die Unternehmen in ihren Aktivitäten berücksichtigen müssen.

Das Schema ethischer Entscheidungsfindung betrachtet ethische Streitfälle als Streitfälle zwischen Stakeholdern, die divergierende Interessen einbringen. Mit Blick auf die Analyse des Ist-Zustandes fragen wir deshalb:

- **Wer** meldet Interessen an? Welche Stakeholder gibt es?
- **Welche Interessen** werden angemeldet?

Ob diese Interessen gerechtfertigt sind, muss in dieser Phase der Analyse offen bleiben. Diese Frage soll ja gerade im Verlauf der ethischen Entscheidungsfindung geklärt werden. Die ethische Analyse und Entscheidungsfindung macht sich nicht zur Anwältin einzelner Interessenvertreterinnen und -vertreter. Sie ist in diesem ersten Schritt bloß darauf bedacht, dass möglichst viele der relevanten Interessen in der Analyse berücksichtigt werden. In diesem Sinn ist das hier vorgestellte Schema unparteiisch und ergebnisoffen: Weder der in der Öffentlichkeit umstrittene internationale Konzern noch die NGO, welche eine Kampagne gegen ihn führt, werden bevorzugt behandelt. Die Interessen der Manager mit hohen Löhnen zählen fürs Erste genauso wie die Anklagen der Gewerkschafter, und die Interessen des Tierschützers nicht mehr und nicht weniger als diejenigen der Forscherin, die mit Hilfe eines Tierversuchs die Wirksamkeit eines Medikamentes nachweisen will. Es ist ein moralisches Gebot der Fairness, die vorliegenden Interessen nüchtern und sorgfältig zu identifizieren.

Eine Schwierigkeit betrifft allerdings die Frage, wer überhaupt als Stakeholder auftreten und Ansprüche geltend machen kann, die in der ethischen Entscheidungsfindung zu berücksichtigen sind. Die Fachphilosophie verhandelt diese Frage auch unter dem Begriff des moralischen Status von Entitäten. Wir sind bisher davon ausgegangen, dass Stakeholder Wesen mit Interessen sind. Nach manchen Moraltheorien (vgl. Kapitel 3) verfügt ein Wesen denn auch genau dann über einen moralischen Status, wenn es Interessen hat. Viele Tiere sind damit genauso moralisch zu berücksichtigen wie Personen, da sie ebenfalls Interessen haben: Sie wollen keine Schmerzen erdulden, sie möchten sich hinreichend bewegen können respektive Auslauf haben und kennen in den meisten Fällen soziale Bedürfnisse, leben also beispielsweise gerne in Rudeln oder Gruppen und ziehen ihre Nachkommen auf. Doch wie steht es um Embryonen oder Föten? Oder um zukünftige Generationen oder Ökosysteme? Zukünftig lebende Personen werden später selbstverständlich Interessen haben, aber sie existieren heute noch nicht und können aktuell ihre Interessen auch nicht artikulieren und vertreten. Für zukünftige Generationen wie auch für Tiere wird man Formen der Stellvertretung von Interessen prüfen müssen. Bestimmte Interessenverbände oder Anwaltsgruppen haben sich denn auch gerade zum Ziel gesetzt, als Anwälte für jene Anspruchsgruppen aufzutreten, die ihre Interessen nicht selber einbringen können – etwa Tierschützer für die Tiere. Zu behaupten, auch Embryonen oder Ökosysteme hätten Interessen, die sich anwaltschaftlich vertreten lassen, scheint dagegen wenig überzeugend, denn sie verfügen nicht über Empfindungen oder Bewusstseinszustände. Sie aber als Stakeholder gänzlich außen vor zu lassen, scheint zumindest bei Embryonen ebenso wenig überzeugend: Kaum jemand würde behaupten, Embryonen zählten aus Sicht der Moral nicht. Es gibt daher auch Moraltheorien, die es klar ablehnen, Stakeholder oder Entitäten mit moralischem Status mit Interessenträgern zu identifizieren. Moralischen Status machen sie entsprechend nicht an Eigenschaften wie Empfindungsfähigkeit fest, sondern etwa an der einem menschlichen Wesen inhärenten Menschenwürde. Embryonen verfügten demzufolge über moralischen Status aufgrund ihrer Würde, auch wenn sie keine Interessen im eigentlichen Sinn haben. Für unseren Zusammenhang ist dieser theoretische Streit insofern relevant, als er Auswirkungen darauf hat, welche Entitäten bei der ethischen Entscheidungsfindung als Stakeholder zu berücksichtigen sind. Wie wir später sehen werden, hängt es auch von der Moraltheorie (siehe 3.2) ab, wen wir zu den Stakeholdern zählen: Während Konsequentialisten moralischen Status an Empfindungsfähigkeit und weitergehenden Interessen festmachen, sind für Deontologen die Menschenwürde oder unverhandelbare Rechte ebenso Kriterien für moralischen Status. Allerdings stellen sich dann für Deontologen neuerliche Fragen auf einer anderen Ebene – nämlich beispielsweise jene danach, wer über Menschenwürde verfügt.

Zu den Aufgaben der Ethik gehört es, zu prüfen, wer über moralischen Status verfügt und wozu der Respekt vor diesem Status verpflichtet.

▶ Übung: Stakeholderanalyse

Einer der weltweit größten Jeanshersteller mit Sitz in den USA hat Verträge mit einer Zulieferfirma in einer Stadt eines Schwellenlandes. Deren Angestellte sind im Bereich der Textilveredelung tätig: Die Baumwolle wird gebleicht und gefärbt, zudem chemisch gegen Einlaufen und zur Schmutzabwehr behandelt. Da in der Stadt hohe Arbeitslosigkeit herrscht, ist es für viele ein Glücksfall, dass das einheimische Unternehmen den Vertrag mit der Jeansfirma abschließen konnte, auch wenn es keine existenzsichernden Löhne bezahlt und Überzeiten im großen Stil verlangt. Im betreffenden Land gibt es zwar eine Umweltschutzgesetzgebung, aber Umsetzung und Einhaltung sind mangelhaft. Die Abwässer gelangen denn auch größtenteils ungefiltert in den lokalen Fluss, in dem die Einwohnerinnen ihre Kleider waschen und der die zentrale Trinkwasserversorgung speist. Das Trinkwasser wird zwar gefiltert, nicht aber chemisch aufbereitet.

Aufgabe:
Nennen Sie für dieses Fallbeispiel möglichst viele Stakeholder und deren Interessen. Denken Sie daran, dass es noch nicht darum geht, moralische Urteile oder Ansprüche aufzulisten, sondern darum, direkt oder indirekt Betroffene zu identifizieren, deren Interessen von moralischer Relevanz sein könnten.

Mögliche Lösung:
- Besitzer oder Kapitalgeber sowie Angestellte (inklusive Topmanagement) des Jeansherstellers;
- Besitzer und Kapitalgeber (inklusive Topmanagement) der Zulieferfirma;
- Arbeitnehmende der lokalen Zulieferfirma;
- Familienangehörige der Arbeitnehmenden;
- Gemeinden, in denen die Arbeitnehmenden leben;
- aktuelle und zukünftige Bewohnerinnen und Bewohner der Stadt im Schwellenland und Flussanrainer;

- Käufer und Käuferinnen der Jeans;
- Steuerzahlende im Schwellenland;
- NGOs.

Unbestritten auf der Liste der Stakeholder stehen die **Besitzer** oder **Kapitalgeber** und die **Angestellten** sowohl der Jeansherstellerfirma wie auch der Zulieferfirma. Die ersteren haben ein Interesse beispielsweise an einer bestimmten Rendite auf ihrem Kapital, die letzteren an einem Einkommen und an Arbeitsbedingungen, die ihnen in ihrem jeweiligen Kontext ermöglichen, ihren Lebensunterhalt zu bestreiten. Es ließe sich diskutieren, ob das **Topmanagement** der Unternehmen eine eigene Stakeholdergruppe darstellt. Die entsprechenden Personen sind zwar auch angestellt, aber sie haben spezifische und zugleich zentrale Rollen in den Unternehmen. Sie tragen Führungsverantwortung, das heißt, sie steuern die Unternehmen, müssen Entscheidungen fällen und Rahmenbedingungen für deren Umsetzung erlassen. Sie müssen die Interessen der Stakeholder im Blick haben und entsprechende Beschlüsse kommunizieren. Direkte Interessen haben sicherlich auch die **Familien** der Angestellten wie auch die betroffenen **Gemeinden.** Das Einkommen der Angestellten trägt zum Familienbudget bei und entlastet die Gemeinden aufgrund niedrigerer Arbeitslosenquoten. Die **Käufer und Käuferinnen der Jeans** schließlich sind interessiert an qualitativ hochwertigen Produkten zu günstigen Preisen. Je nach moralischer Einstellung werden sie aber auch Produkte nachfragen, die unter umwelt- und sozialverträglichen Bedingungen hergestellt worden sind. Bezüglich der entstehenden Gewässerbelastungen haben zudem **Bewohner der Stadt** sowie **Anrainer des Flusses** starke Interessen, denn der Fluss ist ihre einzige Möglichkeit der Wasserversorgung. Falls ein funktionierendes Steuersystem vorliegt, wären auch die **Steuerzahlenden des Schwellenlandes** auf die Liste der Stakeholder zu setzen. Unter Umständen würden die durch die Umweltbelastung entstehenden Kosten auf sie abgewälzt. Sie dürften aber auch entlastet werden durch eine geringere Arbeitslosigkeit. Von großer Bedeutung für Unternehmen sind heute Aktivisten und «Pressure Groups» wie **NGOs** und andere Interessengruppen. Diese machen in der Regel öffentlich und mit Hilfe der sozialen Medien Ansprüche geltend, die wiederum Interessen anderer Stakeholder oder übergeordnete Werte spiegeln. In diesem Fall könnten dies Anliegen im Bereich Umweltschutz oder Biodiversität sein oder die Forderung nach sozialverträglichen Arbeitsbedingungen und der Einhaltung der Menschenrechte.

Es gibt nicht wenige Umweltethiker und -ethikerinnen, die an dieser Stelle weitere Stakeholder ins Spiel bringen: etwa **nicht menschliche Lebewesen,** die im Fluss ihren Lebensraum haben (beispielsweise Fische), oder **zukünftige Generationen,** die in der Stadt und am Fluss leben werden. Hier stellt sich die oben diskutierte Frage nach dem moralischen Status von Entitäten: Je nach Moraltheorie werden sie als eigenständige Stakeholder aufgeführt oder ihre Interessen werden von Vertretern eingebracht, wie etwa von den genannten NGOs. ◀

1.4 Kontextsensibilität entwickeln

Debatten über den Erwerb und Besitz von Waffen verlaufen in den USA genauso wie Debatten über den Schwangerschaftsabbruch hoch emotional. Ähnlich emotional geht es in Europa zu und her, wenn beispielsweise über die Integration vom Muslimen (symbolisiert in der Frage des Tragens eines Kopftuches oder des Baus von Minaretten), über Tierversuche, über den Umgang mit jugendlichen Kriminellen und Sexualstraftätern, über die Zulässigkeit von Beihilfe zum Suizid, über die Reichweite der digitalen Überwachung unseres Verhaltens oder über Themen der Political Correctness diskutiert wird. Die Fronten scheinen verhärtet, und es ist nahezu unmöglich, die entsprechenden Fragen und Probleme nüchtern und vorurteilsfrei zu diskutieren.

Wer moralische Streitfragen unserer Gesellschaft bearbeitet, muss sensible Bereiche oder politische Minenfelder im Auge haben. Moralische Probleme können nicht wie Kreuzworträtsel oder abstrakte wissenschaftliche Fragen gelöst werden – zumindest dann nicht, wenn es darum geht, Lösungen auszuarbeiten, die dereinst implementiert werden sollen (vgl. Kapitel 5). Vielmehr bedarf es der Kontextsensibilität: der Fähigkeit, die Interessen und Bedürfnisse aller Betroffenen nachzuvollziehen und angemessen auf diese zu reagieren. Stakeholder werden nicht nur klare und bereits geschärfte Argumente in die Debatte einbringen, sondern auch diffuse Ängste und Hoffnungen sowie Status- und Identitätsfragen. Es gilt deshalb im ersten Schritt der ethischen Entscheidungsfindung, die gesellschaftlichen, historischen und kulturell-weltanschaulichen Kontexte, innerhalb derer die Streitfrage auftaucht, zu beachten. Dies bedeutet selbstredend nicht, dass in der Entscheidung der Frage in Schritt 4 jede Angst und jede Hoffnung berücksichtig werden müssen. Es verlangt aber, in diesem ersten Schritt die Situation wirklich zu erfassen, damit später nicht am Kontext vorbeiargumentiert wird. Außerdem bedeutet Ängste ernst zu nehmen, wie es in der Politik oft so schön heißt, nicht automatisch, dieser Angst auch zu folgen. Ein diffuses Gefühl ernst zu nehmen, heißt in erster Linie, genau zu prüfen, ob die Befürchtung auch angemessen ist, also beispielsweise auf korrekten Annahmen beruht. Fürchtet sich jemand etwa davor, sich per Handschlag mit dem HI-Virus anzustecken, kann dieser Angst mit gutem Grunde entgegengetreten werden: Dieses Virus überträgt sich nicht per Handschlag. In vielen Fällen dürften Äußerungen eines Unbehagens allerdings weniger einer Angst geschuldet sein, als einer klaren, ablehnenden Haltung: Hinter der «Angst vor Überfremdung» steckt genau genommen keine Angst, sondern die Sehnsucht nach einer homogenen, weißen Gesellschaft und die Ablehnung einer weiteren Zuwanderung. Ob diese Sehnsucht argumentativ so unterfüttert werden kann, dass daraus ein Argument wird, um Zuwanderung zu beschränken, wäre Thema einer ethischen Diskussion.

Snowflakes* und *political correctness

In den USA hat sich in den letzten Jahren der Begriff *generation snowflake* herausgebildet. Er bezeichnet in polemischer Absicht die nach 1995 geborene Generation Z und wirft ihr übertriebene Sensibilität und Verletzlichkeit vor. Der Vorwurf richtet sich insbesondere an junge Studierende, die häufiger als frühere Generationen beleidigt und nicht in der Lage seien, sich mit Ansichten auseinanderzusetzen, die ihren eigenen widersprechen. Im Rahmen des US-amerikanischen Präsidentschaftswahlkampfs von Donald Trump im Jahr 2016 entwickelte sich die Bezeichnung zum politischen Kampfbegriff und wurde auch auf Liberale jeden Alters ausgedehnt, die sich für politische Korrektheit *(political correctness)*, gendersensitive Sprache und gegen Rassismus einsetzten. Außerdem dient der Begriff der Diffamierung Angehöriger von Minderheiten (etwa Transmenschen, *people of color,* Veganerinnen), die für ihre Rechte eintreten und Deutungshoheit darüber beanspruchen, was als beleidigend und verletzend zu gelten hat. Das Phänomen der zunehmenden Empfindlichkeit hat in jüngster Zeit zweifelsohne ein Ausmaß erreicht, das eine Verständigung über Gruppenzugehörigkeiten hinweg schwierig macht. Die entsprechenden «identitätspolitischen Anliegen» schießen zuweilen, so berechtigt sie im Einzelnen sein mögen, übers Ziel hinaus, indem menschenrechtliche Dimensionen sozialer Anerkennung und Gleichheit nicht mehr hinreichend berücksichtigt werden und die Spaltung einer Gesellschaft vorantreiben. Zugleich zeigt die Debatte – exemplarisch etwa die Diskussion über das sogenannte Gendersternchen, das neben männlichen und weiblichen auch weitere Geschlechtsidentitäten sichtbar zu machen und einzubeziehen versucht – wie wichtig eine Anerkennung von Differenz für ein friedliches soziales Zusammenleben ist.

Geschichtliche Kontexte spielen bei der Diskussion moralischer Fragen eine wichtige Rolle. So war es etwa in Deutschland während langer Zeit sehr viel schwieriger, sich über die moralische Zulässigkeit der Sterbehilfe zu verständigen als in der Schweiz. Dies hängt mit Berührungsängsten zusammen, die im historischen Faktum der Euthanasieprogramme des Nationalsozialismus wurzeln. Damals wurden mehr als 200 000 Menschen mit Behinderung systematisch getötet. Die Erfahrung dieses historischen Unrechts lässt zu Recht vorsichtig werden. Nur schon das Aufwerfen der Frage nach der Legitimität der Sterbehilfe kann verstörend wirken und Dämme einreißen, die im Nachkriegsdeutschland mühsam errichtet worden sind. Wer als Ethikerin oder Ethiker die Sterbehilfefrage aufnimmt, muss Sensibilität für diese historischen Erfahrungen aufbringen. Ansonsten drohen anstelle von fruchtbaren Debatten moralische Empörung und eine weitere Tabuisierung des Themas.

Auch gesellschaftliche Spannungen können ethische Debatten beeinflussen. Seit Jahren wird die Übermacht von Männern in vielen politischen und wirtschaftlichen Gremien kritisiert. Dass Frauen sich diskriminiert und Männer sich zum Teil nicht mehr erwünscht fühlen, macht eine Debatte über eine Frauenquote zum verminten Gelände. Gesellschaftliche Spannungen sind allerdings häufig gerade der Anlass, sich über moralische Probleme zu verständigen und diese allenfalls sogar rechtlich regeln zu wollen.

Manchmal greifen ethische Konflikte auch tief in weltanschauliche Fragen ein, was eine faire Auseinandersetzung mit den Argumenten in der Öffentlichkeit fast unmöglich macht. Um die Schweizer Debatte von 2009 über den Bau von Minaretten aufzunehmen: Sowohl Befürworter wie auch Gegner des Baus von Minaretten haben sich auf die Freiheit als zentralen Wert berufen. Offensichtlich haben die beiden Seiten darunter aber nicht dasselbe verstanden: Die einen sahen in der Existenz von Minaretten die Freiheit der Schweizer und Schweizerinnen bedroht, die andern in deren Bauverbot die Religions- und Glaubensfreiheit beschnitten. Auffällig war dabei, wie hartnäckig und verbissen um die Positionen und um die Auslegung der Freiheitsrechte gekämpft wurde: Die zugrunde gelegten Werte schienen unverhandelbar. Man spricht bezüglich solcher Werte gelegentlich von *protected* oder *sacred values:* Sie anzugreifen kommt in der Regel einem Tabubruch gleich. In westlichen Gesellschaften gehören zu diesen Werten etwa die Menschenwürde oder die Selbstbestimmung. Wer also beispielsweise der Meinung ist, Embryonenforschung sei legitim, wird nicht argumentieren, man dürfe deren Würde verletzen. Vielmehr wird man zu zeigen versuchen, dass es sich dabei nicht um Wesen handelt, die im eigentlichen Sinn über Menschenwürde verfügen. Eine Menschenwürdeverletzung zu rechtfertigen, scheint in unserer Gesellschaft unmöglich.

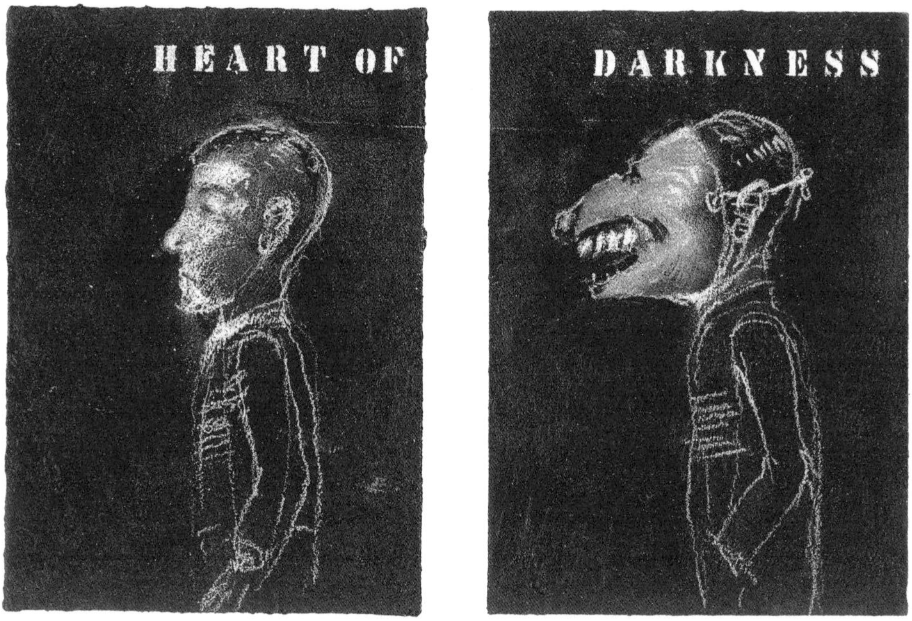
HEART OF
DARKNESS

2

Die moralische Frage benennen

Im ersten Schritt des Schemas ethischer Entscheidungsfindung haben wir gesehen, dass jede Entscheidungsfindung damit beginnen muss, die Fakten des diskutierten Problems sorgfältig zusammenzutragen: Von welchen empirischen Hintergrundannahmen ist beispielsweise auszugehen? Zur Bestandsaufnahme gehört auch, die verschiedenen Interessengruppen (Stakeholder) zu identifizieren, deren Interessen aufzulisten und damit sozusagen das «Konfliktmaterial» zu ordnen.

Im zweiten Schritt soll es nun darum gehen, innerhalb der Problemstellung die moralische Frage zu identifizieren. Wie bei vielen Problemen gilt auch in der Ethik, dass der erste Schritt zur Lösung oft darin besteht, das Problem überhaupt erst in den Blick zu bekommen und greifbar zu machen. Anders gesagt, gilt es zu verstehen, was aus Sicht der Ethik eigentlich strittig ist. Wenn sich in jüngster Zeit beispielsweise Kritik breitmacht an den steilen Wachstumskurven des Online-Handels, so ist noch nicht klar, ob an dieser Entwicklung auch moralisch gesehen etwas bedenklich sein könnte und, falls ja, was: Ist das Problem, dass der Online-Handel das lokale Gewerbe zerstört? Was genau ist daran wiederum moralisch problematisch: Dass Menschen ihre Arbeitsplätze verlieren? Oder dass bei den entsprechenden Unternehmen zwar neue Arbeitsplätze entstehen, diese aber nicht dem genügen, was wir unter menschenwürdiger Arbeit verstehen? Oder stoßen wir uns am Versandhandel, weil er den Trend zur Billigmode verstärkt und damit auch zum Klimawandel beiträgt?

Bei der Suche nach der moralischen Frage kann sich zuweilen herausstellen, dass das Problem, das es zu lösen gilt, gar keines der Ethik ist. Wenn sich beispielsweise eine Bank fragt, wie sie ihr ethisches Engagement stärker publik machen könnte, so ist dies kein Thema der Ethik, sondern eines der Kommunikation. Eine Frage der Ethik wäre in diesem Zusammenhang, ob die Bank auch verpflichtet ist, ihre Gelder ethisch zu investieren oder ob Kunden ihre Banken zu einem entsprechenden Engagement drängen sollten.

In den folgenden Abschnitten wollen wir aufzeigen, was eine moralische Frage eigentlich zu einer solchen macht und wie sie innerhalb eines Problemkomplexes herausgeschält werden kann (2.1). Dazu müssen wir insbesondere verstehen, worum es in der Ethik überhaupt geht respektive was eine Frage der Moral eigentlich zu einer solchen qualifiziert. Im Weiteren kommen wir darauf zu sprechen, wie die strittige Frage zu formulieren ist, um sie hernach einer Entscheidung zuführen zu können (2.2). Dabei ist es auch von Bedeutung, außermoralische Aspekte für den weiteren Entscheidungsfindungsprozess vorläufig auszuscheiden (2.3).

Drei Teilgebiete der Ethik

Die Disziplin der Ethik kennt drei Teilgebiete: die **normative Ethik,** die **Metaethik** und die **angewandte Ethik.**
Die **normative Ethik** befasst sich mit der Kernfrage der Ethik «Was soll ich tun?». Sie sucht nicht so sehr nach Lösungen für konkrete moralische Konflikte, deren Diskussion insbesondere Thema der angewandten Ethik ist, sondern fokussiert auf grundlegendere Fragen wie beispielsweise, was moralische Konflikte eigentlich auszeichnet oder wie sich moralische Werte, Normen und Prinzipien (z.B. das Lügenverbot) begründen lassen. Dazu greift die normative Ethik auf verschiedene Moraltheorien zurück, die grundlegende normative Kriterien zur Verfügung stellen (vgl. 3.2).
Während die normative Ethik die Moral also sozusagen aus der Binnenperspektive zu durchleuchten sucht, nimmt die **Metaethik** eine Vogelperspektive ein: Sie blickt von oben auf den Gegenstandsbereich der Ethik und fragt beispielsweise danach, was Werte und Normen eigentlich sind und ob es in der Ethik so etwas wie Objektivität oder Wahrheit geben kann. Die Metaethik interessiert sich also auch für den Stellenwert moralischer Aussagen: Handelt es sich dabei um «richtige» und «falsche» Aussagen (wie z.B. mathematische Sätze) oder eher um Geschmacksurteile?
Die **angewandte Ethik** wendet das normative Instrumentarium auf konkrete Bereiche und Fälle an. Obwohl einige der in ihr behandelten Fragen schon Philosophen der Antike oder der Aufklärung beschäftigten (Aristoteles äußerte sich etwa zur Frage der Legitimität von Suizid und Kant zur Frage, wie man mit Tieren umgehen soll), ist die angewandte Ethik als eigenständige Disziplin vergleichsweise jung: Aufgrund des wissenschaftlich-technologischen Fortschritts bildete sich ab Mitte des 20. Jahrhunderts die Technikfolgenabschätzung als eine Art Vorläuferin der angewandten Ethik aus, deren Kernfrage lautet, welchen Risiken man andere Menschen aussetzen darf. Die zuneh-

menden technischen Möglichkeiten der Medizin gingen außerdem mit schwierigen Fragen einher, wie in Situationen der Knappheit zu verfahren ist oder welcher Stellenwert der Autonomie eines Patienten zuzugestehen ist. Die ethischen Fragen, die sich konkret am Krankenbett stellen, kristallisierten sich zur eigenständigen Disziplin der Medizinethik. Mit der Zeit haben sich – ausgehend von den spezifischen Problemen in spezifischen Bereichen – immer mehr Teilgebiete herausgebildet, beispielsweise Wirtschafts- und Unternehmensethik, Umweltethik, Tierethik, politische Ethik, Medienethik oder die Ethik des Digitalen.

2.1 Moralische Fragen

Die meisten Streitfragen in unserer Gesellschaft sind eindeutig außermoralischer Natur: Die Frage etwa, ob Sonnencremes mit Nanopartikeln für den Menschen schädlich sind, ist eine medizinische Frage, über die es einen Expertenstreit gibt (vgl. Kapitel 1); die Frage, ob das neueste Bauwerk von Herzog und de Meuron ihr bestes ist, ist Thema der Ästhetik; die Frage, ob es ein Leben nach dem Tod gibt, ist religiöser Natur; und die Frage, ob Ferien auf Sardinien schöner sind als Ferien in den Alpen, ist eine Angelegenheit persönlicher Präferenzen. Bei allen handelt es sich um außermoralische Fragen.

Andere Streitfragen sind offensichtlich moralische Konflikte: Ist es erlaubt, Terroristen zu foltern, wenn sie ein Geheimnis hüten, das Hunderte von Menschen das Leben kosten könnte? Sollen wir Hirntoten Organe entnehmen dürfen, um kranke Menschen zu retten? Ist unser Steuersystem gerecht? Dürfen wir Medikamente an Tieren testen? Bei diesen Fragen scheint intuitiv klar, dass sie eine moralische Dimension aufweisen – doch worin ist diese Intuition genau begründet?

Martin Cohen diskutiert in seinem anregenden Band *99 moralische Zwickmühlen. Eine unterhaltsame Einführung in die Philosophie des richtigen Handelns* (München: Piper 2008) eine ganze Reihe moralischer Probleme.

Moralische Fragen zeichnen sich durch drei Eigenschaften aus:

1. Es handelt sich um **normative Fragen mit Handlungsbezug** (2.1.1).
2. Ihre Lösung ist **allgemein verbindlich und unparteilich** (2.1.2).
3. Sie tangieren **fundamentale Werte und Interessen** (2.1.3).

2.1.1 Handlungsbezug und Normativität

Ein erstes Kriterium moralischer Fragen ist deren Handlungsbezug. Anders gesagt steht in der Ethik die Frage im Zentrum: Was soll ich tun (respektive: Was sollen wir tun)? Welche Handlungsoption sollte ich unter den gegebenen Umständen wählen?

Dabei ist dieser Handlungsbezug ein normativer: Wir wollen in der Ethik nicht wissen, was wir faktisch tun oder tun können (also welche Optionen wir haben, beispielsweise welches Auto wir uns finanziell leisten können). Noch interessiert vorrangig, welche Sprache Statistiken sprechen (also beispielsweise wie viele Schwangerschaften pro Jahr abgebrochen werden). Im Blickpunkt sind nicht empirisch-deskriptive Fragen, sondern normativ-präskriptive: Die Ethik fragt danach, was zu tun geboten, verboten oder erlaubt ist. Ethikerinnen und Ethiker sprechen in diesem Zusammenhang von den drei «deontischen Operatoren», die auch mit den Begriffen «Gebot» respektive «Pflicht», «Verbot» und «Erlaubnis» ausgedrückt werden. Diese gehen wiederum in Regeln, Vorschriften, Gesetze, Maximen, Imperative usw. ein. So ist es beispielsweise moralisch (und in diesem Fall auch rechtlich) verboten, Menschen zu töten; geboten, einander in Notsituationen zu helfen; und möglicherweise erlaubt, Mäuse als Versuchstiere zu benutzen. Dabei ist die Kategorie der Erlaubnis die umstrittenste: Sie erlässt keine konkrete Handlungsanleitung, sondern eröffnet bloß eine Option. Im Unterschied zu außermoralischen Handlungsoptionen bringt die moralische Erlaubnis aber zum Ausdruck, dass bei einem Handlungsvollzug Normen tangiert werden: Wer sagt, es sei erlaubt, Mäuse als Versuchstiere einzusetzen, beansprucht implizit auch, dass er gute Argumente für seine Position ins Feld führen könnte, wenn jemand danach verlangen würde. Weil hinsichtlich vieler Handlungen keine Normen tangiert werden, sprechen wir nicht von allem, was wir gemeinhin tun dürfen (wozu es also weder ein Verbot noch ein Gebot gibt), von erlaubten Handlungen. So scheint beispielsweise der Satz «Es ist erlaubt, rote Pullis zu tragen» absurd, es sei denn, es existiere eine entsprechende Regel, die in einem bestimmten Kontext das Tragen roter Kleidung unangebracht erscheinen lässt oder sogar verbietet. Zuweilen signalisieren wir mit der Frage «Es ist doch erlaubt …?», dass wir unsicher sind, ob wir gerade im Begriff sind, eine Norm zu verletzen, oder nicht wissen, ob eine entsprechende Regel in diesem Kontext besteht.

Eine andere sprachliche Form, Normativität zu artikulieren, sind evaluative Begriffe oder Werturteile in Bezug auf Handlungen: Mit Ausdrücken wie «richtig», «gut», «empörend», «beschämend» bewerten wir bestimmte Handlungen und Haltungen anderer. Wir bezeichnen es beispielsweise als «empörend», wenn jemand sich in einer Gruppe vor allen anstehenden Arbeiten drückt, jedoch alle Vorteile der Gruppe genießt. Hinter solchen evaluativen Begriffen versteckt sich, wenn es sich um moralische Werturteile handelt, zuweilen auch ein Handlungsbezug: Sagen wir beispielsweise, eine Person sei grausam oder ungerecht, meinen wir damit, dass sie grausam oder ungerecht handelt und ihr Verhalten korrigieren sollte. Wollen wir also wissen, ob es sich bei einer Frage um eine moralische handelt, können wir uns als Erstes daran orientieren, ob es sich dabei um eine normative Frage mit Handlungsbezug handelt.

Allerdings handelt es sich nicht bei allen derartigen Fragen auch um Fragen der Moral:

1. Zuweilen wollen wir beispielsweise wissen, was wir **rechtlich** gesehen tun sollen oder tun dürfen. Wenn beispielsweise jemand an einer Straßenkreuzung fragt: «Muss ich hier rechts abbiegen?», will die Person wissen, ob in Bezug auf andere Fahrrichtungen ein Fahrverbot vorliegt.

2. Manchmal sind mit normativen Fragen auch **Konventionen, Bräuche oder Anstandsregeln** angesprochen. Dies ist zum Beispiel der Fall, wenn ein Gast eines Hochzeitsfestes vorgängig anfragt, ob er im Anzug erscheinen müsse. Er möchte dann wissen, ob es als unanständig empfunden würde, wenn er dies nicht täte, und signalisieren, dass er keinen Fauxpas begehen möchte im Hinblick auf Fragen des Anstands oder der Konvention.

3. Eine weitere Kategorie normativer Fragen betrifft **technische oder instrumentelle Angelegenheiten.** Steht etwa auf dem Beipackzettel des Feuerwerkkörpers: «Darf nicht in Innenräumen gezündet werden», wird damit auf die sachgerechte Zündung des Feuerwerks hingewiesen.

4. Die letzte Kategorie schließlich, die an die dritte anschließt, betrifft **pragmatische Überlegungen oder Klugheitsüberlegungen.** Die obige Frage «Muss ich hier rechts abbiegen?» kann etwa auch so verstanden werden, dass dieselbe Person wissen will, ob sie rechts abbiegen soll, um zum vereinbarten Ziel zu gelangen. Dasselbe gilt für die Frage «Soll ich mich bei ihm entschuldigen?». In einem moralischen Sinn verstanden, fragt in diesem Fall jemand

danach, ob er einen Fehler begangen hat, für den er sich entschuldigen muss. Die Frage kann aber auch in einem außermoralischen Sinn verstanden werden: Fraglich ist dann, ob es jemand für eine gute Idee hält, sich zu entschuldigen, oder ob eine Entschuldigung die Situation erst recht zum Eskalieren bringen könnte.

Die Beantwortung von Fragen der Kategorien drei und vier bedarf typischerweise des Expertenwissens oder der Ratschläge von wohlmeinenden Personen. Werden die entsprechenden Anweisungen oder Ratschläge nicht befolgt, liegt kein moralischer Fehler vor. Die Normativität solcher Fragen ist also außermoralischer Natur. Anders bei Fragen der Kategorien eins und zwei. Auch hier brauchen wir Expertenwissen oder die Vertrautheit mit den entsprechenden juristischen oder soziokulturellen Regeln, um uns normenkonform verhalten zu können. Die Verletzung der entsprechenden Norm kann aber durchaus eine moralische Dimension aufweisen: Absichtlich gegen eine Konvention zu verstoßen – etwa als weiblicher Gast in Weiß auf einer Hochzeit zu erscheinen oder einer für Infektionen anfälligen Person ins Gesicht zu niesen – kann insofern als moralisch verwerflich angesehen werden, als andere Personen in ihren Gefühlen verletzt oder einer Gefahr ausgesetzt werden. Allerdings ist die Absicht der Person, sich über eine Regel oder Norm hinwegzusetzen, hier ausschlaggebend: Die handelnde Person ignoriert eine Regel, um zu demonstrieren, dass sie sich um hochgehaltene Werte und Normen zu kümmern weigert. Weshalb Recht (die erste Kategorie) und Moral nicht gleichgesetzt werden dürfen, wurde im letzten Kapitel bereits erläutert.

2.1.2 Allgemeine Verbindlichkeit und Unparteilichkeit

Normen haben – das deutet bereits der Begriff an – eine gewisse Verbindlichkeit. Handlungsnormen sind also keine bloßen Ratschläge oder Tipps, mal so oder so zu handeln, sondern verlässliche Regeln, die es verpflichtend anzuwenden gilt. Wir sprechen in der Ethik zudem davon, dass moralische Normen kategorisch gelten. Damit ist gemeint, dass ihre Geltung unabhängig davon ist, wieweit sie unseren eigenen Zwecken oder Interessen entsprechen. Fragen der Moral verlangen in diesem Sinne nach unparteilichen und verbindlichen Antworten, die

die Interessen aller berücksichtigen und von allen Menschen in der gleichen Situation zu beherzigen sind. Im Einzelnen bedeutet dies unter anderem:

1. Moralische Fragen bezüglich richtigen Handelns sind **keine Geschmacksfragen.** Eine Aussage wie «Ich persönlich finde es nicht passend, Katzen zu quälen, aber andere mögen da andere Präferenzen haben» ist unangebracht. Sie bringt zum Ausdruck, dass jemand nicht verstanden hat, worum es in der Ethik geht – nämlich um Urteile, die in gewisser Weise unabhängig von persönlichen Einstellungen gültig sind, auch wenn sie natürlich viel mit uns und unseren Ansichten zu tun haben. Philosophinnen sprechen in diesem Zusammenhang von der universalen Geltung moralischer Normen und Werte. Die Entscheidung moralischer Fragen sollte sich mit anderen Worten universalisieren lassen: Alle in dieser Situation und unter gleichen Bedingungen sollten sich ebenso verhalten (vgl. dazu auch die Überlegungen zum Standpunkt der Moral, 4.1).

2. Beim Befolgen moralischer Normen erwarten wir **Unparteilichkeit** voneinander: Wir schulden einander gewisse Dinge ganz unabhängig von persönlichen Interessen oder Sympathien. Wenn ein Angestellter der städtischen Verwaltung sagt: «Wir hatten ja beschlossen, dass das Los über die Vergabe des Parkplatzes vor dem Rathaus entscheidet – aber ich habe ihn dann doch meinem Büronachbarn zugeteilt», dann finden wir dies mit gutem Grund ebenso ungerecht, wie wenn der Angestellte den Parkplatz sich selbst zugeschanzt hätte. Dies bedeutet nicht, dass es nicht auch moralische Normen geben kann, die an bestimmte soziale Rollen geknüpft sind. So kennen beispielsweise die meisten Moraltheorien spezielle Elternpflichten: Eltern schulden demnach ihren eigenen Kindern weitaus mehr als fremden Kindern. Diese Forderung ist aber durchaus mit der Unparteilichkeit in Einklang zu bringen: Jeder Vater und jede Mutter in der gleichen Situation sollte seinem Kind demnach besonders viel Fürsorge zukommen lassen. Zentral ist dabei nur, dass sich die Regel ausreichend allgemein formulieren und rechtfertigen lässt. Rollenpflichten werden beispielsweise gerne mit dem Argument der moralischen Kostenminimierung verteidigt: Es ist für alle Beteiligten am besten, wenn primär jene, die sich ohnehin schon kennen und lieben, füreinander sorgen. Eine solche Regel lässt sich problemlos kombinieren mit einem Gebot, das besagt: «Hilf Fremden in großer Not!» Gerät ein Kind in

Not und seine Eltern eilen nicht zu Hilfe, besteht also immer noch eine generelle Hilfspflicht, die uns alle gleichermaßen bindet.

3. Mit der allgemeinen Verbindlichkeit einher geht die **Begründungsbedürftigkeit moralischer Normen.** Gerade weil es sich bei Streitfragen der Moral nicht um Geschmacksfragen handelt, müssen wir deren Beantwortung mit guten Gründen rechtfertigen können. Moralische Normen können den Anspruch, für alle unter denselben Bedingungen zu gelten, nur dann legitimerweise erheben, wenn sie sich für jede vernünftige Person nachvollziehbar begründen lassen. Moralische Urteile und ihre Begründung appellieren deshalb an die Vernunft – was aber keineswegs ausschließt, dass die Missachtung solcher Normen auch das Empfinden anderer verletzt. Man hat deshalb vom «Empörungstest» gesprochen: Moralische Empörung kann als Indiz dafür gewertet werden, dass wir eine moralische Norm verletzt sehen bzw. dass wir bei jemandem die Aufmerksamkeit vermissen, die moralischen Fragen gebühren würde. Bleibt beispielsweise die Empörung aus, wenn jemand erzählt, er habe noch nie für ein Hilfsprojekt gespendet, liegt der Schluss nahe, dass wir es offenbar nicht für geboten halten, solche Spenden zu tätigen. Niemand muss sich denn auch dafür rechtfertigen, dass er entsprechende Spendenbriefe jeweils ins Altpapier legt. Wenn dagegen eine andere Person erzählt, dass sie regelmäßig Schmuck ihrer dementen Großmutter mitlaufen lässt, weil diese den Schmuck sowieso nicht mehr trägt, werden sich die meisten empören. Sie empfinden dieses Verhalten als Verletzung einer moralischen Norm und bringen mit der Empörung zum Ausdruck, dass die Diebin Rechenschaft zu geben verpflichtet ist (möglicherweise hat sie ja Gründe für ihr Verhalten, die sie noch nicht zum Ausdruck gebracht hat) oder dass sie ihr Verhalten korrigieren sollte. Das Faktum der Empörung ist allerdings nicht als Beweis für einen moralischen Missstand zu werten. Auch wenn unsere Bauchgefühle eine wichtige Stimme sind in der Beurteilung des Verhaltens Dritter, sind sie nicht immer korrekt. Es ist deshalb wichtig, kritische Distanz zu den eigenen Intuitionen zu wahren (vgl. dazu auch Kapitel 4).

2.1.3 Fundamentale Werte und Interessen

Wenn wir darüber nachdenken, warum wir voneinander die verbindliche Befolgung moralischer Regeln und das Einhalten entsprechender Normen einfordern, entdecken wir ein weiteres Merkmal der Moral, das sich auf deren Gegenstandsbereich bezieht: Moral betrifft nicht irgendwelche Anliegen, sondern fundamentale Werte und Interessen, und die moralischen Normen, die wir verbindlich befolgen sollen, schützen ebendiese Werte und Interessen. Die meisten moralischen Konflikte lassen sich deshalb auch als Wertekonflikte oder als Güterabwägungen beschreiben, in denen Interessen gegeneinander aufgewogen werden.

Was aber heißt es, dass moralische Werte auf fundamentale Bedürfnisse und Interessen von Menschen (und allenfalls einiger Tiere) rekurrieren? Als fundamental werden Werte und Normen dann bezeichnet, wenn sie im Zusammenhang stehen mit existentiellen Bedürfnissen wie dem nackten Überleben und damit zusammenhängend mit dem Bedarf nach Nahrung, Kleidung, Behausung, medizinischer Versorgung und einem gewissen Maß an Sicherheit. Zu den fundamentalen Interessen zählen wir aber auch den Wunsch, ein eigenes Leben nach Maßgabe dessen führen zu können, woran uns wirklich liegt. Wir sprechen in diesem Kontext vom Wert oder dem Recht auf Autonomie: wichtige Entscheidungen selber fällen zu können und in diesen Entscheidungen respektiert zu werden; sich bis zu einem gewissen Grad selber verwirklichen zu können, also auch Zugang zu Wissen und Bildung zu haben und ausreichend finanzielle Ressourcen, um eine eigene Familie und sich selber über Wasser zu halten. Da Menschen soziale Wesen sind, gehört es zu ihren Grundbedürfnissen, Beziehungen leben zu können und ein anerkanntes Mitglied einer Gesellschaft zu sein, also beispielsweise Stimm- und Wahlrecht zu haben und gleiche Chancen, sich in dieser Gesellschaft zu positionieren.

Güter, die so fundamentaler Art sind und die Menschen gleichermaßen benötigen, schützen wir in vielen Fällen auch rechtlich. Halten wir uns etwa den Menschenrechtskatalog der *Allgemeinen Erklärung der Menschenrechte* vor Augen, wird deutlich, dass dieser die Garantie der Erfüllung fundamentaler menschlicher Bedürfnisse und die Respektierung grundlegender Interessen zum Gegenstand hat. Auch die meisten Verfassungen moderner demokratischer Staaten garantieren die Deckung der Grundbedürfnisse und -interessen ihrer

Bürgerinnen und Bürger. Allerdings würde es keinen Sinn machen, das fundamentale Interesse von Personen, nicht belogen zu werden, durch ein juristisches Recht zu schützen. Wie bereits gesagt, gibt es gute Gründe, Recht und Moral zu trennen. In diesem Fall etwa wäre es für eine öffentlich-rechtliche Instanz gar nicht möglich zu überprüfen, ob Personen lügen – zumal rechtliche Sanktionen den moralischen Schaden (die Wut, die Enttäuschung) der Lüge auch in keiner Art und Weise wiedergutmachen könnten (vgl. Kapitel 1).

Das Beispiel legt allerdings den Blick frei auf ein weiteres interessantes Phänomen: Es gibt auch moralische Normen, die ihre Verbindlichkeit allein innerhalb von Beziehungen erlangen; wir sprechen dann mitunter von relationalen Normen oder Pflichten. Verspricht beispielsweise die Schwester ihrem Bruder, dass sie seine Katze in seiner Abwesenheit füttert, so ist sie moralisch gebunden, genau dies auch zu tun. In der ethischen Entscheidungsfindung, wie wir sie hier vorstellen, liegt das Augenmerk allerdings auf ethischen Fragen, die uns als Gesellschaft betreffen. Die Frage, ob die Schwester die Katze noch füttern muss, wenn sie herausfindet, dass der Bruder sie ums Erbe der Eltern betrogen hat, ist zwar auch eine Frage der Moral. Doch die Stakeholder sind so rar – Schwester, Bruder und Katze –, dass wir diesen Fall nicht mit einem solchen Schema lösen würden. Wir können aber mit Blick auf die eingangs erwähnte Bedingung, dass moralische Werte und Normen fundamentale Interessen schützen, festhalten, dass relationale Werte und Normen auch deshalb als moralisch bezeichnet werden, weil sie verlässliche Beziehungen erst möglich machen: Ohne Verlässlichkeit und Vertrauen sind stabile persönliche Beziehungen undenkbar.

▶ Übung: Eine Frage der Moral?

Handelt es sich bei den folgenden Fragen um Fragen der Moral?

	moralisch	außer-moralisch
1. Ist das *social credit scoring,* wie China es betreibt, zulässig?	✓	✓
2. Muss ich einer älteren Dame meinen Sitzplatz in der vollbesetzten Straßenbahn anbieten?	✓	✓
3. Soll ich ihr sagen, dass ihr neues Kleid ihr nicht besonders gut steht?		✓
4. Um mittelfristig aus den roten Zahlen zu kommen und um ihren letzten Standort in der Schweiz zu retten, entlässt eine Firma hundert Mitarbeitende und verlagert die entsprechenden Stellen in ein Billiglohnland. Handelt sie richtig?	✓	✓
5. Darf man diese beiden Medikamente in Kombination einnehmen?		✓
6. Ist es richtig, zum Schutz vor Diskriminierung die Meinungsäußerungsfreiheit einzuschränken?	✓	
7. Ein Arzt muss entscheiden, ob er einer hirntoten Frau Organe für eine Transplantation entnimmt. Die Frau hat einen Spenderausweis auf sich getragen, auf dem sie in eine Organspende nach ihrem Tod einwilligt. Ihre Eltern wussten nichts von diesem Ausweis und sind ob der Information, dass ihre Tochter gleich in den Operationssaal gebracht werden soll, entsetzt und verzweifelt. Was soll der Arzt tun?	✓	✓
8. Ihre Bankkarte funktioniert nicht richtig: Es wird Ihnen beim Bargeldbezug nichts von ihrem Konto abgezogen. Sollten Sie dies der zuständigen Stelle melden?	✓	
9. Soll ich eher ins Konzert oder ins Kino gehen? Irgendwie reizt mich beides.		✓

1. Bei der ersten Frage handelt es sich um eine klassische moralische Frage aus dem Bereich der politischen Ethik. Strittig ist dabei etwa, was soziale Überwachung durch den Staat im Hinblick auf die Freiheit von Menschen bedeutet. Die Frage kann natürlich auch in einem rechtlichen Sinn verstanden werden. Dabei steht im Vordergrund, ob es in China ein Gesetz gibt, das die Praxis des *social credit scoring* erlaubt.

2. Dies ist sicher eine Frage der Höflichkeit: Es wäre wenig aufmerksam, die Dame stehen zu lassen, wenn man selber um einiges jünger ist. Hat die Dame offensichtlich Mühe mit dem langen Stehen, gebietet auch die Moral, ihr einen Platz anzubieten – dies nicht zu tun, wäre dann eine milde Form von unterlassener Hilfeleistung.

3. Kennt man die schlecht gekleidete Person gar nicht, handelt es sich um eine Frage der Höflichkeit; es ziemt sich nicht, wildfremde Menschen damit zu konfrontieren, dass man ihren Kleidergeschmack nicht teilt. Kennt man die Person, handelt es sich um eine Frage der Klugheit: Ist die Beziehung ausreichend gut, dass eine solche Bemerkung nicht als unnötige Verletzung, sondern als hilfreicher Hinweis wahrgenommen wird?

4. Diese Frage kann einerseits als Beispiel einer unternehmensethischen Frage gelten: Es handelt sich um eine Konfliktsituation von Stakeholder-Interessen. Die Frage kann aber auch außermoralisch diskutiert werden: War dieses Vorgehen langfristig gesehen klug und brachte den ersehnten ökonomischen Turnaround für die Firma?

5. Bei dieser Frage handelt es sich um eine Nachfrage bezüglich der Wechselwirkung unterschiedlicher Substanzen. Sie hat mit Moral nichts zu tun.

6. Dies ist klarerweise eine moralische Frage, die sich als Konflikt zwischen zwei fundamentalen Gütern präsentiert: der Abwehr von Schädigung (Diskriminierung) auf der einen Seite und der Meinungsäußerungsfreiheit auf der anderen Seite.

7. Bei dieser Frage handelt es sich um eine rechtliche wie um eine moralische Frage: Als eine Frage des Rechts verstanden, wollen wir wissen, ob eine Organentnahme gegen den Willen der Verwandten erfolgen darf, wenn die hirntote Person vor ihrem Tod zweifelsfrei in eine Entnahme eingewilligt hat. Selbst wenn das Recht hier eine Entnahme klar erlaubt, stellt sich für den Arzt zusätzlich eine moralische Frage: Ist es richtig, gesetzeskonform zu handeln angesichts der großen Verzweiflung der Eltern, die soeben ihre Tochter verloren haben?

8. Diese Frage tangiert Ehrlichkeit als verallgemeinerbare, moralische Norm. Allerdings könnte die Frage unter Umständen auch als außermoralische bezeichnet werden, wenn der Bankomat beispielsweise dauernd kaputt ist.

9. Die letzte Frage ist eine Frage der persönlichen Präferenzen; sie hat nichts mit Moral zu tun. ◀

2.1.4 Moralische Fragen im Wandel der Zeit

Die von uns aufgeführten drei Eigenschaften moralischer Themen und Fragen sind formaler Art. Was inhaltlich zum Bereich der Moral gehört und was nicht, ist nicht sakrosankt und auf Ewigkeiten in Stein gemeißelt. Die Liste moralischer Fragen ist vielmehr historisch wandelbar und variiert von Kultur zu Kultur. Dafür gibt es unterschiedliche Gründe:

1. **Moralvorstellungen wandeln sich oft im Lauf der Zeit.** Hielten beispielsweise frühere Generationen Homosexualität noch für einen moralischen Skandal, der öffentlich geächtet und rechtlich geahndet wurde, sehen heute viele Länder und die meisten liberal gesinnten Menschen die sexuelle Orientierung als moralisch neutral an. Sie sind also der Meinung, dass es sich dabei nicht mehr um ein Thema der Moral handelt, sondern um eines der individuellen Präferenz. Ähnliches gilt für Kleidervorschriften: Wie man sich kleidet, ist in unserer Zeit und Kultur eine Frage des Geschmacks und allenfalls noch der Peergroup. In früheren Zeiten waren Kleidervorschriften moralisch stark aufgeladen. Es konnte einer Beleidigung gleichkommen, sich nicht standeskonform zu kleiden.

2. **Die Definition des Gegenstandsbereichs der Moral hängt von Faktenwissen ab.** Ändert sich dieses Faktenwissen, kann sich auch der Gegenstandsbereich der Moral verändern. Solange man etwa der Meinung war, Tiere seien nicht empfindungsfähig, war es auch nicht von Belang, wie man sie hält oder schlachtet. Sie waren, anders gesagt, schlicht keine Träger von Interessen. Die Tierforschung hat uns eines Besseren belehrt: Wir wissen heute, dass viele Tiere nicht nur schmerzempfindlich sind, sondern Transporte sie stressen und sie unter Isolation leiden. Fragen der Tierhaltung oder des Tiertransports wurden damit auch zu Themen der Ethik. Anders gesagt wurde der Umgang mit Tieren im Laufe der Jahre (zumindest in unserer Kultur) immer mehr moralisiert.

3. **Der Gegenstandsbereich der Moral wandelt sich aufgrund unserer wachsenden Einflussmöglichkeiten** respektive hängt davon ab, was wir überhaupt zu unserem moralischen Aufmerksamkeitsbereich zählen. Die Menschheit ist immer besser in der Lage, die Umwelt zu kontrollieren oder auf Umweltkatastrophen so zu reagieren, dass sich der Schaden für betroffene Personen in Grenzen hält. So können wir den Verlauf von Hurrikanen oder das Auftreten

von Tsunamis mittlerweile dank meteorologischer oder seismographischer Prognosen voraussagen und entsprechend Evakuierungen anordnen. Wir können Hungersnöte prognostizieren und vorsorglich Nahrungsmittel verteilen. Das gilt nicht nur für die entsprechenden Regierungen und transnationalen Hilfsorganisationen. Auch wir als Einzelpersonen sind heute weitaus besser und schneller informiert über aufziehende Katastrophen, und via soziale Medien erfahren wir in Echtzeit von ausbrechenden Bürgerkriegen oder dem Elend in Flüchtlingslagern. Die Frage, inwiefern uns dieses zunehmende Wissen auch moralisch verantwortlich macht, entsprechende Vorsorgemaßnahmen zu ergreifen oder uns an Hilfsprojekten zu beteiligen, ist eine offene Frage – aber sicher eine, die wir als eine Frage der Moral bearbeiten können und müssen.

Die Debatte um den Moralismus

In jüngster Zeit ist eine Debatte um eine zu weitgehende Moralisierung privater, ästhetischer oder politischer Fragen entbrannt. Wie eine krankmachende Flechte scheint die Moral mittlerweile all unsere Lebensbereiche zu überziehen und uns mit Denkverboten zu gängeln. Man liest von «moralischem Totalitarismus» und von «Tugendwahn». Die Kritiker einer zu weitgehenden Moralisierung unseres Zusammenlebens stoßen sich insbesondere daran, dass der Bereich dessen, was wir lange als «Privatfrage» bezeichnet haben, immer enger gezogen würde. Tatsächlich wird heute je nach Gesellschaft, in der man verkehrt, auch der anzügliche Witz, das Steak auf dem Grill, die Betitelung einer Süßspeise oder der Flug auf die Kanaren als moralisch anstößig kritisiert. Die Frage, was Thema der Moral ist, war allerdings, wie deutlich geworden sein dürfte, immer schon strittig. Das Problem des Moralismus ist aber möglicherweise weniger, dass wir nicht immer Einigkeit erlangen bezüglich der Frage, was durch die Brille der Moral betrachtet werden sollte – und was wir getrost mit Verweis auf unsere Lust und Laune tun und lassen dürfen. Am viel gescholtenen Moralterror ist eher der «Terror» problematisch, sprich: das Geschütz, mit dem andere zur Ordnung gerufen werden. Dass man heute diffamiert, an den Pranger stellt, auf Verdacht hin verunglimpft, ist für sich genommen eben auch ein Problem der Moral. Unter dem Stichwort der «Cancel Culture» wird denn auch kritisiert, dass unliebsame Meinungen gesellschaftlich verboten und Gegenansichten nicht länger toleriert werden. John Stuart Mill, einer der wichtigsten philosophischen Vordenker des Liberalismus, trat in seiner Schrift *Über die Freiheit* (1859) überzeugend für die Meinungsäußerungsfreiheit ein, die er weniger von Staates wegen als von der Gesellschaft bedroht sah, die vom Mainstream abweichende Meinungen immer schlechter toleriere. Die Wahrheit ergebe sich aber allein durch den «Widerstreit mit dem Irrtum». Jedes Redeverbot sei deshalb eine «Anmaßung von Unfehlbarkeit».

2.2 Die strittige Frage formulieren

Im letzten Abschnitt (2.1) haben wir das Wesen moralischer Fragen zu bestimmen versucht: Wir haben das Kerngeschäft der Ethik umrissen und ein Gespür dafür entwickelt, was Fragen der Moral von Fragen des Anstands, der Klugheit, des persönlichen Geschmacks oder des Rechts trennt.

Um in unserer Entscheidungsfindung weiterzukommen, geht es nun darum, die strittige Frage herauszuarbeiten. Zur Identifizierung der moralischen Frage eines praktischen Problems geht man am besten folgendermaßen vor:

1. Die **Konfliktfelder** einer konkreten Frage müssen in den Blick genommen werden: Was ist eigentlich genau strittig? Um sich die Konfliktfelder zu vergegenwärtigen, kann es hilfreich sein, sich die Stakeholder, die im ersten Schritt aufgelistet worden sind, als um einen Tisch versammelt vorzustellen: Welche Argumente würden sie in die Runde werfen? Welche gegenseitigen Vorwürfe lägen auf dem Tisch? Welche Positionen und Forderungen würden bei wem für Empörung sorgen?

2. Dieses Konfliktmaterial können wir aufgrund der Kriterien, die wir im vorhergehenden Abschnitt kennengelernt haben, ordnen: Welche **moralischen Fragen** verbergen sich hinter den Vorwürfen, Anschuldigungen und Rückfragen? Hinter den meisten praktischen Konflikten stecken mehrere moralische Fragen. Wollen wir beispielsweise wissen, ob Eltern von Kindern mit einer Behinderung ein Anrecht auf externe Kinderbetreuung haben, sind wir mit den unterschiedlichsten moralischen Fragen konfrontiert: Haben Eltern einen Anspruch, ihre Kinder extern betreuen zu lassen, und haben sie diesen Anspruch auch, wenn das Kind besondere Bedürfnisse hat? Darf man Tagesstätten zwingen, Kinder mit Behinderungen aufzunehmen, wenn die Mehrkosten staatlich nicht gedeckt werden? Werden solche Kinder unzulässig diskriminiert, wenn sie von Kindertagesstätten ausgeschlossen werden? Ist es die Aufgabe der Gesellschaft, dafür zu sorgen, dass Eltern von Kindern mit einer Behinderung nicht mehr belastet werden als Eltern von gesunden Kindern? – Es ist hilfreich, solche Fragen in ein paar Sätzen schriftlich festzuhalten und außermoralische Fragen bereits an dieser Stelle auszuscheiden (vgl. 3.2).

3. In einem nächsten Schritt wenden wir uns den **Entscheidungs- oder Handlungsoptionen** zu: Welche Alternativen existieren? Zwischen welchen Optionen müssen wir entscheiden? Es ist von Nutzen, diese Optionen wenn möglich als strenge Alternative im Hinblick auf eine Ja/Nein-Position zu formulieren. Wenn wir nochmals das obige Beispiel betrachten, so lautet die strittige Frage: «Haben auch Eltern behinderter Kinder einen Anspruch auf externe Kinderbetreuung, der rechtlich verbrieft werden sollte?»

2.3 Ausscheiden außermoralischer Aspekte

Bevor wir uns im nächsten Schritt des Schemas der Analyse der moralischen Aspekte der strittigen Frage zuwenden, gilt es als Letztes, Gesichtspunkte auszuscheiden, die insgesamt für die Lösung des Problems zwar wichtig sind, die aber erst zum Abschluss der ethischen Entscheidungsfindung wieder ins Spiel kommen. Es sind dies beispielsweise bestimmte ökonomische, juristische oder politische Aspekte. Im obigen Beispiel ist es zwar sicherlich relevant, wie teuer es die Allgemeinheit zu stehen käme, entsprechende Spezialangebote in Kinderkrippen zu schaffen. Aber wir können diesen Aspekt fürs Erste beiseite lassen und uns auf die aufgeführten moralischen Fragen konzentrieren. Dies macht deshalb Sinn, weil man sonst Gefahr läuft, in Sachzwängen zu denken und kreative Lösungen von Vornherein auszuschließen. Damit soll nicht suggeriert werden, ökonomische Fragen seien für die ethische Entscheidungsfindung stets irrelevant. Ganz offensichtlich stellen sich etwa Gerechtigkeitsfragen, wenn es um die Übernahme der entstehenden Kosten geht. Und insofern als Budgets in einer Gesellschaft stets beschränkt sind, stellt sich auch die übergeordnete ethische Frage, ob Ressourcen moralisch gesehen überzeugend eingesetzt werden. Die moralische Frage befindet sich jedoch meist auf einer tieferen oder höheren Ebene. Rekurrieren wir zu früh auf solche ökonomischen Fragen, gerät die moralische Frage etwa nach dem gerechtfertigten Anspruch oder der Zulässigkeit einer Technologie aus dem Blick. Mit dem Hinweis auf ökonomische oder politische Sachzwänge wird außerdem fast jede moralische Debatte abgewürgt. Wer gleich zu Beginn einer Debatte über ein klimapolitisch motiviertes Verbot von Benzin- und Dieselautos einwirft, dass lasse sich politisch nie umsetzen, hat die Debatte beendet, bevor die einzelnen Argumente vorgebracht und diskutiert werden konnten.

Bei der Diskussion der Implementierung der moralischen Lösung, für die man später plädiert, kann sich allerdings zeigen, dass sie sich unter Umständen nicht umsetzen lässt. Deshalb kommen diese außermoralischen Aspekte am Ende der Entscheidungsfindung wieder ins Spiel (vgl. Kapitel 5). Fürs Erste lassen wir sie jedoch beiseite. Damit werden Analyse und Evaluation der moralischen Aspekte eines Problems übersichtlicher und vereinfacht.

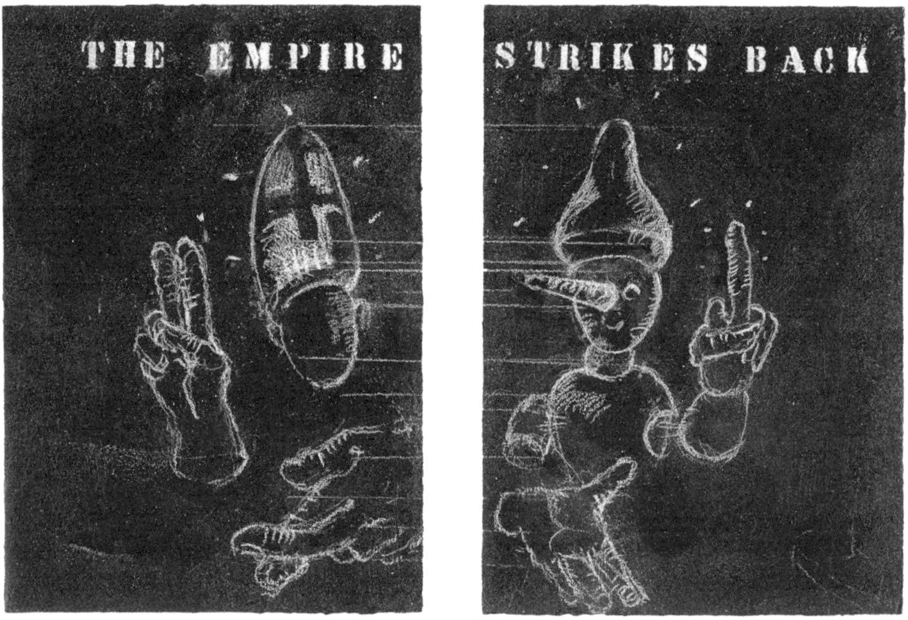
THE EMPIRE
STRIKES BACK

3

Analyse der Argumente

In den letzten beiden Kapiteln haben wir uns wiederholt die Idee des Stakeholders zunutze gemacht. Damit wollten wir verdeutlichen, dass in Fragen der Ethik oft Interessen und Wertvorstellungen unterschiedlichster Anspruchsgruppen aufeinanderprallen. Die betroffenen Stakeholder verteidigen in der öffentlichen Debatte in der Regel nur die eigenen Anliegen und versuchen, die gegnerische Position zu entkräften. Stakeholder befinden sich also in einem Diskurs oder, um beim Bild zu bleiben, das wir in Kapitel 2 benutzt haben, sie sitzen gemeinsam an einem runden Tisch und ringen um Verständigung und Einigung. Zuweilen läuft dieser Diskurs allerdings wenig konstruktiv ab, sondern es kommt zum Schlagabtausch mit groben Unterstellungen und Anwürfen. In einem konstruktiven Streit werden dagegen Argumente ausgetauscht und diskutiert. Ethische Entscheidungsfindung als Methodik ist der Versuch, einen solchen konstruktiven Streit zu imitieren. Der dritte Schritt in unserem Schema besteht deshalb darin, die verschiedenen möglichen Argumente innerhalb einer ethischen Streitfrage zu identifizieren oder zu rekonstruieren, sodass das Problem überhaupt sinnvoll diskutiert werden kann. Erst im nächsten vierten Schritt (vgl. Kapitel 4) werden diese Argumente beurteilt und gegeneinander abgewogen.

Mit Blick auf das Verstehen und Nachvollziehen der eingebrachten Argumente, wie auch mit Bezug auf das Freilegen zusätzlicher Argumente, die möglicherweise in der konkreten Debatte gar nicht fallen, haben sich in der Ethik die sogenannten Moraltheorien als nützliche Instrumente erwiesen. Moraltheorien sind ein zentraler Bestandteil dessen, was wir in Kapitel 2 als «normative Ethik» bezeichnet haben. Normative Ethik reflektiert, beurteilt und begründet moralische Normen und Werte (z. B. das Lügenverbot oder den Wert der Freiheit) respektive einzelne Handlungen oder Typen von Handlungen (z. B. die Auslieferung von Kriegsmaterial oder das Burkaverbot). Im Vollzug dieser Reflexion greifen Ethikerinnen und Ethiker implizit oder explizit auf Theorien oder Prinzipien zurück, die grundlegende moralische Kriterien und Maßstäbe zur Verfügung stellen und zueinander ins Verhältnis setzen – eben auf die genannten Moraltheorien. Wie viele solche Moraltheorien es gibt und wo es sich nur um Varianten einer bereits bestehenden Theorie handelt, ist strittig. Die entsprechenden Theorien werden auch laufend weiterentwickelt und immer ausgefeilter, wenngleich sie weiterhin Bezug nehmen auf klassische Texte etwa von Aristoteles oder Immanuel Kant. Wir stellen im Folgenden drei der zentralen Moraltheorien knapp vor: konsequentialistische, deontologische und tugendethische Ansätze (3.2), bevor wir uns der Frage widmen, welche Bedeutung und Funktion diese Moraltheorien für die ethische Entscheidungsfindung haben (3.3). Vorgängig zeigen wir, wie die einzelnen Argumente in einem moralischen Streitfall identifiziert werden können und wie sich zusätzliche Argumente, die in Debatten nicht explizit eingebracht werden, konstruieren lassen (3.1).

Hilfreiche Einführungen in die wichtigsten Moraltheorien bieten der *Grundkurs Ethik, Band 1*, 4., vollständig überarbeitete und erweiterte Auflage, hrsg. von Johann S. Ach, Kurt Bayertz, Michael Quante und Ludwig Siep (Münster: Mentis 2016), sowie die Bände von Herlinde Pauer-Studer: *Einführung in die Ethik* (Wien: UTB 2010) und von Jonathan Wolf: *An Introduction to Moral Philosophy* (London: W.W. Norton & Company 2018).

3.1 Argumente identifizieren

Dieses Kapitel hat mit der Beobachtung begonnen, dass Stakeholder versuchen, die eigene Überzeugung oder Position in Diskursen zu verteidigen und gegnerische Positionen zu entkräften. Im besten Fall werden im Hinblick auf diese Diskursziele einigermaßen nachvollziehbare, vernünftige Argumente ausgetauscht. (Was vernünftige Argumente auszeichnet, wird uns im zweiten Teil dieses Buches noch beschäftigen.) Im schlechteren Fall finden sich in einer aktuellen Debatte jedoch weniger Argumente denn Parolen. Dann gilt es, die Argumente, die die jeweiligen Stakeholder einbringen würden, würden sie ihre Interessen argumentativ verteidigen, eigenhändig zu rekonstruieren.

Um sich einen Überblick über die Argumente zu verschaffen, empfiehlt es sich, erst einmal die einzelnen Argumente, die für oder gegen eine bestimmte

Position vorgebracht werden, aufzulisten. Am besten erstellt man dazu eine Liste der Stakeholder und ordnet diesen die einzelnen Pro- und Kontra-Argumente zu. Die unterschiedlichen Stakeholder stützen sich zuweilen durchaus auf dieselben oder auf analoge Argumente, um ihre Interessen oder Wertvorstellungen zu verteidigen. In der moralischen Analyse kann man an dieser Stelle deshalb von den einzelnen Stakeholdern abstrahieren und sich dem sachlichen Gehalt der einzelnen Argumente zuwenden.

Argumente, die für die moralische Entscheidung relevant sind, stützen sich in der Regel auf unterschiedliche moralische Normen und Werte oder bringen solche zum Ausdruck. Um die Argumente einzuordnen und besser zu verstehen, ist es sinnvoll, zu fragen, welche moralischen Normen und Werte ihnen jeweils zugrunde liegen. Häufig werden diese gar nicht explizit genannt, sondern als normative Hintergrundannahmen mittransportiert. Das können beispielsweise Annahmen bezüglich des moralischen Status betroffener Entitäten sein und damit implizite Aussagen darüber, wer überhaupt als legitimer Stakeholder in Frage kommt (vgl. 1.3). Oder aber es werden Normen vorausgesetzt, die ihrerseits strittig sind. Wer zum Beispiel für ein größeres finanzielles Engagement für die Entwicklungszusammenarbeit argumentiert, indem er darauf hinweist, wie viel die Weltgemeinschaft im Vergleich für die Erforschung des Planeten Mars ausgibt, trifft eine moralische Annahme – nämlich dass sich diese Budgets vergleichen und miteinander verrechnen lassen sollten.

Zu den normativen Hintergrundannahmen gehören auch die bereits erwähnten Moraltheorien respektive deren Prinzipien: Wer beispielsweise argumentiert, die Todesstrafe sei legitim, weil sie helfe, potenzielle Täter abzuschrecken, geht implizit von einer sogenannten konsequentialistischen Position aus (vgl. 3.2.1): also der Ansicht, dass mit Blick auf die Bewertung einer Maßnahme in erster Linie oder sogar ausschließlich deren Folgen zählen. Im Hinblick auf die Analyse von Argumenten ist es oft erhellend zu fragen, welchen Moraltheorien sich einzelne Argumente zuordnen lassen. Wir werden sehen, dass nicht jede Moraltheorie zur Bearbeitung und Lösung jedes moralischen Problems gleich gut geeignet ist. Die Zuordnung der Argumente zu den übergeordneten normativen Theorien ist auch mit Blick auf die in Schritt 4 folgende Evaluation der Argumente von Bedeutung: Die bekannten Schwächen und Grenzen einer Moraltheorie finden sich nämlich häufig auch in den Argumenten, die sich aus ihrer Warte formulieren lassen. Insofern ist die Kenntnis der Moraltheorien hilfreich, um einzelne Argumente beurteilen zu können. Wir kommen auf die unterschiedlichen Moraltheorien und deren Funktion nachher gleich detailliert zu sprechen.

Argumente beruhen neben den erwähnten normativen Annahmen häufig auch auf empirischen Hintergrundannahmen. Wer behauptet, es sei verwerflich, während der Schwangerschaft zu rauchen, setzt (in diesem Fall korrekterweise) voraus, dass Rauchen den Embryo schädige. Zu sagen, es sei egoistisch, in der Stadt einen Offroader zu fahren, heißt wiederum davon auszugehen, dass Offroader fürs Klima schädlicher sind als andere Autos und wir (im Sinne einer normativen Hintergrundannahme) die Pflicht haben, in unserem Mobilitätsverhalten Klimaaspekte zu berücksichtigen. Gemäß den methodischen Anleitungen von Schritt 2 bewerten oder diskutieren wir solche Hintergrundannahmen für die weitere Analyse zunächst nicht, denn ansonsten droht leicht eine Verschiebung von der Diskussion des moralischen Problems hin zu einer Debatte über empirische Fragen und allenfalls auch in die Sackgasse eines Expertenstreits. Um ein moralisches Problem bearbeiten zu können, ist es vielmehr hilfreich, die einzelnen Normen und Werte sowie eventuelle Hintergrundannahmen herauszuarbeiten und klar zu benennen, um das thematisierte Problem und die Argumente besser zu verstehen. Die Arbeit am moralischen Problem erfolgt dann unter sogenannten kontrafaktischen Bedingungen: Wir machen transparent, was wir als gegeben voraussetzen und konzentrieren uns auf die ethischen Streitpunkte.

Da es in der Ethik aber nicht allein darum gehen kann, die faktisch vorliegenden Diskurse von Stakeholdern abzubilden, darf man sich nicht mit einer Auflistung der vorgebrachten Argumente begnügen. Wie bereits erwähnt, bringen die Stakeholder vielleicht nicht alle möglichen Argumente ein oder vergessen sogar, zentrale Punkte zu berücksichtigen. Deshalb gehört es auch zur Aufgabe von Ethikerinnen und Ethikern, innerhalb ihrer moralischen Analyse zu fragen: Welche zusätzlichen Argumente sind denkbar und verdienen Berücksichtigung? Das Ziel ethischer Entscheidungsfindung besteht ja nicht darin, bloß zufällige und – unter Umständen – lautstark geäußerte Argumente zu analysieren und zu evaluieren, sondern zu eruieren, welche Argumente eine Position stützen oder entkräften. Im Hinblick auf das Entwickeln von zusätzlichen Argumenten können nun eben Moraltheorien von Nutzen sein. So kann man überlegen, wie aus der Perspektive dieser oder jener Moraltheorie argumentiert werden könnte und welche zusätzlichen Argumente denkbar wären. Mit diesem Schritt wird die ethische Reflexion also kreativ, indem sie darum bemüht ist, die besten Argumente auf dem Tisch liegen zu haben und mit diesen weiterzuarbeiten.

Im Folgenden konzentrieren wir uns auf die drei Moraltheorien, die für die Entscheidungsfindung als die grundlegenden angesehen werden:

1. den Konsequentialismus,
2. die Deontologie und
3. die Tugendethik.

Daneben gibt es eine Reihe weiterer Moraltheorien, die in der Fachdiskussion eine Rolle spielen (beispielsweise die Vertragstheorie oder der Kontraktualismus, die Diskursethik oder die sogenannten Minimalethiken). Solche normativen Theorien stehen für grundlegende moralische Erfahrungen, Werte und Überzeugungen, die wir in unseren Haltungen und Urteilen verkörpern. Moraltheorien können – um mit einem Bild zu reden – somit wie optische Linsen eingesetzt werden, die unterschiedliche Aspekte eines Problems sichtbar machen. Betrachten wir einen moralischen Konflikt durch verschiedene solche Linsen, verstehen wir besser, welche moralischen Werte und Normen zur Diskussion stehen, warum es vor deren Hintergrund überhaupt zu einem moralischen Problem oder Konflikt kommt und von welchen normativen Annahmen das Problem oder der Konflikt abhängt.

3.2 Drei Moraltheorien

Nach dem Anschlag vom 11. September 2001 auf die beiden Türme des World Trade Center in New York wurde einer breiteren Öffentlichkeit schlagartig klar, dass von Terroristen entführte Passagierflugzeuge als gefährliche Waffen in dicht besiedelten und genutzten Räumen eingesetzt werden können. Wie lassen sich solche Terroranschläge in Zukunft verhindern? Als letztes Mittel, Tausende von Leben zu retten, käme in einem solchen Szenario der Abschuss des Flugzeugs mitsamt den unschuldigen Passagieren in Frage. Doch darf man einen solchen Schritt vollziehen? Und, falls ja, wer wäre darin legitimiert: der Staat, seine Armee oder die für Terrorbekämpfung zuständige Behörde? Und ist ein solcher Schritt möglicherweise nicht nur erlaubt, sondern auch geboten?

Ferdinand von Schirachs Theaterstück «Terror»

Die Frage nach der Legitimität des Abschusses eines Passagierflugzeugs in einer solchen Bedrohungslage hat den österreichischen Schriftsteller Ferdinand von Schirach zu einem Theaterstück mit dem Titel «Terror» inspiriert. Im Oktober 2016 wurde auf dessen Grundlage der Fernsehfilm des Regisseurs Lars Kraume zeitgleich im Abendprogramm von SRF, ARD und ORF ausgestrahlt. «Terror» erzählt die fiktive Geschichte eines Berliner Schwurgerichts, vor dem der Abschuss eines Passagierflugzeugs durch den Luftwaffen-Major Lars Koch verhandelt wird. Ein Terrorist entführte ein Passagierflugzeug mit 164 Menschen an Bord auf dem Flug von Berlin nach München. Als das Flugzeug Kurs auf ein mit 70 000 Menschen gefülltes Fußballstadion nahm, entschied sich der Major, das Flugzeug mit einer Luftrakete abzuschießen, um die Menschen im Stadion zu retten. Die Passagiere kamen beim Absturz über einem Kartoffelfeld alle ums Leben. Das Fernsehpublikum wohnte der fiktiven Verhandlung bei und wurde am Anfang der Sendung und gegen Ende aufgefordert, am Abend der Erstausstrahlung des Films über die vorgegebenen Alternativen Freispruch oder Verurteilung und damit über den Ausgang des Films abzustimmen. In der Schweiz wurde der Pilot von 84% der Abstimmenden freigesprochen, in den Nachbarländern erfolgte der Freispruch mit einem leicht deutlicheren Resultat.

Die moralische Frage (vgl. Kapitel 2), die seit vielen Jahren immer wieder kontrovers diskutiert wird, lautet in diesem Fall somit: Ist es moralisch legitim, dass ein Staat (oder die ihn Vertretenden, etwa ein Luftwaffenoberbefehlshaber) den Befehl erteilt, in einer solchen Situation ein Passagierflugzeug abzuschießen? Welche moralischen Normen und Werte sind für die Entscheidung einer solchen Frage zu berücksichtigen?

Es handelt sich hierbei nicht um eine bloß fiktive Frage: Das Deutsche Bundesverfassungsgericht hat am 15. Februar 2006 ein entsprechendes Luftsicherheitsgesetz, das einen Abschuss in einem solchen Szenario erlauben würde, für verfassungswidrig erklärt. Es sei, so die Argumentation, weder mit dem Recht auf Leben noch mit der verfassungsmäßigen Garantie der Menschenwürde vereinbar, Unbeteiligte zu töten, um anderen Menschen das Leben zu retten. Das Bundesverfassungsgericht hat in diesem Fall, wie es seine Aufgabe ist, rechtlich argumentiert. Wie aber ist dieses Szenario moralisch zu bewerten? Dieses nach wie vor aktuelle Fallbeispiel wird uns durch dieses Kapitel begleiten.

▶ Ein Fallbeispiel: Der Flugzeugabschuss

Notieren Sie, wie Sie das Szenario eines gezielten Flugzeugabschusses, bei dem das Leben der Passagiere geopfert wird, ethisch beurteilen würden. Versuchen Sie, die Frage nach dem Abschuss klar mit Ja oder Nein zu beantworten. Welche Argumente gibt es für oder gegen Ihre Antwort? ◀

3.2.1 Konsequentialismus oder: «Verbessere die Welt!»

Greifen wir zunächst das Fallbeispiel auf: Um zu entscheiden, ob man ein Passagierflugzeug in der erwähnten Situation abschießen darf oder nicht, braucht es offensichtlich moralische Kriterien. Welcher Art könnten solche Entscheidungskriterien sein? Eine naheliegende Antwortet lautet, dass man sich an den möglichen Folgen orientieren sollte: Das von den Terroristen in einem Stadtzentrum zum Absturz gebrachte Flugzeug könnte Tausende von Menschen das Leben kosten. Zwar würde auch der Abschuss des Flugzeugs unschuldige Menschen töten, nämlich die Passagiere. Doch die Anzahl Todesfälle könnte durch den gezielten Abschuss sehr viel tiefer gehalten werden. Deshalb scheint es vor dem Hintergrund einer solchen Überlegung richtig, das Flugzeug abzuschießen. Wer so überlegt, argumentiert konsequentialistisch, beruft sich also bei der Bewertung einer Handlung oder Entscheidung auf deren Konsequenzen oder Folgen.

Manchmal ist in diesem Kontext auch von «Folgenabschätzungen» die Rede. Bei der Beurteilung neuer Technologien setzt man etwa auf Technikfolgenabschätzungen (zum Beispiel in Form von Risikobeurteilungen). Im Bereich von Wirtschaft und Politik spricht man dagegen eher von Kosten-Nutzen-Analysen. In beiden Fällen wird nach den empirischen Folgen einer Handlungsoption gefragt, also danach, welche faktischen Auswirkungen bestimmte Handlungen auf uns, auf die Gesellschaft, auf andere soziale Gruppen, auf andere Unternehmen oder auf die natürliche Umwelt haben werden. Solche konsequentialistischen Überlegungen finden sich in vielen gesellschaftspolitischen Debatten: Bei der Frage, ob die Ausfuhr von Kriegsmaterial verboten werden sollte, werden etwa auch die Folgen für den inländischen Arbeitsmarkt thematisiert. Wird über den Einzug der Digitalisierung ins Gesundheitswesen gesprochen, kommen nicht nur Fragen des Datenschutzes in den Blick, sondern es werden auch Kostenfolgen oder Qualitätssteigerungen in der Diagnostik diskutiert.

Wer nach den Folgen fragt, setzt seine Handlungen gleichsam einem Realitätstest aus. Dahinter steht die Einsicht, dass noch so gut gemeinte moralische Absichten und Motive unerwünschte Konsequenzen haben können. So wäre es natürlich moralisch wünschenswert, wenn Personen mit einer psychischen Erkrankung nicht gekündigt würde. Verbessert sich ihr Zustand jedoch über die Jahre nicht und lähmen ihre Probleme ein ganzes Team, so kann sich ein Unternehmen gezwungen sehen, dennoch eine Kündigung auszusprechen.

Die Frage nach den tatsächlichen oder mutmaßlichen Folgen allein ist natürlich noch keine ethische Frage. Man kann und wird häufig nicht nur in unternehmerischen Kontexten nach den ökonomischen Folgen bestimmter Handlungen oder Unterlassungen fragen. Die Ethik kommt erst dann ins Spiel, wenn die zu erwartenden und absehbaren Folgen konfligierende Interessen unterschiedlicher Stakeholder tangieren und mit Bezug auf diese Interessen bewertet werden. Es ist etwa eine Tatsache, dass der Lockdown, den viele Staaten während der Corona-Pandemie 2020 erlassen haben, um ein ungebremstes Wachstum der Fallzahlen und damit eine Überlastung der Intensivstationen in den Krankenhäusern zu verhindern, auch negative volkswirtschaftliche Folgen zeitigt. Doch wie sollen diese unterschiedlichen Folgen des Lockdowns nun bewertet werden? Um eine ethische Analyse vornehmen zu können, braucht man eine Vorstellung dessen, was eigentlich moralisch gesehen das Ziel unseres Handelns sein soll.

Ein moralisches Ziel unseres Handelns könnte darin bestehen, die Welt insgesamt zu verbessern respektive zu einem angenehmeren Ort für alle Menschen zu machen. Dies ist – etwas salopp formuliert – das Ziel, das Konsequentialisten verfolgen. Der Wert der einzelnen Handlung wird dieser Theorie zufolge daran bemessen, inwiefern sie Gutes für die «Welt» oder die betroffenen Individuen bewirkt. Damit ist natürlich noch wenig gesagt. Philosophinnen und Philosophen haben denn auch während Jahrhunderten über die Frage nachgedacht und tun es noch heute, wie eine moralische «Weltverbesserung» aussehen könnte. Sollen wir zum Beispiel angesichts des Umstands, dass nach wie vor jeder sechste Erdenbürger nicht über ausreichend Nahrung verfügt, eine Welt anstreben, in der die materiellen Güter möglichst gleich verteilt sind? Oder eher eine Welt, in der möglichst wenig Menschenrechte verletzt werden? Oder eine Welt, in der möglichst viele Menschen glücklich sind (wie immer «Glück» zu definieren wäre)? All diese Aspekte müssen keineswegs zusammenfallen: Eine Welt, in der keine Menschenrechte verletzt werden, ist beispielsweise nicht zwingend eine Welt, in der Gleichverteilung herrscht. Strittig ist überdies, wer eigentlich genau zur Gruppe jener gehört, deren Wohl mitbedacht werden muss: Nur Menschen? Auch Tiere? Falls Letzteres: alle Tiere, also auch Insekten oder Würmer? Zählt auch das Wohl von Pflanzen? Viele Konsequentialisten haben sich in ihren Überlegungen an der Empfindungsfähigkeit von Organismen orientiert: Ins moralische Kalkül einfließen müssen die Interessen all jener, die von einer Handlung betroffen sind. Argumentiert wird häufig, dass nur Wesen, die empfindungsfähig sind, auch Interessen haben. Die inneren Zustände empfindungsfähiger Wesen sind moralisch relevant, denn Schmerz, Angst, aber auch Wohlbefinden sind nie neutral, sondern immer mit negativen oder positiven Wertungen des empfindenden Subjekts verbunden. Empfindungsfähige Wesen haben deswegen ein Interesse, negative Zustände zu meiden oder nicht erdulden zu müssen respektive nach positiven Zuständen zu streben. Wer über Empfindungsfähigkeit verfügt, ist eine empirische Frage, die allerdings nicht abschließend beantwortet werden kann, weil sie nicht zuletzt auch auf naturwissenschaftlichen Erkenntnissen beruht, die sich wandeln können. Die meisten Philosophinnen und Philosophen vertreten heute die Ansicht, dass Tiere mit einem zentralen Nervensystem jedenfalls moralisch berücksichtigt werden müssen. Das bedeutet zunächst, dass wir ihnen keine unnötigen Schmerzen zufügen oder sie nicht in Angst und Stress versetzen dürfen. Ob sie auch nicht getötet werden dürfen, ist eine andere, selbstverständlich auch ethisch zu klärende Frage.

Kommen wir auf das eingangs erwähnte Beispiel des entführten Flugzeugs zurück. Wie sähe hier eine konsequentialistische Argumentation aus? Natürlich würde auch ein Konsequentialist nicht leugnen, dass der Abschuss eines Flugzeugs mit unschuldigen Passagieren ein moralisches Übel ist: Sie werden in ihren letzten Minuten furchtbar leiden, und sie werden ihres Lebens beraubt, in dem sich vielleicht noch sehr viel Schönes und Erfreuliches zugetragen hätte. Auf der anderen Seite besteht eine hohe Wahrscheinlichkeit, dass sehr viele (ebenfalls unschuldige) Menschen aufgrund des durch die Terroristen verursachten Flugzeugabsturzes getötet werden. Diese zu erwartende Katastrophe ist insofern weitaus schlimmer als die Folge, die der Abschuss haben wird, als sehr viel mehr Menschen davon betroffen sein werden. Deshalb ist die Verschonung der Passagiere das geringere Gut; das Flugzeug sollte abgeschossen werden. Anders gesagt: Um möglichst großen Schaden zu verhindern, kann es aus konsequentialistischer Perspektive geboten sein, Mittel zu ergreifen, die unter anderen Umständen (und von einigen unter allen Umständen) als moralisch fragwürdig beurteilt würden.

An diesem Beispiel sieht man zwei Dinge, die für konsequentialistische Argumentationen typisch sind:

1. Was letztlich bei der moralischen Bewertung zählt, ist das **Ergebnis** oder der **Erfolg** der Handlung. Wer mit welchen Absichten oder Motiven handelt, spielt für die moralische Bewertung nur eine untergeordnete oder gar keine Rolle, genauso wenig wie die Frage, ob jemand aktiv etwas tut oder lediglich unterlässt. Ob eine Ärztin etwa einem schwer kranken Patienten, der um ein todbringendes Medikament bittet, eine entsprechende Substanz spritzt, die ihn tötet, oder ob sie die Schmerzmitteldosierung so erhöht, dass der Tod als Nebeneffekt eintritt, ist für Konsequentialisten unerheblich.

2. Da viele Folgen unseres Handelns nicht genau vorhersehbar sind, müssen Konsequentialisten häufig mit **Wahrscheinlichkeiten** bezüglich des Eintretens bestimmter Ereignisse operieren. Moralisch relevant sind dabei jene Chancen und Risiken, die nach bestem Wissen und Gewissen antizipiert werden können. Verlangt ist also keine Pflicht zur Allwissenheit. Es können immer unerwartete und nicht vorhersehbare Ereignisse eintreten. Begriffe wie Wahrscheinlichkeit, Chance und Risiko werden daher zu zentralen Aspekten in der Beurteilung von Handlungsfolgen.

Der Utilitarismus als Beispiel einer konsequentialistischen Ethik

Die wohl berühmteste Variante der konsequentialistischen Ethik ist der **Utilitarismus.** Zu seinen prominentesten Vertretern gehören Jeremy Bentham (1748–1832) und John Stuart Mill (1806–1873). Unter den zeitgenössischen Philosophen stehen der Australier Peter Singer (*1946) oder der US-Amerikaner Peter Unger (*1942) seit Jahren für eine entsprechende Position.

Im klassischen Utilitarismus ist das Ziel, an dem sich alles Handeln ausrichten soll, die Maximierung des **Nutzens** oder des **Glücks** aller von einer Handlung Betroffenen. Als relevante Bezugsgrößen für den Nutzen oder das Glück wurden unter anderem Lust *(pleasure)* und Unlust *(pain)* eingesetzt, also subjektive Empfindungen einzelner Menschen. Im utilitaristischen Kalkül sollen die positiven und negativen Zustände gemäß ihrer Qualität und Quantität gegeneinander verrechnet werden. Auszuführen ist schließlich diejenige Handlung, die nicht nur für den einzelnen Menschen, sondern auch für die Gesamtheit aller Betroffenen oder sogar alle Menschen die beste Gesamtbilanz aufweist, ganz nach dem Motto «das größtmögliche Glück für die größtmögliche Anzahl Menschen». Von zentraler Bedeutung ist neben der Bezugnahme auf den Nutzen oder das Glück der Menschen die Maximierungsidee: Klassische Konsequentialisten fordern jene Handlungsweisen, die die positiven Zustände maximieren. Viele Utilitaristen traten denn auch als Sozialreformer auf und plädierten für eine Anpassung gesellschaftspolitischer Verhältnisse, sodass es allen Menschen insgesamt möglichst gut ergehen sollte.

Auf der skizzierten Basis bildeten sich verschiedene Richtungen innerhalb des Utilitarismus aus, die den Begriff des Glücks oder des Nutzens in verschiedener Weise ausdifferenzieren. Neben dem Hedonismus, der das Glück (respektive das Leid) über die subjektiven Empfindungen der Lust (und der Unlust) fasst, sind in jüngerer Zeit vor allem Wunscherfüllungstheorien des Nutzens verbreitet, die den Nutzen mit der Erfüllung von Wünschen, Präferenzen oder Interessen von Individuen gleichsetzen.

Am Beispiel des **Tötungsverbots** lässt sich aufzeigen, wie klassische Utilitaristen argumentieren: Töten ist ihnen zufolge nicht deswegen verboten, weil ein einzelner Mensch einen unantastbaren Wert hätte, der unter allen Umständen zu respektieren wäre. Töten ist vielmehr deswegen untersagt, weil eine Aufhebung des Verbots dazu führen könnte, dass sich niemand mehr sicher fühlen und die Lebensqualität insgesamt sinken würde. Für die Hinterbliebenen wäre es außerdem ein furchtbarer Verlust, wenn sie einen geliebten Menschen verlören. Deshalb stehen auch Konsequentialisten einer Lockerung des Tötungsverbots meist kritisch gegenüber – mit Ausnahme von dilemmatischen Extremsituationen wie etwa jener der Flugzeugentführung.

Eine etwas komplexere utilitaristische Argumentation ist die folgende: Menschen sind Wesen mit einem Zeitbewusstsein und haben als solche Zukunftspläne (d.h. Projekte für ihr Leben). Da die meisten Menschen ein Interesse daran haben, dass sie ihre Zukunftspläne auch realisieren können, wäre die Welt ein schlechterer Ort, wenn diese Interessen nicht berücksichtigt würden. Auch hier gilt wieder: Es ist moralisch nicht deswegen verboten, Menschen zu töten, weil sie als einzelne Menschen besonders wertvoll wären, sondern weil sie bestimmte Interessen haben, deren Nichtberücksichtigung insgesamt negative Folgen hätte.

Das Tötungsverbot ist in einem utilitaristischen Kontext allerdings kein unbedingtes oder absolutes Verbot. Es kann durchaus – wenn eine Tötung für Dritte einen extrem großen Nutzen aufweist – aufgehoben werden. Der Utilitarismus kennt letztlich überhaupt keine kategorisch geltenden Verbote. Alles ist grundsätzlich verhandelbar vor dem Hintergrund, dass letztlich allein die Maximierung des Gesamtwohls zählt. Moralische Normen (wie das Tötungsverbot) selbst haben hier also einen bloß instrumentellen Wert.

Konsequentialistische Ansätze bringen trotz oder gerade wegen ihrer Realitätsnähe auch verschiedene Probleme mit sich:

1. In vielen Situationen ist es schwierig, wenn nicht gar unmöglich, sämtliche relevanten Folgen einer Handlung vorwegzunehmen. Es stellt sich deshalb das Problem der **Praktikabilität** des Konsequentialismus. Allerdings verlangt dieser Ansatz nicht, alle Folgen vorauszusehen, sondern die Zukunftsszenarien lediglich nach bestem Wissen und Gewissen abzuschätzen und zu evaluieren. Dazu gehört natürlich auch, sich entsprechend zu informieren. Dennoch bleibt eine gewisse Skepsis, ob wir nicht kognitiv überfordert werden, wenn wir alle Folgen unseres Handelns dauernd im Blick haben sollten.

Künstliche Intelligenz

In Zukunft werden uns Maschinen mehr und mehr die moralische Entscheidung abnehmen. Auf wen eine Drohne beispielsweise im Zweifelsfall schießt oder wen das selbstfahrende Auto tötet, wenn es im Straßenverkehr zu Konflikten kommt, programmiert der Mensch vorgängig mittels Algorithmen. Welche ethischen Fragen dies aufwirft, diskutiert Roberto Simanowksi ausführlich in *Todesalgorithmus. Das Dilemma der künstlichen Intelligenz* (Wien: Passagen 2020).

2. Wir haben gesehen, dass die Wünsche, Präferenzen oder Interessen jedes einzelnen Menschen zwar Eingang in die Gesamtbilanz finden. Die einzelne Person zählt jedoch nicht als solche, sondern nur insofern sie Teil der Gesamtbilanz ist. So wäre es unter Umständen durchaus erlaubt, die Interessen Einzelner zu verletzen, um möglichst vielen anderen Menschen ein besseres Leben zu verschaffen. **Der Zweck heilige deshalb im Konsequentialismus die Mittel,** wurde vielfach kritisiert – ein Effekt, dem viele skeptisch gegenüberstehen (denken wir etwa an Folter, die viele als menschenunwürdig ablehnen – und zwar unter allen Umständen). Anders gesagt ist dem Konsequentialismus nichts «heilig» außer der Maximierung des Gesamtwohls. Die Frage ist natürlich, wie weit man diesen «Nutzenfetischismus» treiben will. Wer wäre beispielsweise bereit, einen gesunden Menschen zu töten, um dessen Organe auf einige schwer kranke Menschen zu verteilen? Der Gesamtnutzen würde hier durch die Tötung zwar durchaus maximiert, und doch scheint es unvorstellbar, für eine solche Handlung zu plädieren – nicht zuletzt deshalb, weil Sicherheit für Menschen ein zentrales Gut ist. Aus diesem Grund gibt es durchaus Konsequentialisten, die am Tötungsverbot strikt festhalten.

3. Ein weiterer Kritikpunkt am Konsequentialismus kommt gelegentlich ins Spiel, wenn es um die Frage der **gerechten Verteilung** bestimmter Güter geht. Ein Land mag etwa aufgrund seiner Erdölressourcen und der entsprechenden Einnahmen sehr reich geworden sein. Der Bevölkerung geht es entsprechend gut. Eine kleine Minderheit (eine Elite, deren Familien oder bestimmte Ethnien) reißt sich jedoch weiteren Reichtum unter den Nagel, indem sie den Handel mit Erdöl kontrolliert. Sie werden zu Superreichen. Aus moralischer Perspektive würde man von einer ungerechten Verteilung sprechen – auch wenn es der Bevölkerung als ganzer volkswirtschaftlich besser geht als früher. Konsequentialistische Moraltheorien wie der Utilitarismus laufen Gefahr, gegenüber derartigen Verteilungsfragen unsensibel zu sein. Für Konsequentialisten wäre eine ungerechte Verteilung nur dann ein Problem, wenn der Gesamtnutzen durch eine Umverteilung erhöht werden könnte.
4. Wer wie die Konsequentialisten allein die Folgen des Handelns vor Augen hat, misst der Frage nach **der Integrität von Akteuren** nur eine untergeordnete Rolle bei. In der moralischen Praxis sind aber Fragen der Integrität des Handelnden von großer Bedeutung. So mag es aus utilitaristischer Sicht angebracht sein, immer nur im Billigdiscounter einzukaufen und das gesparte Geld zu spenden. Schließlich zählen allein die Folgen. Dass die Person sich allenfalls überlegt, ob sie sich in ihrem Konsumverhalten nicht mitschuldig an der Ausbeutung von Arbeitnehmenden, die im Akkord billige T-Shirts zu fertigen haben, scheint für einen Konsequentialisten zumindest auf den ersten Blick keine zentrale Überlegung zu sein.

Jim und Pedro: Ein Gedankenexperiment

Was mit der Verletzung der Integrität der Akteure gemeint ist, macht ein berühmt gewordenes Gedankenexperiment von Bernard Williams deutlich, das er in *Utilitarianism: For and Against* (hrsg. gemeinsam mit JJC. Smart, Cambridge University Press: 1973) ausführt. Jim gerät in dieser fiktiven Geschichte auf einer botanischen Expedition per Zufall auf einen Platz in einer kleinen Stadt, an dessen Rand zwanzig indigene Menschen aufgereiht stehen. Sie werden von bewaffneten Milizen in Schach gehalten. Pedro, der sich als Anführer der lokalen Milizen zu erkennen gibt, erklärt ihm, dass diese zwanzig Menschen erschossen werden sollen. Es sei wiederholt zu Aufständen der indigenen Bevölkerung gekommen, und zur Abschreckung würden nun zwanzig per Zufall herausgepickte Personen getötet. Da Jim ein ehrenwerter Gast aus einem anderen Land sei, komme ihm nun aber das Privileg zu, eigenhändig einen dieser Menschen zu erschießen. Pedro würde danach zu seinen Ehren die anderen neunzehn laufen lassen. Falls er das Angebot nicht annehme, würde Pedro alle zwanzig erschießen, was er auch getan hätte, wenn Jim nicht aufgetaucht wäre. Jim überlegt in Windeseile, ob es ihm gelingen könnte, Pedro seine Waffe zu entreißen. Es wird ihm aber schnell klar, dass er keine Chance hätte angesichts der armierten Truppe, die die Situation kontrolliert. Er sieht die panischen Blicke der zwanzig Todgeweihten und der umstehenden Dorfbevölkerung und versteht, dass sie ihn bitten zu schießen. Was soll Jim tun? – Bernard Williams will mit diesem Beispiel zeigen, dass aus konsequentialistischer Sicht geschossen werden muss, dass Jim damit aber zum Mörder wird oder sich, wie es in der Politik zuweilen heißt, die Hände schmutzig machen muss. Für Deontologinnen und Tugendethiker ist weniger klar, was in dieser Situation zu tun ist. Ist es nicht eine Frage der Integrität, sich für solch grausame Spiele nicht einsetzen zu lassen?

5. Der konsequentialistische Ansatz kann neben der kognitiven Überforderung (Punkt 1) auch zu einer **moralischen Überforderung** führen: Wer wie Vertreterinnen und Vertreter des Utilitarismus die Welt ständig verbessern will oder soll, kann im Grunde genommen keine moralfreien Zonen zulassen, sondern muss jede seiner Handlungen ständig an diesem Ziel ausrichten. Auch den Kinobesuch mit der Freundin, das Essen im noblen Restaurant mit dem Geschäftspartner, die Urlaubsreise mit der Familie. Was auch immer man tut, stets stellt sich die Frage, ob man die verwendeten Ressourcen moralisch im Hinblick auf die Maximierung des Nutzens nicht hätte besser einsetzen können. Die Philosophin Susan Wolf sprach in einem einflussreichen Aufsatz davon, dass wir alle zu «moralischen Heiligen» werden müssten, wenn wir den Konsequentialismus ernsthaft befolgen würden. Unsere Welt würde dann aber, so meint sie, kulturell verarmen. Dass entsprechende Abstriche aus konsequentialistischer Sicht aber durchaus gefordert sein könnten, meint etwa der Philosoph Peter Singer. Singer kritisierte 2015 den amerikanischen Musikproduzenten David Geffen öffentlich, weil er mit einer 100-Millionen-Dollar-Spende die Avery Fisher Hall im Lincoln Center in New York renovieren ließ: Zwar sei Dank der Spende ein bedeutender Konzertsaal weiter nutzbar, aber man hätte damit die Lebensverhältnisse vieler armer Menschen in den Entwicklungsländern verbessern können. Unter dem Titel «effektiver Altruismus» hat diese Position in letzter Zeit besonders jüngere, gut gebildete und urbane Menschen angezogen.

Eine utilitaristische Position vertritt der australische Philosoph Peter Singer, etwa in seiner *Praktischen Ethik* (Stuttgart: Reclam 1994). Das Buch ist in unzählige Sprachen übersetzt und mehrfach überarbeitet worden.

3.2.2 Deontologie oder: «Respektiere dein Gegenüber!»

Das Deutsche Bundesverfassungsgericht kam im eingangs erwähnten Urteil zum Schluss, die Opferung unbeteiligter Passagiere in einem Flugzeug stehe im Widerspruch zum Recht auf Leben und zur Menschenwürde. Was ist aus ethischer Sicht zu diesem Urteil zu sagen? Auffallend ist, dass die Bundesverfassungsrichter sich gar nicht auf eine Bewertung der Folgen eingelassen haben. Im Zentrum ihrer Erwägung steht offensichtlich das Lebensrecht des Einzelnen und sein Recht, dass er oder sie gerade nicht einem möglicherweise positiven Gesamtergebnis geopfert wird. Ausschlaggebend ist also die Frage, ob die hier diskutierte Handlung in sich selbst moralisch richtig oder falsch ist. Die entsprechende Moraltheorie – die Deontologie – geht davon aus, dass es Handlungen gibt, die man unter keinen Umständen ausführen sollte, auch wenn damit negative Folgen einhergehen. Zu diesen Handlungen gehören beispielsweise töten, foltern, Versprechen brechen.

Der Ausdruck «Deontologie» geht auf das griechische *to deon* zurück, das als «das Pflichtgemäße» übersetzt wird. Im Vordergrund steht also die moralische Pflicht, bestimmte Handlungen auszuführen oder zu unterlassen, und zwar unabhängig davon, welche Folgen sich daraus ergeben. Gemäß dieser Moraltheorie gibt es klare Grenzen dessen, was man im Dienste des Guten (z. B. zugunsten der Wohlfahrtssteigerung oder des gesellschaftlichen Nutzens) tun darf. Anders gesagt, heiligen die Zwecke die Mittel gerade nicht. Da Grenzen dessen artikuliert werden, was zu tun erlaubt ist, kommen moralischen Verboten in der Deontologie eine große Bedeutung zu. Die erwähnten Grenzen des Erlaubten liegen im moralischen Recht von Einzelpersonen, als Individuen respektiert und geachtet zu werden. Unbedingt schützenswert sind gemäß deontologischem Verständnis also die sogenannten Persönlichkeits- und Freiheitsrechte. Einzelne Menschen haben ein unbedingtes moralisches Recht auf Leben und auf körperliche Unversehrtheit sowie beispielsweise auf Schutz vor Folter oder vor medizinischen Versuchen, in die sie nicht eingewilligt haben. Zu diesen Rechten gehört auch das Recht auf Freiheit, Eigentum und Sicherheit.

Das Instrumentalisierungsverbot als Beispiel für eine deontologische Norm

Ein berühmtes Beispiel für ein deontologisches Prinzip findet sich beim deutschen Philosophen Immanuel Kant (1724–1804). Er schreibt in seiner *Grundlegung zur Metaphysik der Sitten* (1785): «Handle so, dass du die Menschheit, sowohl in deiner Person als auch in der Person jedes andern, jederzeit zugleich als Zweck, niemals bloß als Mittel brauchst.» Dieses Gebot findet sich in einem Kontext, in dem auch die Frage der **Menschenwürde** abgehandelt wird. Würde ist gemäß Kant der unveräußerbare Wert, der einer Person zukommt. Diese Würde ist nicht in ökonomische Werte transformierbar, und sie lässt sich nicht in einer Gesamtbilanz gesellschaftlichen Nutzens aufrechnen. Gegenstände haben Kant zufolge einen Preis, und deshalb kann man sie vergleichen und tauschen; Menschen hingegen haben keinen Preis, sondern eine Würde: Sie dürfen nicht miteinander verglichen oder gegeneinander abgewogen werden. Zwei Menschenleben sind auch nicht mehr wert als ein Menschenleben. Schon der Vergleich ist gemäß Kant moralisch nicht statthaft.

Die Würde eines Menschen wird gemäß Kants oben zitierter Formel dann respektiert, wenn ein Mensch nicht ausschließlich als Mittel zu einem beliebigen Zweck gebraucht wird. Das Problem ist also nicht, dass Menschen sich gegenseitig – wie man sagt – **«instrumentalisieren»**. Wir tun das alle ständig. Wer zum Beispiel an der Kasse des Kaufhauses steht, will von der Person an der Kasse primär eines: eine korrekte Abwicklung des Zahlungsvorganges. Die meisten sind wohl einverstanden mit der These, dass dies an sich noch keine unzulässige Instrumentalisierung darstellt. Viele würden in diesem Fall nicht einmal von einer Instrumentalisierung sprechen. Ein moralisches Problem liegt im Anschluss an Kant erst dann vor, wenn Menschen *ausschließlich* als Mittel für Zwecke anderer gebraucht werden, wenn wir also die Person an der Kasse nicht auch als Person achten und sie beispielweise herablassend behandeln.

Unzulässige Formen der Instrumentalisierung sind beispielsweise Vergewaltigungen, Versklavungen oder Folter. Gemäß Kant kann niemand einem derartigen Angriff auf die eigene Freiheit zustimmen. Etwas weniger drastische Beispiele aus heutigen Kontexten betreffen etwa den Umgang mit Arbeitskräften: Ihre Menschenwürde zu respektieren bedeutet, Angestellte nicht nur als Kostenfaktoren zu betrachten, sondern als Personen, die in ihrer Würde zu respektieren sind. Das heißt unter Umständen, dass ihre berechtigten Ansprüche (bezüglich ihrer Arbeitsbedingungen, der Entlöhnung, ihrer Privatsphäre usw.) respektiert werden müssen.

Peter Schaber bietet in seinem Buch *Instrumentalisierung und Würde* (Paderborn: Mentis 2010) einen Überblick über verschiedene Möglichkeiten, das Instrumentalisierungsverbot zu verstehen. Tim Henning hat eine gut verständliche, sachkundige Einführung in *Kants Ethik* geschrieben (Stuttgart: Reclam 2016).

Viele der eben erwähnten moralischen Verbote können natürlich auch konsequentialistisch begründet werden. Der entscheidende Unterschied zu deontologischen Argumentationen ist der, dass dem einzelnen Menschen im Konsequentialismus nicht ein unbedingter Wert zukommt. Nehmen wir etwa das Beispiel des Lügens: Deontologisch gesprochen ist die Lüge deshalb nicht statthaft, weil mit ihr das Gegenüber als Mittel zum Zweck benutzt wird. Wir bedienen uns der Lüge, um das Gegenüber für unseren Zweck, den wir erreichen wollen, einzuspannen. Konsequentialistisch gedacht ist die Lüge auch nicht unbedenklich, denn wenn alle dauernd lügen würden, wäre es ums gegenseitige Vertrauen schnell geschehen. Weil wir einander nicht mehr vertrauen könnten, müssten wir uns stattdessen gegenseitig dauernd kontrollieren. Bliebe eine einzelne gut kaschierte Lüge für den Belogenen jedoch folgenlos, wäre sie aus Sicht der Konsequentialisten auch unproblematisch. Denkbar sind überdies Situationen, in denen eine Lüge positive Folgen haben kann. Dann ist sie aus konsequentialistischer Sicht nicht nur nicht länger moralisch zu verurteilen, sondern vielleicht auch das einzig Richtige.

Gerade weil die Deontologie die Richtigkeit einer Handlung nicht an deren Folgen bemisst, fokussiert sie viel stärker auf die Handlung selbst und die handelnde Person. Zuweilen ist auch die Rede davon, dass in der Deontologie sogenannte «akteurs-relative» Gründe zählen, also Gründe, die etwas mit der handelnden Person zu tun haben – während Konsequentialisten einzig «akteursneutrale» Gründe kennen. Man könnte also sagen, deontologische Verbote wenden sich dagegen, dass man selbst etwas tut – und nicht dagegen, dass etwas geschieht. Deshalb ist aus deontologischer Sicht auch relevant, wer aus welchen Gründen handelt und welche Absichten und Motive verfolgt werden. Letztlich ist der Wille der handelnden Person, das moralische Richtige zu tun, für die Bewertung ihrer Handlung entscheidend. Ein wichtiger Vorteil des deontologischen Ansatzes liegt darin, dass man in konkreten Situationen genau zu wissen scheint, was zu tun oder zu unterlassen ist: nicht töten, nicht stehlen, nicht lügen, Freiheit respektieren usw. Das verschafft Sicherheit bezüglich der moralischen Orientierung. Allerdings ist es umstritten, wie ein Katalog von deontologischen Normen beschaffen sein müsste und wie man die Auswahl begründen könnte.

Abgesehen von derartigen Problemen sind folgende Einwände gegen die Deontologie erhoben worden:

1. Eine Kritik lautet, der deontologische Ansatz führe zu kaum lösbaren **Pflichtenkollisionen.** Ein klassisches Beispiel: Eine Bauernfamilie versteckt in Nazideutschland eine verfolgte jüdische Familie vor der Gestapo. Auf die Nachfragen der Polizei sollte sie, so will es die Pflicht, nicht lügen. Doch damit würde sie die versteckte Familie der Deportation ausliefern. Das kann unmöglich richtig sein. Es liegt hier also eine Situation vor, in der die Pflicht, nicht zu lügen, mit der Pflicht, Verfolgten zu helfen und Leben zu retten, kollidiert. In einem solchen Fall scheint es moralisch angemessen, zusätzlich die Folgen des Handelns zu berücksichtigen. Deontologen wie beispielsweise William David Ross (1877–1971) begegnen dem Problem damit, dass es derartige Konflikte nur auf den ersten Blick gäbe. Faktisch seien in konkreten Fällen bestimmte Pflichten immer gewichtiger als andere. In der eingangs erwähnten Situation wäre dann eben die Pflicht zu helfen diejenige, die unbedingt gilt.

2. Man hat bezüglich deontologischer Ethiken oft den Vorwurf geäußert, sie repräsentierten einen gewissen moralischen **Rigorismus.** Für Deontologen scheinen moralische Prinzipien wichtiger als der gesunde Menschenverstand. Im obigen Beispiel hätte Immanuel Kant beispielsweise tatsächlich die Ansicht vertreten, dass das Lügenverbot strikt einzuhalten ist, wie er in seinem berühmten Aufsatz «Vom vermeintlichen Recht, aus Menschenliebe zu lügen» aus dem Jahr 1797 darlegt. Nur das strenge, eben «kategorische» Befolgen moralischer Prinzipien weist die richtige moralische Gesinnung aus. In der Tradition des deutschen Soziologen Max Weber (1864–1920) hat man gelegentlich zwischen Gesinnungs- und Verantwortungsethik unterschieden und dabei implizit eine Kritik an der Deontologie, wie Kant sie vertritt, zum Ausdruck gebracht. Gesinnungsethisch verhält sich in dieser Terminologie, wer nicht bereit ist, Verantwortung für die Folgen seines Tuns zu übernehmen, und sich – weil sich die Welt nun einmal nicht an unseren moralischen Idealen orientiert – gelegentlich die Hände schmutzig macht. Die Verantwortungsethik orientiert sich dagegen primär an den Folgen einer Handlung.

3. Das oben erwähnte Beispiel ließe sich auch noch in anderer Hinsicht als Kritik an der Deontologie anführen. Offenbar sind die **möglichen negativen Folgen** des Pflichtgemäßen sekundär. Doch die meisten würden aufgrund der negativen Folgen für die jüdische Familie wohl eine Außerkraftsetzung des Lügenverbots für legitim oder mehr noch: geboten halten. Die Folgen

von Handlungen scheinen also für deren Beurteilung durchaus – zumindest unter gewissen Umständen – relevant. Auf diesen wie auch auf den Einwand der Pflichtenkollision reagieren Deontologen in der Regel mit einer Abschwächung deontologischer Normen: Man versucht, Ausnahmebedingungen oder generelle Einschränkungen zu formulieren, um so deren unerbittliche Härte zu mildern. Man akzeptiert also beispielsweise das Tötungsverbot, schränkt aber ein, es dürfe außer Kraft gesetzt werden, um andere oder sich selbst in Lebensgefahr zu verteidigen.

3.2.3 Tugendethik oder: «Sei charakterstark!»

Eine Person, die die Entscheidung über einen möglichen Flugzeugabschuss fällen muss, kann also – wie bisher dargestellt – fragen, welche Option die bestmöglichen Folgen zeitigt oder welche moralischen Respekt gegenüber den involvierten Personen zum Ausdruck bringt.

Gibt es weitere Fragen, die gestellt werden können? Wie wir gesehen haben, fokussiert die deontologische Betrachtungsweise auf die handelnde Person und ihre Handlung: Was diese hier und jetzt tut oder unterlässt, ist weitgehend unabhängig von den vorhersehbaren Folgen moralisch richtig oder falsch. Diese Fokussierung auf die handelnde Person lässt sich vertiefen: So fragen wir etwa bei der Bewertung eines Tathergangs nicht nur nach einzelnen Handlungen, sondern beispielsweise nach einer gesamten Biographie, in welche einzelne Entscheidungen und Handlungen eingebettet sind. Der oder die Befehlshabende könnte sich fragen: Was bin ich für ein Mensch, wenn ich den Abschussbefehl erteile oder nicht erteile? So oder so wird er oder sie ein Leben lang eine Person sein, die den Befehl zum Abschuss gab oder unterließ, die es also letztlich in der Hand hatte, über das Schicksal von sehr vielen Menschen zu entscheiden.

Wenn davon gesprochen wird, dass einige Manager zu gierig seien, oder dass wir angesichts der ökologischen Probleme einen bescheideneren Lebensstil pflegen sollten, reden wir nicht von moralisch richtigen Handlungen oder moralisch wünschbaren Folgen, sondern von Dispositionen, Charakterzügen und Haltungen einzelner Menschen. Im Kontext der Philosophie wird seit der Antike von Tugenden gesprochen. Zu ihnen würden wir heute etwa Besonnenheit, Tapferkeit, Ehrlichkeit, Wahrhaftigkeit, Loyalität, Bescheidenheit, Maßhalten, Integrität, Streben nach Exzellenz usw. zählen.

Tugendethiker und -ethikerinnen machen darauf aufmerksam, dass sich die Phänomene des Moralischen nicht im Befolgen von allgemeinen Normen und Regeln erschöpfen. Nun kann zwar niemand etwas dagegen haben, dass Menschen moralische Regeln befolgen, also ein moralisch «sauberes» Leben führen. Aber ist das schon alles? Streben Menschen nicht nach mehr – etwa nach dem, was man umfassend als gutes oder gelingendes Leben bezeichnen könnte? Wer so argumentiert, bringt andere Bilder und Geschichten ins Spiel. Um eine bekannte moralphilosophische Unterscheidung aufzunehmen: In der Tugendethik geht es nicht bloß um die Orientierung am moralisch Richtigen, sondern um die Orientierung am umfassend Guten. Die zentrale Frage lautet in der Tugendethik demnach nicht «Was soll ich tun?», sondern «Wer will ich sein, und wie soll ich mein Leben als Ganzes führen?». Die Frage der moralischen Qualität einzelner Handlungen ist von sekundärer Bedeutung. Im Vordergrund steht die moralische Qualität der handelnden Personen. Aber auch wenn die Tugendethik primär eine Theorie des gelingenden Lebens ist, liefert sie eine Antwort auf die Frage nach dem moralisch richtigen Handeln: Moralisch richtig oder falsch ist diesem Ansatz gemäß das, was ein tugendhafter Mensch tun oder lassen würde. Prinzipiell ist es also denkbar, dass zum Beispiel ein Verrat im einen Fall moralisch vertretbar ist, in einem anderen aber charakterliche Defizite zum Ausdruck bringt und moralisch falsch ist. Man könnte sich etwa vorstellen, der Verrat diente in einem Akt des Whistleblowing dazu, dunkle Machenschaften eines Unternehmens aufzuzeigen, für das man tätig ist, und entsprechend Kopf und Kragen zu riskieren, um andere zu schützen. Das wäre moralisch gesehen sicher nicht nur erlaubt, sondern unter Umständen geradezu heroisch. In einem anderen Fall verrät jemand die Liebschaft der Arbeitskollegin mit einem Vorgesetzten, um sie aus dem Bewerberfeld zu drängen für einen Job, den beide ergattern wollen. Letzteres Verhalten wäre sicher nicht heldenhaft und moralisch eher anrüchig.

Schon in einer der ersten Tugendethiken der Philosophiegeschichte, der *Nikomachischen Ethik* von Aristoteles (384–322 v. Chr.), standen Tugenden nicht isoliert für sich, waren also nicht um ihrer selbst willen erstrebenswert. Sie hatten vielmehr eine bestimmte Funktion: Sie sollten es den Menschen ermöglichen, auf ein Lebensziel, eben ein gutes und gelingendes Leben hin zu leben. Für ihn bedeutete das, sein Leben als vernunftbegabtes Wesen eingebettet in die Gemeinschaft anderer vernunftbegabter Wesen zu führen. Wer sich in allen möglichen Lebenssituationen tugendhaft verhält, realisiert gemäß der Tugendethik dieses oberste Ziel menschlichen Lebens und hat als vortrefflicher Mensch zu gelten.

Die Kardinaltugenden

Seit dem griechischen Philosophen Platon (ca. 429–347 v. Chr.), einem der Begründer der Tugendlehre, wurde immer wieder versucht, eine Liste der wichtigsten Tugenden zu erstellen. Besonders bekannt und einflussreich ist die Liste der vier sogenannten **Kardinaltugenden** Mäßigung, Tapferkeit, Gerechtigkeit und Weisheit.
Der Begriff der Kardinaltugend geht zurück auf lateinisch *cardo*, was soviel heißt wie «Dreh- und Angelpunkt». Gemeint ist also, dass diese vier Tugenden den Dreh- und Angelpunkt einer jeden Tugendlehre und des tugendhaften Lebens selbst ausmachen. In der theologischen Tradition wurden diese durch die drei **theologischen Tugenden** Glaube, Liebe und Hoffnung ergänzt.

Neben ihrer Funktion in Bezug auf ein gutes Leben sind Tugenden auch in spezifischen sozialen Kontexten relevant. Wir alle nehmen in der Gesellschaft (Familie, Wirtschaft, Schule und Universität, Gesundheitswesen, Verwaltung usw.) bestimmte Rollen ein. Spezifische Kompetenzen erlauben es uns, die damit verbundenen Anforderungen gut zu erfüllen. Die jeweiligen Rollen in spezifischen Kontexten gekonnt auszuüben, gehört zu den zentralen Anliegen einer Tugendethik. Insofern könnte man statt von den Tugenden einer Person auch von ihren exzellenten Eigenschaften und Kompetenzen reden. In der klassisch griechischen Tugendethik, in der nicht nur über einzelne Rollen, sondern über das gesamte menschliche Leben nachgedacht wurde, hatte man bei der Rede von der Tugendhaftigkeit eines Menschen tatsächlich so etwas wie seine Vortrefflichkeit als Gesamtperson im Blick. Man muss dabei eigens erwähnen, dass weder bei den rollenspezifischen noch bei den allgemeinmenschlichen Tugenden Menschen als isolierte Individuen mit spezifischen Eigenschaften Thema sind. Tugendethiken fokussieren immer auf Individuen in sozialen Kontexten und Gemeinschaften. Menschen sind soziale Wesen, und – so die Annahme – sie gedeihen, wenn es ihrer Gemeinschaft gut geht und wenn sie sich als vollwertige Mitglieder ihrer Gemeinschaft verstehen können. Tugenden fördern insofern indirekt immer auch soziale Güter und gemeinschaftliche Werte.

Nicht in jedem sozialen Kontext fordern Tugenden dasselbe. Es ist durchaus denkbar, dass eine Tugend je nach Kontext unterschiedliche Verhaltensweisen nahelegt. Mutig nennen wir etwa einen Menschen, der sich von seiner schweren Krebserkrankung nicht unterkriegen lässt, dagegen ankämpft, Therapien in Anspruch nimmt und unter diesen Bedingungen versucht, das Beste aus seinem Leben zu machen. Mutig können wir aber auch einen Menschen nennen, der sieht, wann der Kampf gegen eine Krankheit aussichtslos ist, nicht mehr dagegen anrennt, sondern sich seiner Endlichkeit hingibt. Oder ein anderes Beispiel: Nicht in jeder Situation ist ein Unternehmer, der im Hinblick auf den Geschäftserfolg gewisse Risiken, zum Beispiel bei der Lancierung eines neuen Produkts oder einer neuen Dienstleistung, auf sich nimmt, auch mutig. Je nach Umständen ist er auch einfach tollkühn, dumm oder verantwortungslos – oder alles zusammen. Aus diesen Beispielen wird etwas für die Tugendethiken Wichtiges ersichtlich: Was es bedeutet, tugendhaft zu handeln, ist keineswegs so eindeutig wie bei den bisher diskutierten moralischen Prinzipien (etwa die Verbote zu lügen, zu stehlen, zu töten).

Darüber hinaus bedarf man nicht in jedem Kontext derselben Tugenden. Einige Tugendethiker haben deshalb davon gesprochen, dass es neben den allgemeinen Tugenden (wie Loyalität, Ehrlichkeit, Mut) auch kontextspezifische und rollenabhängige Tugenden gebe. Der CEO eines Unternehmens braucht in seinem Unternehmen andere Tugenden als im Zusammenleben mit seiner Familie. Wettbewerbsfähigkeit und Führungsstärke sind in wirtschaftlichen Kontexten ohne Zweifel wichtige Tugenden, in familiären Kontexten sind sie unter Umständen eher hinderlich.

Ethical Leadership in Unternehmen

Managerinnen und Manager haben eine besondere Rolle in ihren Unternehmen. Sie haben es letztlich zu verantworten, wenn es im Rahmen der geschäftlichen Aktivitäten des Unternehmens zu rechtlichem oder moralischem Fehlverhalten kommt. In diesem Zusammenhang wurde in den letzten Jahren das tugendethische Konzept der Ethical Leadership zu einem Trendthema. Es impliziert, dass Führungsverantwortliche in besonderem Maße moralische Integrität und ethische Kompetenz an den Tag legen sollten, wenn es um unternehmensinterne Entscheidungen geht oder um Aktivitäten, die weitere Stakeholder betreffen. Moralphilosophisch gesprochen rückt damit die Tugend von Führungskräften in den Vordergrund. Ethical Leadership hält Manager aber auch dazu an, ihren Mitarbeitenden zu ermöglichen, sich ihrerseits moralisch zu verhalten. Dies bedingt unternehmensinterne Führungs- und Organisationsstrukturen sowie ein Betriebsklima, die nicht mit ethischen Normen und Werten kollidieren (vgl. dazu die Infobox über *compliance* und *integrity*, S. 119).
An dieser Stelle interessiert vorrangig der erste personenbezogene Aspekt der Ethical Leadership: **Manager müssen demnach zwar keine moralisch perfekten Menschen,** keine Heiligen sein. Aber sie sollten – wie man heute zu sagen pflegt – moralisch integer sein. Moralische Integrität von Managern und Unternehmern zu fordern, ist nicht Aus-

druck von weltfremdem Idealismus. Ohne Werte wie Loyalität, Respekt, Fairness oder Ehrlichkeit kann kein Unternehmen auf Dauer prosperieren. Die wirtschaftliche Realität zeigt immer wieder, dass Unternehmen geschwächt werden, wenn Manager moralisch nicht integer sind, sondern ausschließlich egoistische Interessen verfolgen.
Natürlich sind auch Manager nur Menschen, und insofern sind sie spezifischen «Versuchungen» ausgesetzt. Da sie viel leisten, wichtige Entscheidungen fällen und für den Erfolg von Unternehmen verantwortlich sind, können sie zur Ansicht gelangen, besser oder wichtiger als der Durchschnitt ihrer Mitarbeitenden oder sogar als der Rest der Welt zu sein. Damit können einerseits Erwartungen verbunden sein, die in für die Umwelt unverständlichen Lohnvorstellungen resultieren. Andererseits kann in diesem Kontext auch die Überzeugung entstehen, dass für das eigene Verhalten eine **«Sondermoral»** gilt. Man weiß zwar, dass es beispielsweise im Rahmen von Bankgeschäften verboten ist, Kundengelder aus fragwürdigen Quellen anzunehmen. Aber man negiert das Verbot, weil man besonders unverfroren und erfolgreich erscheinen will. Die geltenden Normen und Werte des Rechts und der Moral sind so gesehen für die anderen gemacht; man selber setzt sich über sie hinweg. Dass derartige Ausnahmeregelungen für die eigene Person nicht akzeptabel sind, ist ethisch allerdings unbestritten.

Eine Einführung in die Konzeption der Ethical Leadership bietet Markus Huppenbauer: *Leadership und Verantwortung. Grundlagen ethischer Unternehmensführung* (Zürich: Versus 2017).

Wenn wir bis anhin von moralischen Normen gesprochen haben, an denen wir uns orientieren (sollten), haben wir eine stillschweigende Voraussetzung getroffen. Diese Normen lassen sich als allgemeine Prinzipien formulieren. Sie gelten dann (wie wir gesehen haben mit der einen oder anderen Einschränkung) für alle relevanten Situationen. Das Gebot, nicht zu lügen, ist von dieser Art: Es gilt zunächst in jeder konkreten Situation. Von dieser Art ist die Tugendethik offensichtlich nicht. Sie ist darauf angelegt, dass ihre Normen und Werte in den jeweiligen Situationen unterschiedlich konkretisiert werden. Die Tugendethik verfährt deshalb kontextsensitiv. Insofern gilt sie – wie in den letzten Jahrzehnten vermehrt betont wurde – auch ein Stück weit als Korrektiv herkömmlicher Moraltheorien, die im Verdacht stehen, zu wenig auf die Lebensumstände von Personen und deren Werthaltungen, Überzeugungen und Beziehungen einzugehen. Die herkömmlichen Moraltheorien operieren tendenziell mit kontextlosen, ungebundenen Individuen, so die tugendethische Kritik – mit Individuen, die wir nie und nimmer sein wollen und auch nicht sein können. (Vgl. dazu auch die Kritik am Standpunkt der Moral im Kapitel 4.)

Dagmar Borchers: *Die neue Tugendethik – Schritt zurück im Zorn? Eine Kontroverse in der Analytischen Philosophie* (Paderborn: Mentis 2001); Christoph Halbig: *Der Begriff der Tugend und die Grenzen der Tugendethik* (Frankfurt a.M.: Suhrkamp 2013). Ein Klassiker der Tugendethik ist beispielsweise Philippa Foot: *Die Wirklichkeit des Guten* (Frankfurt a.M.: Suhrkamp 1997).

Im Unterschied zur bloßen Anwendung von Prinzipien auf einzelne Handlungen hat moralische Urteilskraft im Sinne der Tugendethik also nur, wer vielfältige Erfahrungen mit Tugenden in unterschiedlichen Situationen gemacht hat. Von großer Bedeutung sind darum Vorbilder und eine sorgfältige Einübung der Tugenden. Kein Mensch kommt bereits tugendhaft zur Welt. Tugenden werden vielmehr in langen Sozialisations-, Erziehungs- und Wachstumsprozessen gelehrt und gelernt.

Aber auch die Tugendethik weist Schwächen auf, für die sie kritisiert wurde:

1. Bei vielen moralischen Streitfragen moderner Gesellschaften fragt sich, **wie sie tugendethisch überhaupt gewinnbringend bearbeitet werden können.** Gelegentlich wird beispielsweise behauptet, unser Umgang mit der Natur führe zu einem Verlust an Biodiversität und sei deshalb moralisch problematisch, weil er eine Form von Hybris, also menschlicher Arroganz und Überheblichkeit, darstelle. Damit wird eine Haltung angeprangert, die zum Ausdruck bringt, dass wir für uns mehr beanspruchen, als uns eigentlich zusteht, und uns anmaßen, ins natürliche Gleichgewicht einzugreifen. Mit diesem Argument kommen also tugendethische Aspekte ins Spiel. Allerdings lässt es sich dabei nicht vermeiden, dass auf normative Hintergrundannahmen Bezug genommen wird, die eigens diskutiert werden müssten – etwa, dass Biodiversität über inhärenten moralischen Wert verfügt, also um ihrer selbst willen geschützt werden muss. Wollte man diese Hintergrundannahme verteidigen, käme man mit der Tugendethik aber nicht mehr weit. Vielmehr wird dann ein moralisches Prinzip eingeführt («der inhärente Wert von Biodiversität ist zu respektieren»), das unabhängig von der Behauptung möglicher Tugenden begründet werden müsste.

2. Die **Situationsoffenheit** der Tugenden hat ihre Stärken – und ist zugleich deren Schwäche. Oft wollen wir bezüglich Fragen der Moral wissen, was wir ganz konkret tun oder wie wir eine Entscheidung bewerten sollen. Ist ein Bilanzsuizid moralisch kritikwürdig oder nicht? Darf man Jesus oder Mohammed karikieren? Wie soll man in einer Knappheitssituation triagieren? Die Tugendethik ermöglicht es uns nicht ohne Weiteres, solche Fragen zu

beantworten, da unklar ist, was eine tugendhafte Person in einer konkreten Situation tun oder unterlassen würde. Tugendethische Moraltheorien liefern damit kaum konkrete Handlungsanweisungen. Zumindest ist eine Orientierung an einer solchen Moraltheorie mit praktischen Schwierigkeiten bei der Umsetzung behaftet.

3. Tugenden werden im Hinblick auf Lebensziele formuliert, die wir als wertvoll erachten. Aber welches sind die richtigen Lebensziele, an denen wir uns orientieren sollen und können? Wenn wir über diese Frage nachdenken, stoßen wir auf weitere Schwierigkeiten. Da im Kontext der Tugendethik der Bezug auf Erfahrung und gelebte Praxis – das Vorbild der Tugendhaften und die Ausbildung der Tugendwilligen – zentral ist, wird häufig auf allgemein geteilte Intuitionen und Traditionen der Lebensführung zurückgegriffen. Dies kann ein **wertkonservatives Moment** zur Folge haben, das in den sich rasch ändernden sozialen Kontexten moderner Gesellschaften eine gewisse Sperrigkeit aufweist. Zudem stellt sich die Frage, ob es nicht doch bestimmter universaler moralischer Prinzipien bedarf, um die überlieferten Tugenden und die ihnen zugrunde liegenden Rollenverständnisse und Lebensziele kritisch zu reflektieren. Zuweilen wird zur Bestimmung der Tugenden auch auf die menschliche Natur zurückgegriffen und davon ausgehend ein Ideal des Menschseins formuliert. Man spricht in diesem Kontext mitunter von **Essentialismus:** Demnach gehört es zum Menschsein nicht nur dazu, dass Menschen Nahrung und Schutz brauchen, sondern auch, dass sie Kinder zeugen, arbeiten oder politisch tätig sind. Damit wird jedoch deutlich, dass in der Formulierung solcher Wesenszüge des Menschen meist Werte mitschwingen, die sich nicht mit Verweis auf Biologie begründen lassen. Die vermeintlich natürlichen Werte sind vielmehr **sozial konstruiert.** Wenn es beispielsweise heißt, es sei mit der Tugend von Elternschaft nicht vereinbar, Kinder im Labor «zu machen», so ist zwar richtig, dass diese Form der Zeugung nicht «natürlich» ist. Aber die Polioimpfung ist ebenso wenig natürlich – jedoch mit Sicherheit ein großer Segen für Millionen von Kindern und deren Familien. Natürlichkeit für sich genommen ist also kein Wert. Die Tugendethik kann also nur mit Bedacht auf die menschliche Natur rekurrieren und muss zusätzlich ausweisen, warum sie diese oder jene menschliche Eigenschaft als wesentlich und vorbildhaft ausweist.

Eine kluge philosophische wie historische Auseinandersetzung mit dem Begriff der «Natürlichkeit» hat Lorraine Daston in ihrem Essay *Gegen die Natur* vorgelegt (Berlin: Matthes & Seitz 2018).

▶ Übung zu den Moraltheorien

Im Folgenden legen wir eine Reihe von bewusst knapp gehaltenen moralischen Urteilen vor. Ob diese Urteile moralisch richtig sind, spielt für diese Übung keine Rolle. Die Aufgabe besteht darin, jeweils diejenigen Moraltheorien zu identifizieren, die in den Aussagen am eindeutigsten zum Ausdruck kommen. Auf welche Theorie rekurriert die Sprecherin oder der Sprecher in ihrer respektive seiner Aussage? Wählen Sie jeweils zwischen K (Konsequentialismus), D (Deontologie) oder T (Tugendethik) und begründen Sie Ihre Wahl. Mehrfachnennungen sind möglich.

1. Es ist mit dem Ethos eines Arztes oder einer Ärztin nicht vereinbar, Beihilfe zum Suizid zu leisten.	T
2. Die Legalisierung des Cannabiskonsums wird dazu führen, dass noch mehr junge Leute kiffen. Das Cannabis-Verbot sollte nicht fallen.	K
3. Sie ist so großzügig: Sie hat einen Großteil ihres Vermögens einer wohltätigen Stiftung vermacht, die in die Krebsforschung investiert.	T
4. Wenn wir den Vertrag mit diesem ausländischen Unternehmen nicht abschließen, werden unsere Konkurrenten es tun. Also können wir es gleich selber tun.	K
5. Die Interessen der Einwohner der betroffenen Gemeinde dürfen beim Bau eines neuen Asylzentrums keinesfalls außer Acht gelassen werden.	D und K
6. Weil die Betreiber der Anlage es versäumt haben, adäquate Sicherheitsvorkehrungen zu treffen, müssen sie die Verantwortung für den Unfall übernehmen.	K und D und T
7. Wir zahlen unter keinen Umständen Bestechungsgelder.	D
8. Der Würde der Kreatur ist Rechnung zu tragen.	D und K

Erläuterungen:

1. Hier wird auf die **Rolle und die Standesethik** der Ärzteschaft rekurriert. Ärztinnen und Ärzte sollen heilen und helfen, nicht das Sterben ermöglichen. Mit einem solchen Urteil ist vereinbar, dass Personen anderer Berufsgruppen Beihilfe zum Suizid leisten. Auch ist es möglich, dass Grundsätze eines beruflichen Ethos im Lauf der Zeit unterschiedlich interpretiert werden. So halten die 2019 veröffentlichten Richtlinien der *Schweizerischen Akademie der Medizinischen Wissenschaften (SAMW)* zum «Umgang mit Sterben und Tod» fest, dass es weder zu den Aufgaben von Ärztinnen und Ärzten gehöre, Suizidbeihilfe von sich aus anzubieten, noch sie dazu verpflichtet seien, diese zu leisten. Ärztinnen und Ärzten könnten aber, so die Richtlinien, «aufgrund eines persönlich verantworteten Entscheides Suizidhilfe leisten», wenn gewisse Voraussetzungen erfüllt seien. Dazu gehört ge-

mäß den Richtlinien namentlich, dass der Patient bezüglich des Suizidwunsches urteilsfähig ist, dass die Entscheidung frei und ohne äußeren Druck zustande kommt, dass Alternativen gemeinsam erörtert werden und dass die Ärztin bzw. der Arzt den Wunsch des Patienten nachvollziehen kann und die Beihilfe zum Suizid für sie bzw. ihn in der gegebenen Situation vertretbar ist. Zwar hatten auch die zuvor geltenden Richtlinien aus dem Jahr 2004 festgehalten, dass der Gewissensentscheid eines Arztes, im Einzelfall auf den Wunsch eines Patienten oder einer Patientin (und unter bestimmten Voraussetzungen) Suizidbeihilfe zu leisten, respektiert werden müsse. Sie hielten aber auch unmissverständlich fest, dass die Beilhilfe nicht Teil der ärztlichen Tätigkeit sei. An dieser Entwicklung wird deutlich, was wir oben schon erwähnt haben, dass nämlich Tugenden respektive das Ethos eines Berufsstandes nicht immer eindeutig definieren, was in konkreten Situationen zu tun und zu lassen ist. Eine Neuinterpretation des ärztlichen Ethos hat in diesem Fall ergeben, dass zum ärztlichen Helfen unter bestimmten Umständen auch Suizidbeihilfe gehören kann.

2. Hier wird behauptet, dass die Aufhebung eines Verbots mit **gesellschaftlichen Folgen** einhergeht, die aus moralischer Sicht schlecht sind. In der Ethik wird für eine derartige Argumentationsweise der Ausdruck *slippery slope* (zu dieser Argumentationsfigur vgl. 7.3.3) verwendet: Man gerät, so wird behauptet, automatisch auf die «schiefe Bahn», auf der man abrutschen, also unvermeidbar negative Folgen generieren wird. Es wird hier nicht argumentiert, dass der Cannabiskonsum an sich moralisch fragwürdig ist, also etwa die Pflichten einer Person gegen sich selbst verletzt (das könnte allenfalls aus einer deontologischen Perspektive behauptet werden). Ob die behaupteten negativen Folgen wirklich eintreffen, ist aber eine empirische Frage.

3. Das moralische Lob betrifft die Großzügigkeit einer Spenderin. Es wird also keine Pflicht postuliert, sein Vermögen zu verschenken. Gelobt wird die Handlung, weil sie gerade offenlässt, ob man so viel spenden muss oder nicht und weil sie deshalb eine bestimmte **Haltung der Spenderin** zum Ausdruck bringt: Sie verfolgt damit einen Lebensentwurf, in dessen Rahmen der Unterstützung Not leidender kranker Menschen eine große Bedeutung zukommt.

4. Das Argument könnte im Kontext einer Diskussion stehen, in der an der moralischen Integrität eines Geschäftspartners Kritik geäußert wird, beispielsweise weil das ausländische Unternehmen in einem Land angesiedelt ist, in dem notorisch und staatlich geduldet Menschenrechte verletzt werden. Das Argument geht auf diese Kritik gar nicht ein (und akzeptiert sie unter Umständen sogar), sondern verweist stattdessen auf die gleichbleibenden **Folgen:** So oder so schließt jemand den Vertrag ab, es ist also nichts als recht, wenn der Geschäftspartner es selber tut. So argumentieren können allenfalls Konsequentialisten – sicherlich nicht Deontologen.

5. Auch wenn der politische Auftrag zum Bau eines Asylzentrums unbestritten ist, wird daran festgehalten, dass dieser Bau **nicht ohne Berücksichtigung der Rechte oder Interessen** der Bewohner und Bewohnerinnen der Gemeinde (die weiter zu definieren und zu begründen wären) **errichtet werden darf.** Im Unterschied zu Konsequentialisten würden Deontologinnen eher von Rechten statt von Interessen reden, in beiden Fällen ist die moralische Stoßrichtung aber dieselbe.

6. Hier wird eine retrospektive Aussage gemacht und vorausgesetzt, dass die Betreiber der Anlagen die **negativen Folgen (den Unfall) hätten voraussehen** können. Für das Unterlassen bestimmter Vorsichtsmaßnahmen wird ihnen die Verantwortung zugeschrieben. Auch aus deontologischer Perspektive lassen sich bis zu einem gewissen Grad entsprechende Sorgfaltspflichten formulieren: Wer bestimmte Vorsichtsmaßnahmen nicht trifft und absehen kann, dass andere dadurch Schaden nehmen werden, verletzt Pflichten der Nichtschädigung und respektiert sein Gegenüber nicht. Und schließlich lässt sich aus tugendethischer Perspektive argumentieren, dass Vorsorge und Risikominimierung zum Ethos bestimmter Berufe gehören.

7. Bestechung ist in vielen Ländern rechtlich verboten. Aber ein entsprechendes Verbot ist auch in vielen Codes of Conduct von Unternehmen festgeschrieben. Die moralischen Gründe für eine Befolgung dieses Verbots mögen durchaus konsequentialistischer Art sein: Mitarbeitende fürchten unternehmensinterne oder rechtliche Sanktionen, die Unternehmensleitung den Reputationsschaden. Als absolutes moralisches Verbot ist die Zurückweisung von Bestechungsgeldern aber eine deontologische Norm: Wer sich durch Bestechung Vorteile verschafft, vollzieht eine Handlung, **die in sich selbst moralisch falsch ist.**

8. Diese Aussage stammt aus der Schweizer Bundesverfassung (Art. 120), aus dem Kontext der Regelung der Gentechnologie im Außerhumanbereich. Unter der «Kreatur» werden Tiere und Pflanzen verstanden. Wer von Würde (in diesem Fall sogar von nicht menschlichen Lebewesen) spricht, geht in der Regel davon aus, dass die «Würdeträger» **speziellen moralischen Schutz** verdienen. In diesem Fall wird allerdings dieses **deontologische Moment relativiert.** Der Würde «Rechnung zu tragen», impliziert im deutschen Sprachgebrauch, dass Würde bloß ein Aspekt neben anderen ist und nicht unbedingt zu respektieren ist. Der Gesetzgeber denkt in diesem Zusammenhang an menschliche Bedürfnisse im Zusammenhang mit Ernährung oder Gesundheit, die mit Hilfe gentechnisch hergestellter Organismen befriedigt werden könnten. Im konkreten Fall müsste dann eine Güterabwägung durchgeführt werden, in welcher eben der Würde der Kreatur Rechnung zu tragen ist – mehr aber nicht. ◀

3.3 Zur Funktion von Moraltheorien

Der letzte Abschnitt hat in drei zentrale Moraltheorien mit ihren Stärken und Schwächen eingeführt. Sind wir damit bezüglich der Analyse moralischer Probleme weitergekommen? Die Antwort auf diese Frage hängt letztlich davon ab, welche Funktion man Moraltheorien für das Lösen konkreter Fälle zugesteht.

Im akademischen Diskurs haben Moraltheorien in der Regel zwei zentrale Funktionen: Einerseits dienen sie dazu, einzelne moralische Normen und Werte (etwa das Lügenverbot oder den Wert der Aufrichtigkeit) zu begründen. Andererseits taugen sie in Fällen rivalisierender Normen und Werte als Entscheidungshilfen. Dabei gibt es unterschiedliche Möglichkeiten, Moraltheorien im Sinne dieser beiden Funktionen einzusetzen. Im einfachsten Fall, einem Top-down-Ansatz, wird eine bestimmte Moraltheorie, beispielsweise der Utilitarismus, unterschiedslos auf alle moralischen Probleme und Normen angewandt. Wer allerdings konkrete Argumentationsgänge analysiert, wird rasch feststellen, dass diese häufig nicht stur konsequentialistischer oder deontologischer Natur sind. Vielmehr sind Mischformen die Regel. In alltäglichen Diskussionen und Entscheidungen agieren Personen nicht innerhalb der Grenzen bestimmter Moraltheorien. In einer lebensweltlichen Perspektive hat denn auch jede Moraltheorie, stünde sie allein, ihre Schwächen und Mängel. Jede blendet für sich genommen jeweils Aspekte aus, die andere Theorien besser einfangen. In der akademischen Philosophie wurden unterschiedliche Strategien entwickelt, um mit dem Problem der Schwächen einzelner Moraltheorien umzugehen. Eine extreme Strategie besteht darin, auf Moraltheorien ganz zu verzichten und moralische Probleme von Einzelfall zu Einzelfall zu entscheiden. Man spricht in diesem Zusammenhang auch von sogenannten Situationsethiken, die spiegelverkehrt zu den Top-down-Ansätzen *bottom up* verfahren. Auch die sogenannte Kasuistik ist eine solche Situationsethik.

Die Kasuistik als Beispiel für eine moraltheoriekritische Methode

Bei der Kasuistik handelt es sich um ein Verfahren der ethischen Entscheidungsfindung, das von **Einzelfällen** und nicht von Moraltheorien ausgeht. Dabei werden Fälle, für die eine Lösung gesucht wird, mit Fällen, bezüglich derer wir eindeutige moralische Intuitionen haben, verglichen. Häufig kommen Analogieschlüsse (vgl. 7.3.2) zum Einsatz: Von der Beurteilung klarer Fälle wird auf die Beurteilung unklarer Fällen geschlossen, indem gezeigt wird, dass sich die Fälle in relevanten Hinsichten ähnlich sind. Auch wenn in der Kasuistik die Einzelfallbeurteilung im Zentrum steht, ist nicht ausgeschlossen, dass besonders klare Fälle zu **moralischen Regeln** (etwa zum Verbot des Tötens unschuldiger Menschen oder zum Gebot, dass medizinische Behandlungen nur nach Zustimmung der Betroffenen erfolgen dürfen) verdichtet werden. Von fundamentaler Bedeutung bleibt aber in der Kasuistik immer die sorgfältige Beschreibung und Bewertung des konkreten Konflikts.

Andere Ethikerinnen und Ethiker versuchen, auf Schwächen von Moraltheorien zu reagieren, indem sie deren Komplexität durch zusätzliche Elemente und Ausnahmeregelungen erhöhen. Eine bekannte Strategie besteht darin, Prinzipien und weitere Elemente einer Moraltheorie mit moralischen Intuitionen, wie wir sie alle haben, abzugleichen. Diese Strategie kommt beim sogenannten «Überlegungsgleichgewicht» zum Einsatz, das wir im folgenden Kapitel vorstellen werden (vgl. 4.2).

Nicht wenige Autoren und Autorinnen arbeiten darüber hinaus im Bereich der (angewandten) Ethik mit einer Art praxisnahem Pluralismus. Sie setzen Moraltheorien ganz gezielt für bestimmte Fragestellungen in ausgewählten Kontexten ein. Wollen wir beispielsweise etwas über Leadership erfahren, bietet sich die Tugendethik eher an als der Utilitarismus. Denn die Tugendethik interessiert sich gerade für Fragen nach persönlichen Kompetenzen, wie sie im Zusammenhang mit Führungsverantwortung auftauchen. Wollen wir etwas über die gerechte Verteilung von Ressourcen im Gesundheitswesen wissen, bieten sich hingegen eher der Konsequentialismus oder die Deontologie an, die den Gesamtnutzen für die Gesellschaft oder individuelle Rechte im Blick haben.

Eine Variante dieses praxisnahen Pluralismus besteht darin, die relevanten moralischen Prinzipien bestimmter Handlungs- und Erfahrungsbereiche (etwa des medizinischen oder unternehmerischen Handelns) zu bestimmen. Es handelt sich dabei um einen Ansatz zwischen den oben erwähnten Top-down- und den Moraltheorie-kritischen Bottom-up-Ansätzen. Einen solchen Ansatz haben beispielsweise die beiden Bioethiker Thomas Beauchamp und James Childress bereits 1979 in einem vielbeachteten Buch vorgelegt, in dem sie mit Bezug auf das medizinische Handeln vier moralische Prinzipien formuliert haben:

1. das Prinzip der Selbstbestimmung,
2. das Prinzip der Fürsorge,

3. das Prinzip des Nichtschädigens und
4. das Prinzip der Gerechtigkeit.

Thomas Beauchamp und James Childress: *Principles of Biomedical Ethics* (New York: Oxford University Press, [7]2012).

Die gleichen oder jedenfalls analoge Prinzipien ließen sich natürlich auch für andere Bereiche menschlichen Handelns formulieren. Sie werden häufig als **«Prinzipien mittlerer Reichweite»** bezeichnet, weil sie nicht den Abstraktionsgrad der bis anhin diskutierten Moraltheorien aufweisen und in ihrer Anwendung auf bestimmte Bereiche beschränkt sind. Ein Vorteil der Prinzipien mittlerer Reichweite besteht darin, dass sie einerseits breite gesellschaftliche Akzeptanz genießen und andererseits mit verschiedenen Moraltheorien kompatibel sind.

In unserem Modell der ethischen Entscheidungsfindung setzen wir auf eine Vielfalt von Moraltheorien. Dieses Vorgehen stellt sicher, dass alle relevanten Ansprüche und Aspekte eines moralischen Problems diskutiert und gegeneinander abgewogen werden können. Eines dürfte dabei klar geworden sein: Moraltheorien stellen keine Verfahren zur Entscheidung moralischer Konflikte zur Verfügung. Sie können sie lediglich inspirieren, indem sie zusätzliches normatives Material einbringen und dieses ordnen helfen. Wir haben eine Kurzeinführung in die wichtigsten Moraltheorien denn auch genau aus diesem Grund in das Schema ethischer Entscheidungsfindung aufgenommen: Um sichtbar zu machen, mit welchen verschiedenen moralischen «Linsen» – um den Ausdruck aus 3.1 nochmals aufzunehmen – ethische Streitfragen betrachtet und angegangen werden können.

MASTER &

COMMANDER

4

Evaluation und Entscheidung

In den ersten drei Schritten haben wir die ethische Entscheidungsfindung vorbereitet: Wir wissen nun, welche Stakeholder in einem konkreten Fall welche Interessen einbringen; wir haben aus den Interessenkonflikten die moralische(n) Frage(n) herausdestilliert, auf die wir eine Antwort suchen; und wir kennen die Argumente, die von den involvierten Parteien in die Waagschale geworfen werden, und wissen, was zum Konflikt führt.

In diesem vierten Schritt geht es nun um die Entscheidung des moralischen Konflikts. Dazu bedarf es zuerst einer Evaluation der einzelnen Argumente: Welche überzeugen und welche nicht? Während in einer alltäglichen Diskussion unter Freunden gern einmal in die Runde geworfen wird «Das ist ein schlechtes Argument!» oder auch einfach «Das stimmt doch überhaupt nicht!», ohne dass diese Einschätzung weiter gerechtfertigt würde, müssen wir unsere Positionen in der Ethik mit Argumenten verteidigen können, die stichhaltig sind. Denn moralische Urteile und Überzeugungen sind – erinnern wir uns an Schritt zwei des Schemas (vgl. Kapitel 2) – begründungsbedürftig: Es handelt sich nicht einfach um Geschmacksfragen oder subjektive Präferenzen, sondern um Urteile, die nach Gründen verlangen. Solche Gründe sind wir zu geben in der Lage, wenn wir unser Urteil nicht einfach von einem subjektiven Standpunkt aus fällen – aus einem Bauchgefühl heraus oder allein vor dem Hintergrund persönlicher Präferenzen –, sondern vom Standpunkt der Moral *(moral point of view)*. In 4.1 stellen wir deshalb zuerst die Kriterien und Maßstäbe vor, die den Standpunkt der Moral auszeichnen. Dieser Standpunkt wurde allerdings auch als ein allzu abstrakter Standpunkt kritisiert, der mit uns Menschen als urteilende Personen wenig zu tun habe. Wie deutlich werden wird, können Intuitionen, Bilder und Geschichten aber durchaus im Sinne eines «Überlegungsgleichgewichts» in den Standpunkt der Moral integriert werden (4.2).

Haben wir diesen Standpunkt erst einmal eingenommen, gilt es, die vorliegenden Argumente zu beurteilen, gegeneinander abzuwägen und dann die ethische Frage einer Entscheidung zuzuführen (4.3). Nicht jede Abwägung der Argumente fällt dabei eindeutig aus. Genau genommen werden natürlich nicht Argumente gegeneinander abgewogen, sondern – je nach Moraltheorie – Interessen der verschiedenen Stakeholder, fundamentale Rechte wie Integrität, Freiheit, Autonomie oder Güter wie Artenschutz oder Diversität. In diesem Prozess der Abwägung kann es jederzeit zu einer Pattsituation kommen. Manchmal ist in diesem Kontext von Dilemmata die Rede, manchmal aber auch von einer Güterabwägung.

Nun mag man einwenden, dass ein Schema ethischer Entscheidungsfindung wenig tauge, wenn keine eindeutige Lösung resultiere. Wie wir bereits in der Einleitung geschrieben haben, präsentieren wir aber keinen Mechanismus oder Algorithmus, der fixfertige und jederzeit reproduzierbare Lösungen hervorbringt. Die Entscheidung, zu der das Schema anleitet, muss nach wie vor selber gefällt und verteidigt werden. Das Schema hilft jedoch, auf diesem Weg der Entscheidungsfindung die richtigen Fragen zu stellen und so überhaupt erst zum Kern des Konflikts und zu den zentralen Argumenten zu gelangen. Es zeigt überdies auf, welchen formalen Kriterien die Entscheidungsfindung zu genügen hat.

4.1 Der Standpunkt der Moral

Um eine moralische Streitfrage unvoreingenommen entscheiden und die Lösung moralisch legitimieren zu können, muss die Entscheidung vom Standpunkt der Moral aus erfolgen. Dieser Standpunkt unterscheidet sich von anderen Perspektiven, die wir einnehmen können, wie etwa jene der Ästhetik, der Wissenschaft, der Religion oder des persönlichen Geschmacks. Genauso wie es «gutes» und «schlechtes» Argumentieren hinsichtlich anderer Standpunkte gibt – dass man ein Gebäude beispielsweise als «architektonisches Meisterwerk» bezeichnet, lässt sich nicht sinnvoll damit begründen, dass man in seinen Mauern seine Masterarbeit geschrieben hat, sondern gefordert sind Kriterien wie etwa Formgebung, Farbwahl, Harmonie oder Benutzerfreundlichkeit –, kann auch in der Ethik stichhaltig oder fehlerhaft argumentiert werden.

Auf die Frage, was gute moralische Argumente ausmacht und welche Fehler einem während des Argumentierens unterlaufen können, gehen wir in Teil II ein. An dieser Stelle geht es fürs Erste nur um eine Charakterisierung des Blickwinkels, den einnehmen sollte, wer für einen moralischen Konflikt eine Lösung sucht.

Der Standpunkt der Moral orientiert sich an der Frage: Kann das, was behauptet wird, gegenüber allen vernünftigen Personen gerechtfertigt werden? Moralische Urteile müssen grundsätzlich jeder vernünftigen Person gegenüber rechtfertigbar sein. Mit dem Philosophen John Rawls verstehen wir unter «vernünftigen Personen» solche, die logische Schlüsse ziehen, Gründe in sinnvoller Art und Weise gewichten sowie widerstreitende Überlegungen abwägen können. Das Erfordernis der Rechtfertigbarkeit gilt insbesondere all jenen gegenüber, die in negativer Art und Weise von einer Entscheidung betroffen sind.

Der Standpunkt der Moral zeichnet sich durch folgende Eigenschaften aus:

1. Der Standpunkt der Moral ist ein **universaler Standpunkt.** Aus diesem Grund sollte man sich bei der Begründung ethischer Entscheidungen nicht einfach auf Autoritäten wie gesellschaftliche Vorbilder, Traditionen oder Metaphysik berufen. Nichts ist zwingend richtig, bloß weil es immer schon so war oder weil Martin Luther King oder Mahatma Gandhi es für richtig hielten. Die einzige Instanz, an die in diesem Prozess appelliert werden darf, ist jene, die allen Betroffenen gleichermaßen zugänglich und vertraut ist: die menschliche Vernunft.

2. Vom Standpunkt der Moral aus müssen Probleme unvoreingenommen in den Blick genommen werden. Unvoreingenommenheit bedarf einerseits der **Informiertheit:** Nur wer über die relevanten Informationen verfügt, ist in der Lage, eine Situation auch vorurteilslos zu beurteilen. Wir müssen deshalb über die Optionen und deren Hintergründe und Konsequenzen Bescheid wissen. Aus diesem Grund haben wir bereits in Schritt 1 des Schemas die Faktenlage eines Problems ausgelotet (vgl. 1.1). Natürlich wird es nicht immer möglich oder sogar nötig sein, sich explizit zu informieren. Im Alltag handeln wir in der Regel schnell und intuitiv, ohne uns zu fragen, auf welcher Basis wir das tun. Ethische Entscheidungsfindung im Sinne der Philosophie verlangt von uns allerdings, einen Schritt zurückzutreten. Sich genauer zu informieren, ist daher Bestandteil dieses Schritts zurück.

Daniel Kahnemann: Schnelles Denken, langsames Denken

Menschliches Denken erschöpft sich freilich nicht im logischen Schließen. Darauf hat im 19. Jahrhundert schon der Philosoph William James aufmerksam gemacht. Er stellte dem logischen Denken das assoziative Denken zur Seite, das Bilder und Erfahrungen in eigener Weise verknüpft. Der Wirtschaftsnobelpreisträger Daniel Kahnemann hat diese Idee in seinem Buch *Schnelles Denken, langsames Denken* (München: Siedler 2012) wieder aufgenommen. Er behauptet, das menschliche Denken arbeite mit zwei Modulen unterschiedlicher Geschwindigkeit: Während das schnelle Denken als «mentale Schrotflinte», wie Kahnemann schreibt, ständig die Umgebung bewerte, Ursache und Wirkung verknüpfe und das Erlebte zu einer stimmigen Erzählung zusammenfüge, hinke das langsame Denken sozusagen als Korrekturmodus hinterher. Es hat die Aufgabe abzuwägen, zu hinterfragen, gründlich zu analysieren. Das schnelle Denken ist dem langsamen Denken evolutionär vorgelagert; es schützt vor unmittelbarer Gefahr und ist dauernd aktiv. Das langsame Denken hingegen ist eher träge. Für kluge Entscheidungen sind beide Modi unabdingbar.

3. Der Standpunkt der Moral ist überdies ein Standpunkt der **Unparteilichkeit:** Die Interessen aller legitimen Stakeholder müssen gleicherweise berücksichtigt werden; von Sympathien und Antipathien ist also zu abstrahieren. Hinsichtlich der Beurteilung moralischer Fragen darf es, anders gesagt, keine Rolle spielen, ob ein Stakeholder einem näher steht als ein anderer, ob seine Anliegen einem sympathisch sind oder nicht. Das betrifft fremde Stakeholder genauso wie einen selbst, denn auch man selbst ist bloß ein Stakeholder unter vielen. Unparteilichkeit bedarf also der kritischen **Selbstdistanzierung** – ein Erfordernis, das uns einiges abverlangt. Denn häufig sind die moralischen Probleme, die uns umtreiben, gerade solche, die uns in besonderem Maße betreffen und denen gegenüber wir innerlich entsprechend engagiert sind. Wie der Philosoph Jay F. Rosenberg es ausgedrückt hat, ist es aber auch dann notwendig, die Fragen, die uns bewegen, «in die Reichweite der Tätigkeit der Vernunft zu bringen, sie vom Herzen in den Verstand zu verlagern.» Nur dann können wir sie in einer Weise bearbeiten, dass wir ihre Lösung hernach als eine begründete ausweisen können.

Lektürehinweis: Jay F. Rosenberg: *Philosophieren. Ein Handbuch für Anfänger* (Frankfurt a. M.: Klostermann 2009).

Das Merkmal der Unparteilichkeit unterscheidet moralische Entscheidungen von klugen oder zweckrationalen Entscheidungen. Während ein Urteil vom Standpunkt der Zweckrationalität eine Handlung daraufhin bewertet, ob sie den Zielsetzungen der handelnden Person oder Institution entspricht, beurteilt man Handlungen vom Standpunkt der Moral unabhängig von den Zwecken oder Interessen der handelnden Person oder Institution. Moralische Urteile sind in diesem Sinn kategorisch (vgl. 2.1.2). Damit kann die Aufführung eines Stücks, das eine prominente öffentliche Person diffamiert, moralisch problematisch aber für ein Theater dennoch zweckrational sein, weil der absehbare Skandal viel Aufmerksamkeit generieren und die Kassen klingeln lassen wird. Umgekehrt kann es moralisch unproblematisch aber für ein Theater in einem Land, in dem die Kunstfreiheit mit Füßen getreten wird, dennoch irrational sein, ein politisch brisantes Stück aufzuführen, wenn dadurch eine Subventionskürzung oder gar die Schließung des Hauses zu befürchten ist.

Der unparteiische Zuschauer bei Adam Smith

Adam Smith, der als Vater der neuzeitlichen Ökonomie in die Geschichte eingegangen ist, führt in seinem Buch *Theorie der ethischen Gefühle* (1759) den **unparteiischen Zuschauer** *(impartial spectator)* ein. Moralische Fragen sind Smith zufolge aus dessen Perspektive zu beantworten. Das Problem, dem wir beim Lösen moralischer Zwickmühlen begegnen, sei nämlich nicht so sehr, dass wir zu egoistisch wären, uns um die Sorgen und Nöte anderer Menschen zu kümmern. Im Gegenteil: Smith betont immer wieder, wie menschlich und verbreitet **Mitgefühl** und Hilfsbereitschaft sind. Doch gerade weil die treibenden Kräfte, uns umeinander zu kümmern, auf Zuneigung beruhen, handeln und urteilen wir stets emotional und parteiisch, was den Forderungen der Moral klar zuwiderläuft. Doch Smith meint, dass uns die Natur nicht nur mit der Fähigkeit zum Mitleid ausgestattet habe, sondern auch mit jener zur **Selbstdistanzierung:** Wir sind in der Lage, uns immer wieder von neuem zu fragen, ob unsere Gefühle angebracht sind und ob unser emotional gefärbtes Urteil gerechtfertigt ist. Rechtfertigen wir beispielsweise eine bestimmte Verhaltensweise, setzen wir uns in Distanz zum Geschehenen und betrachten gleichsam mit den Augen eines Fremden unser eigenes Verhalten. Auf diese Weise korrigieren wir die natürlichen Verzerrungen unserer Perspektive. Um den moralischen Standpunkt einzunehmen, müssen wir uns also gemäß Smith selber relativieren und die Tugenden der Menschlichkeit wie auch der Selbstbeherrschung entwickeln und pflegen.

Die Problematik, dass Empathie parteiisch sein kann, treibt in jüngster Zeit vor allem Utilitaristen um. Die Bewegung des «Effektiven Altruismus», die unter anderem stark von Peter Singer geprägt ist, plädiert dafür, in allen Bereichen unseres Lebens nicht nur so viel Gutes zu tun wie möglich, sondern eben auch das zu tun, was effektiv hilft. Dazu gehört, sich in seinem Spendeverhalten gerade nicht von Mitgefühl leiten zu lassen, sondern ausschließlich Hilfswerke zu unterstützen, die die Gelder möglichst effizient einsetzen. Der deutsche Kulturwissenschaftler Fritz Breithaupt verdächtigt das Mitgefühl in seinem Buch *Die dunklen Seiten der Empathie* (Frankfurt a.M.: Suhrkamp 2017) sogar, ein Brandbeschleuniger politischer Konflikte zu sein: Empathie hegen wir nämlich meist ausschließlich für jene, die in unseren Augen auf der richtigen Seite stehen. Das Mitgefühl wirkt sich deshalb nicht selten wie eine Variante des sogenannten *confirmation bias* aus, des Betätigungsfehlers: Wir hegen Mitgefühl für jene, für die wir längst Partei ergriffen haben, was unsere Parteinahme zusätzlich verstärkt. So verstanden, hindert uns das Mitgefühl gerade daran, jene Nüchternheit an den Tag zu legen, die Verständnis für beide Seiten zeigt – was zur Beseitigung politischer Konflikte aber unabdingbar wäre.

Die drei genannten Kriterien, die den Standpunkt der Moral auszeichnen und eine Entscheidung rechtfertigen, gelten aus zwei Gründen: Erstens kann die Argumentation besser nachvollzogen werden, wenn sie nicht die Sprache unreflektierter Vorurteile und einer persönlich bevorzugten Instanz spricht. Sie muss vielmehr – wie viele Philosophinnen und Philosophen glauben – die «Sprache der Vernunft» sprechen. Nur wenn sie dies tut, kann eine Entscheidung nicht mit dem Argument zurückgewiesen werden: «Das ist nun mal deine Meinung – ich habe da eine andere.» Zweitens löst nur eine Argumentation vom Standpunkt der Moral ihren Anspruch auf Rechtfertigung ein. Moralische Entscheidungen gehen oft mit Kritik oder mit Sanktionen wie Verachtung einher. Weil entsprechende Sanktionen nicht angenehm, sondern unter Umständen sogar sehr unangenehm ausfallen können, bedürfen sie der Rechtfertigung. Wenn eine NGO beispielsweise ein transnational tätiges Unternehmen der Verletzung von Menschenrechten bezichtigt, muss sie die entsprechenden Vorwürfe begründen können – und zwar den Kriterien gemäß, die wir als für den Standpunkt der Moral zentral erachtet haben.

4.2 Kritik am Standpunkt der Moral

Der Standpunkt der Moral ist bis anhin vor allem als ein vernünftiger und damit distanzierter Standpunkt dargestellt worden, bei dem von Beziehungen, Emotionen und kulturellen Eigenheiten abgesehen werden soll. Diese Forderung nach Distanznahme ist jedoch nicht nur auf Zustimmung gestoßen, sondern hat auch Kritik hervorgerufen:

1. Eine Kritik richtet sich gegen die implizite These, der skizzierte Standpunkt sei ein **neutraler Standpunkt.** Da die einzige Instanz, an die aus Sicht der Moral offenbar appelliert werden darf, die menschliche Vernunft ist, spielen historische und kulturelle Gebundenheit des Subjekts sowie seine persönlichen Wertvorstellungen für den Entscheidungsprozess keine Rolle. Doch ist ein solcher Standpunkt wirklich neutral? Vielmehr könnte man ihn als einen **liberalen Standpunkt** bezeichnen, der Werte wie Toleranz, Freiheit und Vernünftigkeit unhinterfragt als gegeben und verbindlich setze und überdies als wichtiger erachte als das Festhalten an bestimmten lokalen Traditionen oder Loyalitäten. Tatsächlich sind nicht alle Kulturen und Gesellschaften diesem aufklärerischen Vernunftbegriff verpflichtet. Daraus wurde gefolgert, dieser «liberale» Standpunkt der Moral könne auch kein universaler Standpunkt sein.

2. Auch die geforderte Unparteilichkeit wird nicht von allen Moraltheorien akzeptiert. Vielmehr wurde mit diesem Erfordernis der Vorwurf der «**Unmenschlichkeit der Moral**» laut: Wenn alle Interessen gleich zu gewichten seien, dann könnten wir unseren Beziehungen nicht mehr adäquat Rechnung tragen. Hinter diesem Vorwurf steckt die Einsicht, dass persönliche Beziehungen sich mitunter gerade dadurch auszeichnen, dass wir einander bevorzugen und uns gegenseitig besondere Aufmerksamkeit zuteil werden lassen. Überlegt sich jemand im Urlaub, wer sich über ein Mitbringsel am meisten freuen würde, und kauft deshalb statt für die eigene Lebenspartnerin für die einsame Nachbarin ein Souvenir, würde seine Partnerin zu Recht enttäuscht reagieren. Der Vorwurf, die geforderte Unparteilichkeit untergrabe tiefe zwischenmenschliche Beziehungen, wiegt dabei umso schwerer, als wir diese für ein glückliches Leben für äußerst bedeutsam halten.

3. Mit den genannten beiden Vorwürfen verbunden ist ein dritter, metaethischer Kritikpunkt: Die einseitige Fokussierung auf die Vernunft und die damit einhergehende Abstraktion von Gefühlen und sozialen Beziehungen mache den Standpunkt der Moral zu einem allzu **distanzierten Standpunkt,** der die Bedeutung von Geschichten, Bildern und Intuitionen für moralische Erkenntnis zu Unrecht außen vor lasse.

Die genannten Vorwürfe haben innerhalb der wissenschaftlichen Ethik Debatten ausgelöst, die nach wie vor nicht abgeschlossen sind. Sie implizieren keineswegs, dass der Standpunkt der Moral aufgegeben werden müsste. Sie haben aber bewirkt, dass dieser Standpunkt in mancherlei Hinsicht modifiziert worden ist und auch kulturelle und soziale Werte und Normen sowie moralische Intuitionen in die ethische Bewertung einfließen. Prägend für diesen Ausgleich war dabei nicht zuletzt die Arbeit des amerikanischen Philosophen John Rawls. In seiner *Theorie der Gerechtigkeit* spricht er – basierend auf Überlegungen, die er bereits in früheren Texten angestellt hat – von der Idee des «Überlegungsgleichgewichtes» *(reflective equilibrium).*

Wenn wir beispielsweise herausfinden wollen, nach welchen Gerechtigkeitsgrundsätzen eine Gesellschaft beschaffen sein sollte, müssen wir Gerechtigkeitsgrundsätze mit weitverbreiteten Intuitionen und Wertvorstellungen in ein Gleichgewicht oder in ein **kohärentes System** bringen. Angestrebt wird im Anschluss an Rawls ein Gleichgewicht zwischen als plausibel erachteten moralischen Prinzipien, wohlüberlegten individuellen moralischen Überzeugungen (Intuitionen) und Hintergrundtheorien (empirische Hintergrundannahmen und normative Theorien, wie sie in Kapitel 3 vorgestellt worden sind). Dabei gibt es keine fixen Ausgangspunkte oder strikt privilegierte Überzeugungen oder Prinzipien; vielmehr kann jede Überzeugung und kann jedes Prinzip im Lichte anderer Überzeugungen oder Prinzipien revidiert werden. Diesem kohärentistischen Modell zufolge werden moralische Überzeugungen nicht mit Verweis auf übergeordnete, selbstevidente moralische Prinzipien gerechtfertigt. Vielmehr werden moralische Überzeugungen und moralische Prinzipien zugleich gerechtfertigt, indem sie gegeneinander abgeglichen und mit Hintergrundannahmen in ein kohärentes Ganzes gebracht werden. Ein Einwand gegen solche kohärentistische Ethiken besagt, dass auch falsche moralische Urteile in ein kohärentes System gebracht werden können. Anders gesagt scheint unklar, weshalb Kohärenz Rechtfertigung bringen soll. Typische Verschwörungstheorien sind zwar in sich mehr oder weniger kohärent, aber sind sie deshalb gerechtfertigt? Diesem Einwand ist zu entgegnen, dass die Konzeption des Überlegungsgleichgewichts kein reiner Kohärentismus ist. Sie fordert nicht bloß, dass ein System moralischer Prinzipien in sich kohärent sein muss, sondern auch, dass diese Prinzipien in Übereinstimmung stehen müssen mit unseren moralischen Überzeugungen.

Aber gerade aus der Antwort auf den ersten Einwand ergibt sich ein zweiter Einwand, der den latenten Konservativismus solcher Konzeptionen betrifft: Was rechtfertigt es, unsere bestehenden moralischen Überzeugungen zum Ausgangspunkt zu nehmen und zu fordern, dass eine Moraltheorie mit diesen ins Gleichgewicht gebracht werden soll? Immerhin besteht die Gefahr, dass wir damit festgefahrene Vorurteile zementieren, anstatt uns auf eine moralisch gerechtfertigte Position zuzubewegen. Diesem Einwand ist allerdings entgegenzuhalten, dass das Konzept des Überlegungsgleichgewichts nicht vorsieht, dass alle «Bauchgefühle», die wir haben, ungefiltert in den Prozess des Austarierens einfließen. Dass man sich aus einer philosophischen Haltung hinaus stets auch kritisch zu seinen Emotionen verhalten soll, versteht sich von selbst. Erinnern wir uns in diesem Zusammenhang an das, was wir in 2.1.2 zum «Empörungstest» gesagt haben, der nicht als «Beweis» für einen moralischen Missstand zu werten ist. Auch wenn unsere Bauchgefühle eine wichtige Stimme sind in der Beurteilung des Verhaltens Dritter, sind sie keineswegs immer angemessen und gerechtfertigt. Es ist deshalb wichtig, sich in kritische Distanz zu den eigenen Gefühlen zu begeben. Das Überlegungsgleichgewicht sieht jedoch vor – und darin unterscheidet es sich von rein vernunftbetonten Standpunkten –, dass Intuitionen, verstanden als überdachte Emotionen und tief verankerte Überzeugungen, auch dann in die Entscheidungsfindung einfließen dürfen, wenn diese Intuitionen (noch) nicht rational begründet werden können und unter Umständen auch scheinbar vernünftige Schlussfolgerungen hinterfragen.

4.3 Argumente beurteilen und gewichten

Um zu einer Entscheidung zu gelangen, müssen wir uns die Argumente der einzelnen Stakeholder, die wir im vorhergehenden Schritt (vgl. Kapitel 3) zusammengetragen haben, noch einmal vergegenwärtigen. Am besten gelingt dies, indem wir eine Tabelle mit allen Stakeholdern und deren jeweiligen Argumenten (pro und kontra) vor uns liegen haben.

Als Erstes **beurteilen wir die einzelnen Argumente für sich:** Sind die genannten Pro- und Kontra-Argumente als einzelne überzeugend? Um dies entscheiden zu können, müssen wir einiges über die Gültigkeit und über die Stichhaltigkeit von Argumenten wissen. Diesen Fragen widmet sich Kapitel 7 dieses Bandes, wo wir typische Argumente und Argumentationsfiguren vorstellen und auf häufige Argumentationsfehler aufmerksam machen.

Haben wir die einzelnen Argumente beurteilt, können wir möglicherweise einige davon als ungültig oder nicht stichhaltig zurückweisen. Das bedeutet allerdings nicht unbedingt, dass die Interessen oder Ansprüche, die diesen Argumenten zugrunde liegen, keine Berücksichtigung verdienen. Denn möglicherweise können die fehlerhaften Argumente, die die Stakeholder eingebracht haben, um ihre Interessen zu verteidigen, verbessert werden, oder die Position der betreffenden Stakeholder kann mit einem anderen stichhaltigen Argument gestützt werden, das sie selber gar nicht eingebracht haben. Erinnern wir uns an die Einleitung in Kapitel 3: Ethikerinnen und Ethiker beurteilen nicht nur tatsächlich eingebrachte Argumente, sondern streben an, dass bezüglich eines moralischen Problems die besten Argumente auf dem Tisch liegen, an denen sich unsere Entscheidungsfindung orientiert. Wenn aus strategischer Sicht auch verständlich – aus ethischer Sicht wäre es nicht statthaft, ungültige oder nicht stichhaltige Argumente von politischen Parteien, welche die gegenteilige Position dessen vertreten, was man selber verteidigen möchte, triumphierend vom Tisch zu fegen. Es gilt stets zu prüfen, ob die «Gegner» nicht allenfalls ein Argument übersehen haben, das ihre Position besser stützt. Ethikerinnen und Ethikern kommt insofern immer auch die schwierige Rolle zu, gegenüber ihrer eigenen Position bestmöglich den Advocatus Diaboli zu spielen.

Haben wir die stichhaltigen Argumente erst einmal beisammen, gilt es als Zweites, **diese zu gewichten.** Am besten geht man dabei so vor, dass die einzelnen Argumente in kurzen Sätzen schriftlich zusammengefasst oder nach Stichwortlisten diskutiert werden. Dann fragen wir zum Beispiel: Welche Argumente könnten aus welchen Gründen gewichtiger als andere sein? Argumente gewichten heißt immer auch, weitere Argumente für oder gegen die bereits genannten Argumente vorzubringen. Es genügt nicht, einzelne Argumente wie Trümpfe auszuspielen und davon auszugehen, dass diese alle überzeugen. Vielmehr muss man bereit sein, diese in weitere Argumentationszusammenhänge zu stellen und bei Bedarf zu klären. Wird beispielsweise Leihmutterschaft als «Instrumentalisierung» bezeichnet, ist dies für die einen bereits ein «Killerargument» gegen

Leihmutterschaft. Andere werden die Ansicht vertreten, dass es sich bei der Leihmutterschaft nicht um eine unzulässige Instrumentalisierung von Frauen handle, solange die Frauen informiert und selbstbestimmt in ein solches Arrangement einwilligten. Argumentieren schließt deshalb in vielen Fällen auch Begriffsklärung ein: Was verstehen wir beispielsweise unter einer Instrumentalisierung und liegt eine solche überhaupt vor?

Wie etwa Begriffe wie «Ausbeutung» oder «Instrumentalisierung» im konkreten Fall der Reproduktionsmedizin analysiert und diskutiert werden können, zeigt das Buch *Kinder wollen. Über Autonomie und Verantwortung* von Barbara Bleisch und Andrea Büchler (München: Hanser 2020).

Manchmal fällt die Abwägung der Argumente jedoch nicht eindeutig aus. Je nach Moraltheorien kommt es zu einer Kollision fundamentaler Rechte wie beispielsweise dem Schutz der Menschenwürde und dem Recht auf Freiheit, oder es stehen Interessen der verschiedenen Stakeholder im Widerspruch. Manchmal wird an dieser Stelle auch von einem Konflikt zwischen zwei oder mehreren gleichwertigen Gütern (oder Übeln) gesprochen, und es wird eine Güterabwägung vorgenommen. Natürlich werden hierbei wieder Argumente vorgebracht und gewichtet.

Ein Beispiel einer Güterabwägung: Tierversuche

Tierversuche dürfen gemäß dem Schweizer Tierschutzgesetz nur bewilligt werden, wenn sich aus der Güterabwägung ihre Zulässigkeit ergibt: «Ein Tierversuch ist insbesondere unzulässig, wenn er gemessen am erwarteten Kenntnisgewinn dem Tier unverhältnismäßige Schmerzen, Leiden oder Schäden zufügt oder es in unverhältnismäßige Angst versetzt.» (TschG, Art. 19 Abs. 4)
Die Güter, die es bei Tierversuchen abzuwägen gilt, sind demnach der Erkenntnisgewinn respektive andere Vorteile für Menschen beispielsweise hinsichtlich der Entwicklung medizinischer Therapien auf der einen Seite und das Leiden der Versuchstiere auf der anderen Seite. Damit wird klar, dass von «Gütern» auch gesprochen wird, wenn **positive Folgen** gegen **negative Folgen** abgewogen werden.

Am einfachsten ist eine Güterabwägung, wenn eine «gemeinsame Währung» für die Güter, die sich in der Waagschale befinden, gefunden wird. Der Utilitarismus sucht beispielsweise explizit nach einer solchen gemeinsamen Währung, indem der Nutzen der einzelnen Optionen berechnet wird und jene Variante gewählt werden soll, welche die Nutzensumme maximiert. Wie schwierig es jedoch ist, eine gemeinsame Währung zu finden – oder anders gesagt: wie schwierig es ist, gänzlich unterschiedliche Güter miteinander zu vergleichen –, zeigt beispielsweise gerade die Kritik am Utilitarismus, die besagt, es sei nicht nur unklar, wie der Nutzen der einzelnen Optionen zu berechnen ist, sondern eben auch, wie die einzelnen Nutzensummen miteinander verglichen werden sollen. Dieser Vergleich bleibe in vielen Fällen ein Vergleich zwischen Äpfeln und Birnen, um es mit einer Redewendung auszudrücken.

Die Suche nach der gemeinsamen Währung: Zum Beispiel QALYs

Der Ausdruck QALY steht für ein *quality-adjusted life year,* zu Deutsch ein «qualitätskorrigiertes Lebensjahr». Mit der Messgröße der QALYs werden Lebensjahre in Relation zur Gesundheit gemessen. Ein QALY vom Wert 1 entspricht einem Lebensjahr bei voller Gesundheit, während ein QALY von 0 dem Tod gleichkommt. Medizinische Therapien, die miteinander verglichen werden sollen, werden zum Teil in QALYs berechnet – der Versuch, eine gemeinsame Währung zur Abwägung verschiedener Güter (in diesem Fall medizinischer Interventionen) zu schaffen. QALYs werden also dazu benutzt, die Kosteneffizienz bestimmter Therapien und Präventionsmaßnahmen zu berechnen. Der QALY ist heute die meistgenutzte Kennzahl in der gesundheitsökonomischen Evaluation. In sogenannten QALY-Tabellen werden verschiedene Interventionen im Hinblick auf die Kosten pro gewonnenem QALY vergleichend zusammengestellt.
Ziel dieser Kennzahl der Versorgungsforschung ist es, das subjektive Gut Gesundheit in eine **messbare Größe** überzuführen, um Kosten-Nutzen-Analysen durchführen zu können, und zwar selbst im Hinblick auf einen Vergleich von Behandlungen über verschiedene Diagnosen hinweg. Dadurch wird es theoretisch möglich, transparente Rationierungsentscheidungen im Gesundheitswesen zu treffen: Eine medizinische Maßnahme wird demnach beispielsweise bezahlt, so lange sie eine Grenze von x CHF/QALY nicht überschreitet. Ein solcher Schwellenwert ist allerdings bisher nirgendwo explizit festgelegt worden.
QALYs werden gerne dazu benutzt, den Nutzen bestimmter Therapien und Präventionsmaßnahmen zu berechnen. In der Schweiz wurden vor einiger Zeit beispielsweise flächendeckende Brustkrebs-Screenings gefordert mit dem Verweis auf die Kosteneffizienz, gemessen in QALYs.

Nicht alle sind jedoch der Meinung, Güter ließen sich unter allen Umständen gegeneinander abwägen. Vielmehr gehen einige von nicht abwägbaren Gütern (oder auch Rechten und Pflichten) aus. So halten etwa viele den Wert der Menschenwürde für nicht abwägbar (sie wird typischerweise als «unantastbar» bezeichnet); andere sind der Ansicht, alle Menschen hätten ein unbedingtes Recht auf Leben. Solche Positionen meinen nichts anderes, als dass eine Güterabwägung mit Blick auf solche unantastbaren Werte oder Normen selbst nicht legitim ist. Das konnte etwa im Kontext der Diskussion um den Stellenwert des Gesundheits- und Lebensschutzes im Vergleich zu den wirtschaftlichen Kosten des Lockdowns in der Anfangsphase der Corona-Pandemie von 2020 beobachtet werden: Einige haben argumentiert, ökonomische Berechnungen, wie teuer die Rettung eines Menschenlebens die Gesellschaft zu stehen komme, seien unstatthaft. Liegt ein unantastbarer Wert vor, darf er, anders gesagt, offenbar nicht mit andern verrechnet werden. Doch nicht alle teilen diese Ansicht. Sie verweisen beispielsweise darauf, dass auch ein Lockdown massive Kosten verursache – etwa jene der psychischen Folgen für Personen, die ihre Arbeit verlieren oder vor dem Bankrott stehen. Tatsächlich wägen wir in unseren Gesellschaften immer wieder zwischen Freiheit und Sicherheit ab. So sterben laut WHO jährlich rund 1,3 Millionen Menschen im Straßenverkehr. Autos zu verbieten, ist jedoch für viele keine Option. Wir nehmen also durchaus Todesopfer in Kauf, um andere Güter realisieren zu können: Mobilität, Warentransporte, Handelsbeziehungen etc.

In den entsprechenden Diskussionen greifen wir oft implizit oder explizit auf die Moraltheorien zurück, die in Schritt 3 vorgestellt worden sind. Werden gewisse Güter für nicht abwägbar gehalten, geben wir uns der Tendenz nach als Deontologen zu erkennen; argumentieren wir vorwiegend mit dem großen Nutzen, der mit einer gewissen Entscheidung erreicht werden kann, argumentieren wir eher konsequentialistisch.

▶ Übung: Beurteilen und Gewichten von Argumenten

Im folgenden Fallbeispiel stehen sich die Ansichten von verschiedenen Stakeholdern gegenüber. Beurteilen und gewichten Sie deren Argumente. (Das Fallbeispiel beruht auf einer Debatte, die 2009/2010 anlässlich der H1N1-Pandemie – der sogenannten Schweinegrippe – in vielen europäischen Ländern tatsächlich stattgefunden hat. Im Folgenden nehmen wir allerdings zum Zweck der Übung nur die wichtigsten Argumente auf und abstrahieren bewusst von der Komplexität des Falles.)

Ausgangslage:
In einem Land wütet eine Grippe, die durch Tröpfcheninfektion (bei Husten und Niesen) übertragen wird. Die Grippe ist extrem ansteckend. Sie verläuft in vielen Fällen harmlos; bei Personen mit einem schwächeren Immunsystem wie chronisch Kranken, Kleinkindern, Schwangeren oder älteren Menschen kann sie jedoch zu lebensbedrohlichen Komplikationen führen. Im besagten Land sind bereits einige wenige

Personen der Grippe erlegen, rund ein Dutzend liegt auf der Intensivstation. Die Impfkommission dieses Landes sowie die Ärzteschaft fordern die Bevölkerung auf, sich gegen die Grippe impfen zu lassen. Für Angestellte, die mit besonders gefährdeten Personen in Kontakt stehen (beispielsweise das Personal in Krankenhäusern, Kinderkrippen, Pflegeheimen), wird ein Impfobligatorium diskutiert. Die Impfung hat bis anhin nur in wenigen Fällen schwache Nebenwirkungen gezeigt. Die Debatte wird besonders hitzig in Bezug auf das Pflegepersonal in Krankenhäusern geführt. Die Berufsvereinigung der Pflegefachpersonen wehrt sich jedoch vehement gegen ein Obligatorium; es soll jeder Pflegeperson freistehen, ob sie sich impfen lassen möchte oder nicht. **Sollen die Spitäler ihr Personal zur Impfung zwingen** (unter Androhung einer Freistellung, falls sie sich weigern)?

Stakeholder	**Pro-Argumente**	**Kontra-Argumente**
1. Berufsvereinigung der Pflegefachpersonen	Impfobligatorium führt zu weniger Arbeitsausfällen von an Grippe erkranktem Personal. Dies verhindert eine zusätzliche Arbeitsbelastung aller Angestellten.	a. Impfobligatorium beschneidet die persönliche Freiheit des Pflegepersonals. b. Langfristige Nebenwirkungen der Impfung sind unbekannt.
2. Einzelne Pflegefachpersonen	Impfobligatorium führt zu weniger Arbeitsausfällen von an Grippe erkranktem Personal. Dies verhindert eine zusätzliche Arbeitsbelastung aller Angestellten. Außerdem werden Ansteckungen reduziert.	Werden zu einem Eingriff in ihr Immunsystem angehalten, den einzelne a. aus weltanschaulichen Gründen und b. aus gesundheitlichen Gründen nicht wollen.
3. Patientinnen und Patienten	Werden im Krankenhaus vom Personal nicht infiziert.	
4. Impfkommission	a. Möchte das Risiko von Komplikationen (oder gar Todesfällen) bei anfälligen Personengruppen minimieren. b. Mit gutem Beispiel vorangehen, um auch die Bevölkerung fürs Thema zu sensibilisieren.	
5. Spitalleitung	a. Impfobligatorium minimiert Krankheitsfälle unter den Angestellten, also auch Arbeitsausfälle. b. Konkurrenzdruck unter Privatspitälern: Bei Wahleingriffen entscheiden sich die Patienten unter Umständen eher für das Krankenhaus mit geimpftem Personal.	Zufriedenheit des Personals ist für die Spitalleitung wichtig, weshalb sie die Kontra-Argumente ihrer Angestellten ernst nehmen muss.

Beurteilung der Argumente:
Die Argumente könnten in der Form, wie hier präsentiert, in einer realen Debatte fallen. Bei 1b und 2b handelt es sich um empirische Argumente, die überprüft werden müssten. Liegen hinsichtlich der langfristigen Folgen der entsprechenden Impfung wirklich keine Studien vor? Und gibt es tatsächlich überzeugende gesundheitliche Gründe, die Impfung abzulehnen? Die generelle Debatte um Impfungen ist schon seit Längerem verfahren; Impfgegner und Impfbefürworter führen Argumente an, die nicht frei sind von weltanschaulichen Überzeugungen (weshalb ein Argument 2a aufgeführt worden ist; eine ähnliche Debatte wird auch zum Thema Impfungen bei Kindern geführt).

Gewichtung der Argumente:
Es ist schnell ersichtlich, dass sich folgende Interessen oder Rechte gegenüberstehen: Einerseits die individuelle Freiheit der Pflegefachpersonen, selbstbestimmt zu entscheiden, ob sie sich impfen lassen wollen oder nicht, und andererseits der Schutz der Patientinnen und Patienten im Krankenhaus. Das erste Gut wird in der Philosophie gewöhnlich als Schutz der Autonomie von Personen bezeichnet. Das Argument, dass bei einem Impfobligatorium weniger Arbeitsausfälle zu beklagen wären, würde die anderen Argumente wohl kaum übertrumpfen, wenn sich zeigen ließe, dass ein Impfobligatorium tatsächlich ein **unzulässiger Eingriff** in die Freiheit von Personen wäre. Allerdings ist ein Impfobligatorium keine «Zwangsimpfung», wie zuweilen fälschlicherweise suggeriert wird. Ein «Impfzwang», bei dem Personen gegen ihren Willen festgehalten und geimpft würden, verstößt gegen das Recht auf körperliche Integrität. Ein Impfobligatorium sieht lediglich vor, dass jene, die sich weigern, sich impfen zu lassen, gebüßt oder von der Arbeit ausgeschlossen werden können. Ein solches Impfobligatorium oder eine Impfpflicht darf gemäß Schweizer Epidemiengesetz bereits ab der «besonderen Lage» angeordnet werden. Wie Personen gebüßt werden, wenn sie eine Impfung verweigern, lässt das Epidemiengesetz offen. Dass auch eine Impfpflicht die Autonomie von Personen untergräbt, ist unbestritten. Eine mögliche Ansteckung mit dem Influenza-Virus müsste für viele Patientinnen und Patienten also entsprechend bedrohlich ausfallen, damit sich diese Maßnahme (und die damit einhergehende Beschneidung der Autonomie des Personals) rechtfertigen ließe. Bei der Datenlage, von der das Fallbeispiel ausgeht, scheint dies nicht gegeben zu sein.
Halten wir uns vor Augen, dass ethische Entscheidungsfindung immer auch ein **kreativer Prozess** ist, könnten wir überlegen, welche Alternativen es allenfalls zu den strikten Pro- und Kontra-Positionen gibt. Tatsächlich wurde in vielen Krankenhäusern entschieden, dass sich das Personal entweder impfen lassen oder aber eine Maske tragen müsse. So scheint es durchaus vertretbar, bei einer Grippepandemie von den Pflegefachpersonen zu verlangen, zum Schutz der Patientinnen und Patienten eine Maske zu tragen. ◀

Haben wir eine Entscheidung getroffen, gilt es, diese Position zu verteidigen. Dabei empfiehlt es sich, die wichtigsten Argumente schriftlich festzuhalten. Damit ist in den meisten Fällen sichergestellt, dass man sich selber wirklich im Klaren darüber ist, welche Meinung man vertreten möchte. Das «Ausdeutschen» dieser Meinung räumt Unklarheiten aus und zwingt einen zu einer gewissen Prägnanz.

Während des Entscheidungsprozesses sollte außerdem unbedingt und wiederholt ein **bedachter Blick zurück** getätigt werden: Genügt die vorgeschlagene Lösung tatsächlich den Kriterien, die wir an den Standpunkt der Moral gestellt haben? Außerdem ist die Frage nach der Kohärenz der vorgeschlagenen Lösung entscheidend. Kohärenz meint als «innere Kohärenz» erst einmal nicht mehr als logische Widerspruchsfreiheit in sich. «Äußere Kohärenz» bedeutet, dass sich die getroffene Entscheidung oder die postulierte Norm harmonisch in das System anderer verbindlich anerkannter Normen und Werte einfügt. Letzterer Forderung liefe etwa zuwider, wenn jemand aus ökologischen Gründen eine Pflicht zum Vegetarismus postulieren würde (aufgrund der durch Viehhaltung verursachten Treibhausgasemissionen), es jedoch gleichzeitig als legitim erachtete, mehrere Male jährlich mit dem Flugzeug in die Ferien zu fliegen. Während ohne Konsistenz eine Entscheidung nicht glaubhaft wirkt, erzeugt mangelhafte Harmonie mit bestehenden Normen neben der Unglaubwürdigkeit auch Probleme auf der Ebene der Handlungsanleitung: Es dürfte schwierig werden, eine Entscheidung umzusetzen, wenn sie quer zu anderen Normen steht (vgl. Kapitel 5).

Allerdings ist bei der Frage nach äußerer Kohärenz Vorsicht geboten: Es kann durchaus sein, dass die ethische Entscheidungsfindung eine Handlungsweise empfiehlt, die aufgrund bestehender Normen und Wertvorstellungen (noch) nicht umgesetzt werden kann. Gerade die stichhaltige Begründung der Empfehlung kann aber zeigen, dass vielleicht andere bis anhin geltende Normen und Regeln, die mit der Empfehlung in Konflikt stehen, einer Korrektur bedürften. Es ist wichtig, sich in seiner Entscheidungsfindung nicht von Sachzwängen leiten zu lassen, sondern offen zu bleiben für Visionen sowie Bestehendes in Frage zu stellen. Wir kommen auf diesen Punkt im folgenden Kapitel 5 zurück.

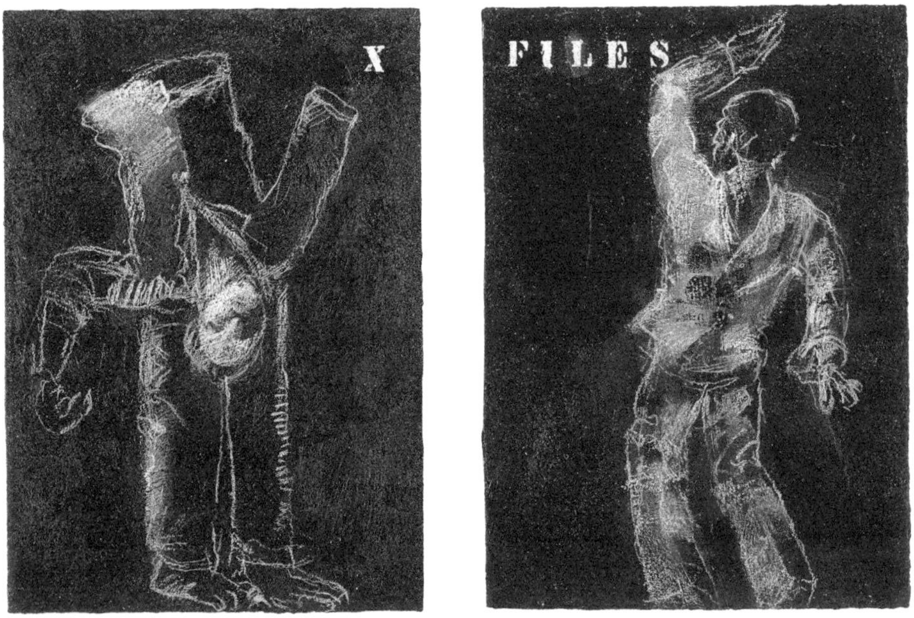
X
FILES

5

Implementierung

Nachdem der Prozess der ethischen Entscheidungsfindung abgeschlossen ist, bleibt ein letzter Schritt zu tun: Es gilt darüber nachzudenken, wie die empfohlene Lösung umgesetzt werden kann. Für viele Ethikerinnen und Ethiker gehört dieser Schritt, die Implementierung der Entscheidung, nicht mehr zu ihrem Kerngeschäft. Ist das moralische Problem erst einmal gelöst, kann sich die Ethik (scheinbar) zurückziehen.

Aber ist es tatsächlich berechtigt, wenn sich die Ethik an dieser Stelle zurückzieht? Am Ende einer Entscheidungsfindung könnte dann eine Empfehlung resultieren, die unter den gegebenen Umständen gar nicht umgesetzt werden *kann* oder die so fragwürdige Nebeneffekte mit sich brächte, dass von einer Implementierung Abstand genommen werden sollte. Ein Supermarkt könnte zwar alarmiert sein, dass auf den Plantagen, von denen er Früchte bezieht, Kinder arbeiten, und er könnte entsprechende Mittel gegen diese Zustände ergreifen wollen. Zugleich könnte ihm vom Zulieferer auf Nachfrage hin beschieden werden, die Kinderarbeit lasse sich auf die Schnelle nicht beseitigen, ohne dass die Existenzgrundlage ganzer Familien gefährdet würde, weil diese wiederum von der Lohnarbeit der Kinder abhänge. Oder eine Angestellte eines Krankenhauses könnte bemerken, dass der Chefarzt Studien fälscht, um seinen wissenschaftlichen Ruf weiter zu stärken. Zugleich befürchtet sie, Schwierigkeiten zu bekommen, wenn sie das Fehlverhalten der nächsthöheren Stelle meldet. Rechtliche, wirtschaftliche oder kulturelle Rahmenbedingungen oder gut begründete Eigeninteressen können also einer Implementierung dessen, was aus ethischer Sicht richtig wäre, im Weg stehen. Welchen Nutzen hätte die vorhergehende ethische Entscheidungsfindung überhaupt, wenn die Frage, wie mit diesen Spannungen umzugehen ist, unbeantwortet bleibt?

Dass Fragen der Implementierung durchaus auch auf die Agenda von Ethikerinnen und Ethikern gehören, hat einen weiteren Grund darin, dass im Entscheidungsfindungsprozess meist nicht allen Stakeholdern Genüge getan werden kann, also nicht alle ihre Interessen befriedigt sehen. Einige werden leer ausgehen und entsprechend Verzicht leisten müssen. Wer Ethik lediglich als theoretische Fingerübung begreift, wird sich daran nicht stoßen: Von Interesse ist allein, wie ein Konflikt aus ethischer Sicht zu lösen ist. Die besseren Argumente obsiegen; schwächere oder ungültige Argumente verlieren. In der Praxis steht jedoch meist mehr auf dem Spiel als bessere Argumente. Die Umsetzung einer moralischen Empfehlung kann involvierte Parteien empfindlich treffen. Welche Interessen haben sie dann noch, die Entscheidung mitzutragen? Wie lässt sich vermeiden, dass sie eine Umsetzung der Entscheidung erschweren oder gar boykottieren? Die praktische Frage der Implementierung empfohlener Lösungen ist also auch aus ethischer Sicht relevant.

In den folgenden Abschnitten gehen wir deshalb der Frage nach, wie sich die Resultate ethischer Entscheidungsfindung respektive die entsprechenden moralischen Normen und Werte umsetzen lassen und wie allfälligen Hindernissen generell zu begegnen ist (5.1). Welche Maßnahmen lassen sich außerdem ganz konkret ergreifen, um der Moral zum Durchbruch zu verhelfen (5.2)? Welche alternativen Perspektiven sind denkbar (5.3)?

5.1 Implementierung und Grenzen der Moral

Machen wir zunächst ein kleines Gedankenexperiment: Nehmen wir an, alle Menschen wären genetisch so disponiert, dass sie fremden Personen stets mit Aggression begegneten. In einer derartigen Welt wäre es ganz offensichtlich sinnlos, von ihnen zu verlangen, Fremde respektvoll oder sogar mit Liebe zu behandeln. Ihre biologisch-genetische Determinierung würde das gar nicht zulassen, es würden also faktische Grenzen menschlicher Handlungsmacht vorliegen. Die philosophische Tradition hat für solche Determinanten menschlichen Verhaltens durchaus Verständnis gehabt, was sich etwa im alten lateinischen Grundsatz ausgedrückt findet: «ultra posse nemo obligatur». Übersetzt bedeutet dies, dass niemand über sein Können, also über seine faktischen Handlungsspielräume hinaus, (moralisch) verpflichtet werden soll. Eine andere Formel für diese Einsicht lautet «ought implies can» oder auf Deutsch «Sollen impliziert Können». Dahinter steht erstens die Einsicht, dass es natürliche Grenzen dessen gibt, was man von Menschen verlangen kann: Jemand kann beispielsweise noch so nächstenliebend sein, seinem Freund ein Herz spenden kann er nicht, ohne selber zu sterben. Die natürlichen Grenzen unserer Handlungsmacht beziehen sich dabei zum einen auf unsere biologische Gattungszugehörigkeit. So können wir aufgrund unserer begrenzten Erkenntnisfähigkeiten nicht voneinander verlangen, zukünftige Ereignisse vorherzusehen, wenn wir auch Wahrscheinlichkeiten für bestimmte Ereignisse berechnen können. Darüber hinaus gibt es individuelle Grenzen dessen, was wir zu leisten in der Lage sind. Kinder werden etwa nicht für gleichermaßen schuldfähig gehalten wie Erwachsene. Zum andern bezieht sich der Grundsatz «Sollen impliziert Können» auch auf die faktischen Umstände, die es verunmöglichen können, dass einer moralischen Forderung nachgegangen werden kann: Hat jemand nicht dieselbe Blutgruppe wie die Patientin, kommt sie auch nicht als Nierenspenderin in Frage.

Ein weiterer Faktor, der das Umsetzen moralischer Werte und Normen zu behindern vermag, sind sogenannte Sachzwänge. Damit sind wirtschaftliche, politische, juristische oder kulturelle Gegebenheiten gemeint, wie wir sie im ersten Schritt identifiziert haben (vgl. 1.1) und die noch so gut abgestützten Entscheidungen im Wege stehen können. Auch wenn wir etwa zum Schluss gelangen, dass aktive Sterbehilfe moralisch legitim sei – die Gesetze der meisten Länder verbieten sie dennoch. Oder wir könnten gute Gründe dafür haben, dass Tiere nicht geschächtet werden dürfen – aber für eine Minderheit in unserem Land gehört diese Art des Tötens von Tieren zu den zentralen Elementen ihrer Religion. Im Unterschied zu den oben genannten biologisch-genetischen Grenzen unserer Handlungsmacht handelt es sich bei diesen Hindernissen um solche, die durchaus überwunden werden können. Da die entsprechenden ökonomischen, kulturellen oder politischen Strukturen irgendeinmal von Menschen geschaffen wurden, können sie auch wieder abgeschafft oder jedenfalls verändert werden.

Dass die Resultate ethischer Entscheidungsfindung respektive moralische Normen und Werte ganz generell in Spannung zu anderen Normen und Werten stehen können, ist kein hinreichender Grund, das Resultat eines Entscheidungsfindungsprozesses als unpraktikabel oder gar falsch zurückzuweisen. Aber wie ist mit der Spannung umzugehen?

Mit Blick auf das, was gelegentlich die «Macht der Fakten» oder eben «Sachzwänge» genannt wird, haben wir zwei grundsätzliche Reaktionsmöglichkeiten:

1. **Man hält die Gesellschaft,** in der man lebt (mit den vorliegenden politischen oder ökonomischen Strukturen, einzelnen Unternehmen und Organisationen usw.), **für moralisch fragwürdig** (jedenfalls bezüglich einzelner ihrer Aspekte und Handlungen) und versucht, sie zu verändern und den für richtig gehaltenen moralischen Überzeugungen anzupassen. Als moralische Akteure engagieren wir uns also zivilgesellschaftlich, politisch, unternehmerisch oder auch in unserem privaten Umfeld für das, was wir für richtig halten.
2. **Man akzeptiert die Welt** (die Gesellschaft, in der man lebt; das Unternehmen, für das man arbeitet usw.), wie sie ist, und verzichtet auf eine Veränderung. Vielleicht hält man das moralische Verhalten in der fraglichen Angelegenheit doch eher für eine Privatsache und möchte sich tolerant geben. Unter Umständen passt man seine moralischen Überzeugungen aber auch opportunistisch an den Status quo an, resigniert oder wird im schlimmeren Fall zynisch.

Die erste Reaktion zwingt uns dazu, die Spannung zwischen moralischen Überzeugungen und Sachzwängen kreativ zu nutzen. Neben der Bereitschaft zu kleinen Schritten und Veränderungen, die erst in ihrer Gesamtheit zum gewünschten Ziel führen, braucht es oft das, was Philosophinnen und Philosophen **moralische Imagination** nennen. Dabei ist die Frage leitend: Haben wir wirklich alle Möglichkeiten ausgeschöpft, ein moralisches Urteil oder eine moralische Überzeugung umzusetzen, oder lassen wir uns durch (vermeintliche) Sachzwänge einschüchtern? Sind wir auf die vorgesehenen Verhaltensweisen festgelegt, oder könnten wir uns Handlungsspielräume verschaffen, ohne das moralische Urteil oder die moralische Überzeugung zu unterlaufen?

Es gibt unterschiedlichste Methoden und Kreativitätstechniken, mit denen die moralische Imagination in Gang gesetzt werden kann: Brainstorming; das Wissenspotenzial anderer durch gezieltes Befragen nutzen; Provokation oder Übertreibung usw. In vielen Bereichen menschlichen Entscheidens werden entsprechende Methoden und Techniken seit langem erfolgreich eingesetzt.

Beispiele zu kreativen Prozessen im Bereich ethischer Entscheidungsfindung finden sich bei Anthony Weston: *A 21st Century Ethical Toolbox* (New York: Oxford University Press 2018).

Moralische Imagination im Zusammenhang mit Implementierungsfragen führt unter Umständen dazu, dass einzelne Aspekte des ethischen Entscheidungsfindungsprozesses rückblickend anders wahrgenommen werden. Denkbar wäre etwa, dass es weitaus mehr Optionen gibt, als ursprünglich angenommen (Schritt 3 im Schema), und dass wir deshalb nochmals auf eine Evaluation der Optionen zurückkommen müssen.

Ein Beispiel für moralische Imagination

Anlässlich von Audits entdeckte das Unternehmen Levi Strauss & Co. in den 1990er-Jahren, dass zwei Zulieferer in Bangladesch Kinder unter 14 Jahren beschäftigt hatten. Die Zulieferer machten geltend, dies entspreche einer in Bangladesch allgemein akzeptierten und üblichen Praxis. Gemäß den Richtlinien der ILO *(International Labor Organization)* wie auch gemäß den damaligen unternehmenseigenen Richtlinien war es allerdings verboten, Kinder dieses Alters anzustellen. Es schien in dieser Situation nur zwei Handlungsoptionen zu geben: entweder die Geschäftsbeziehung zum Lieferanten abzubrechen oder die Kinder zu entlassen. Vor allem Letzteres hätte unter Umständen gravierende Folgen nach sich gezogen, da die Familien der Kinder auf deren Verdienst angewiesen waren. Zudem hätten die Entlassenen sich möglicherweise Verdienstmöglichkeiten wie beispielsweise die Prostitution suchen müssen, in denen die Gefahr von Ausbeutung erst recht bestand.
Dieser Fall wird deswegen immer wieder zitiert, weil Levi Strauss & Co. vor Ort gemeinsam mit den Zulieferfirmen und einigen lokalen NGOs eine Lösung fand, die für alle Beteiligten vertretbar war. Die Zulieferer sollten in Zukunft keine Kinder unterhalb des Schutzalters beschäftigen. Die aktuell betroffenen Kinder sollten zwar noch Lohnzahlungen erhalten, aber auf Kosten von Levi Strauss & Co. zur Schule geschickt werden. Nach Abschluss der Schulausbildung sollten die Kinder wieder beim Zulieferer eingestellt werden. Mit dieser – kreativen – Lösung konnten sowohl die lokalen Gepflogenheiten wie auch die Standards der ILO respektive die entsprechende kulturelle Differenz respektiert werden.

Abschließend sei an dieser Stelle auf ein weiteres Problem hingewiesen, wenn es um die Implementierung einer Norm geht: Viele der ethischen Fragen in der Praxis können nur gemeinschaftlich einer Lösung zugeführt werden. Anders als moralische Fragen, in denen Individuen mehr oder weniger im Alleingang gefragt sind, kann in diesen Fällen nur ein koordiniertes, gemeinschaftliches Vorgehen das Problem wirklich lösen. Ob ein Gasthausbesucher dem Kellner sagt, dass er ihm zu viel Geld herausgegeben hat, ob die Schwester eines terminal kranken Menschen ihn in seinem Wunsch nach assistiertem Suizid unterstützt, ob es unfair ist, wenn ein Wintertourismusgebiet Saisonkarten an Gutbetuchte verkauft, die nie anstehen müssen – dies alles sind Fragen, in denen es die entsprechenden Akteure selbst in der Hand haben, gemäß bestimmten moralischen Normen zu handeln und die zugrunde liegenden Werte umzusetzen. Anders liegt der Fall bei ethischen Entscheidungen, deren Umsetzung nicht in der Hand einzelner Akteure und Akteurinnen liegt: Die meisten gesellschaftlichen Initiativen zur Behebung ökologischer Probleme beispielsweise sind zwar auf das Handeln Einzelner angewiesen, aber der oder die Einzelne kann im Alleingang nichts ausrichten oder nur den berühmten Tropfen auf den heißen Stein. Das hat damit zu tun, dass die Probleme, die gelöst werden müssen, die Folge gemeinschaftlichen Handelns sind und auch wiederum nur in Form gemeinschaftlichen Handelns, also im Rahmen politischer, rechtlicher, ökonomischer oder sozialer Arrangements bearbeitet werden können. Damit stellt sich die Frage, welche Aufgabe dem Individuum hinsichtlich der Lösung solcher Probleme zukommt.

Diese Frage wurde und wird in der Ethik kontrovers diskutiert. Es liegt auf der Hand, dass die effizienteste und zugleich fairste Lösung in einem institutionellen Arrangement besteht, das alle dazu zwingt, ihren fairen Anteil zur Lösung des Problems beizusteuern oder das Unrecht nicht mehr zu begehen. Aber wenn «alle anderen» ihren Anteil nicht leisten (also weiterhin Bestechungsgelder bezahlen, soviel fliegen, wie sie wollen, und ihre leeren Flaschen am Seeufer liegen lassen), was muss dann das einzelne Individuum tun? Es scheint plausibel zumindest zu fordern, dass es nach Kräften dazu beitragen soll, dass die institutionellen Rahmenbedingungen sich so ändern, dass eben jeder und jede gezwungen ist, seinen respektive ihren fairen Anteil zu leisten. Welche institutionelle Lösung einem Problem jeweils angemessen ist, muss geprüft werden (verschiedene Möglichkeiten sind in 5.2 genannt). Einige fordern, dass das Individuum weitaus mehr tun und mit gutem Beispiel vorangehen und das Bestmögliche aus der Situation machen sollte. Wir kommen auf diese Fragen im Ausklang zu diesem Buch noch einmal zu sprechen.

5.2 Maßnahmen zur erfolgreichen Implementierung

Im Idealfall werden die Ergebnisse einer ethischen Entscheidungsfindung auch umgesetzt. Die ethischen Argumente, welche für eine Position oder eine Empfehlung sprechen, sind dann zugleich die Gründe, die für das Ergreifen der entsprechenden Maßnahmen sprechen. Wie wir gesehen haben, gibt es aber immer wieder Sachzwänge, die einer Implementierung entgegenstehen können. Außerdem mangelt es zuweilen an der Motivation der betroffenen Akteure, das, was richtig wäre, auch tatsächlich zu tun. Es lohnt sich deshalb darüber nachzudenken, wie wir Anreize schaffen können, dass die ethische Entscheidungsfindung nicht bei der Entscheidung stehenbleibt, sondern auch in die Tat umgesetzt wird. Dies ist umso wichtiger, als viele ethische Fragen unserer Zeit eben solche sind, die eines gemeinschaftlichen, koordinierten Vorgehens bedürfen. Wir müssen also fragen, wie wir möglichst viele ins Boot holen können, um die Welt auch tatsächlich zu einem «besseren Ort» zu machen und den gegenseitigen Respekt zu befördern.

Im Folgenden beschreiben wir sechs Maßnahmen oder Instrumente und Rahmenbedingungen, die es erleichtern können, die Resultate ethischer Entscheidungsfindung respektive die entsprechenden moralischen Verbote oder Gebote gesellschaftlich auch tatsächlich in die Praxis überzuführen:

1. rechtliche Kodifizierung
2. Selbstverpflichtung und Berufskodizes
3. ökonomische Anreize
4. Kommunikation in den Medien
5. Storytelling
6. Vorbilder und Botschafter

1. Als wirksamstes Mittel zur Umsetzung moralischer Normen gilt vielen die **rechtliche Kodifizierung.** Allerdings steht dieses Instrument nicht bei allen moralischen Problemen zur Debatte (vgl. Kapitel 1). Rechtliche Normen scheinen insbesondere dann sinnvoll, wenn Personen in ihren elementaren Bedürfnissen und grundlegenden moralischen Ansprüchen betroffen sind. In Bezug auf grundsätzliche Fragen beispielsweise zur Präimplantationsdiagnostik, zur Forschung am Menschen, zur Korruption oder zum Klimawan-

del sind rechtliche Normen durchaus eine Möglichkeit und vielleicht sogar die beste Lösung, um moralische Güter und Werte zu schützen. Viele gesellschaftliche Debatten über moralische Probleme haben in den letzten Jahrzehnten ihren Niederschlag in Gesetze und Verordnungen gefunden. Um nur einige wenige Beispiele zu nennen: In der Schweiz gibt es seit 1983 ein Umweltschutzgesetz, ein Bundesgesetz zur Bekämpfung der Geldwäscherei im Finanzsektor seit 1998, ein Bundesgesetz über die Gentechnik im Außerhumanbereich seit 2003, seit 2005 ein Tierschutzgesetz und seit 2020 eine Strafnorm gegen die Diskriminierung aufgrund von sexueller Orientierung. Durch die Kodifizierung im Recht entsteht einerseits Orientierungssicherheit, denn für alle gelten dieselben Regeln. Anders gesagt: Wird Moral nicht rechtlich verbrieft, könnten für diejenigen, die sich beispielsweise im Bereich der Wirtschaft um moralische Integrität bemühen, Nachteile am Markt gegenüber jenen entstehen, die sich nicht um moralische Normen scheren. Der Gesetzgeber sorgt also mit einer rechtlichen Lösung dafür, dass für alle Beteiligten dieselben Rahmenbedingungen gelten und dass Fehlverhalten geahndet werden kann. Andererseits lässt sich mit einer Überführung moralischer Normen und Werte ins Recht zum Ausdruck bringen, dass ein Rechtsstaat bestimmte Güter nicht zur Disposition stellt. Indem etwa Menschenhandel nicht nur moralisch, sondern auch rechtlich verboten ist, wird signalisiert, dass das entsprechende Gut – dass der Mensch nicht zur Ware degradiert werden darf – von hohem Rang ist und unbedingt geschützt werden muss.
Ein Nachteil dieser Implementierungsstrategie ist die Gefahr einer gewissen Überreglementierung. Das war jedenfalls eine der Klagen, die man im Zusammenhang mit dem 2002 in den USA eingeführten *Sarbanes-Oxley Act* gehört hat. Dieses Gesetz sollte nach den Bilanzskandalen von Unternehmen wie Enron oder Worldcom die öffentliche Finanzberichterstattung börsenkotierter Unternehmen in den USA verbessern. Das Abkommen hat aber gemäß einiger Kritiker neben den gewünschten Effekten hohe Kosten für die Unternehmen und einen Einbruch bei der Neukotierung von Unternehmen mit sich gebracht. Und natürlich können auch aufwändige rechtliche Regulierungen wie der *Sarbanes-Oxley Act* nicht verhindern, dass sich neue Spielräume eröffnen, welche wiederum für kriminelle Energien genutzt werden können.

Zuweilen wird auch befürchtet, mit der rechtlichen Kodifizierung könnte die moralische Eigenverantwortung schwinden. In einigen Fällen mag das zwar sogar sinnvoll und entlastend sein – beispielsweise wenn der Sozialstaat die Aufgabe übernimmt, für Mittellose zu sorgen, sodass die Bessergestellten nicht im Alleingang Hilfe organisieren müssen. In anderen Fällen ist es wenig wünschenswert, wenn Akteure nur noch reagieren, wenn sie durch Gesetze abgesichert sind oder sich durch Verbote ermahnt fühlen. Ein Gesetz etwa, dass man Kaugummis in der Straßenbahn nicht unter die Sitzflächen kleben darf, würde zum Ausdruck bringen, dass Passagiere offenbar nicht mehr selber in der Lage sind, sich zu überlegen, was man tun und lassen darf.

2. Nicht zuletzt aufgrund der eben erwähnten Nachteile der rechtlichen Kodifizierung gelten **freiwillige Selbstverpflichtungen und -regulierungen auf der Ebene von Unternehmen, Branchen oder Verbänden** häufig als sinnvollere Möglichkeiten der Implementierung. Einzelne oder mehrere Akteure aus Wirtschaft, Politik, interessierter Öffentlichkeit (vertreten durch NGOs) oder Wissenschaft vereinbaren, sich freiwillig an bestimmte moralische Regeln zu halten. Sie tun dies, auch wenn die jeweiligen nationalen Gesetze es nicht vorschreiben würden. Diese Regeln und Standards ziehen ihre Geltung primär aus der Tatsache, dass sich Akteure darauf geeinigt haben, sie zu befolgen. Insofern haben sie einen Status, der zwischen dem positivem Recht und den nicht erzwingbaren moralischen Normen und Werten liegt (vgl. 1.2). Sie bilden aber auch das Selbstverständnis ab, das eine Branche oder ein Berufsstand von sich hat und gegen außen hin transparent machen will.

   Die sogenannten Codes of Conduct einzelner Unternehmen gehören heute zu den bekanntesten dieser Instrumente. Sie fordern zunächst häufig an erster Stelle, dass staatliche Gesetze einzuhalten sind. In der Regel werden dann an zweiter Stelle grundlegende ethische Normen und Werte wie Integrität, Ehrlichkeit, Respekt oder Vertrauen sowie zentrale Verantwortlichkeiten gegenüber Stakeholdern aufgeführt. Oft werden zudem spezifische Regeln, beispielsweise zu Bestechung, Nutzung von Unternehmenseigentum, Umgang mit Informationen und Umweltbelastung, erwähnt. Über diese unternehmensinternen Codes of Conduct hinaus gibt es heute in der Wirtschaft vermehrt internationale ethische Standards, auf welche sich Unternehmen verpflichten. Eines der bekanntesten solcher Regelwerke ist der schon früher erwähnte *United Nations Global Compact* (vgl. 1.2). Besonders erwähnenswert sind in dieser Hinsicht auch Dokumente von internationalen Organisationen wie etwa der UNO oder der OECD (Organisation für wirtschaftliche Zusammenarbeit und Entwicklung): Sie werden auch als «Soft Law» bezeichnet und erlassen Vorschriften, die zwischen rechtlicher Verbindlichkeit und Selbstverpflichtung angesiedelt sind. Besonders relevant sind etwa die *UN Guiding Principles on Business and Human Rights* von 2011. Sie werden mittlerweile von vielen europäischen Regierungen auch zum Anlass genommen, um über eine verstärkte rechtliche Regulierung der transnationalen Geschäftsaktivitäten von Unternehmen nachzudenken.

An Bedeutung gewonnen haben in jüngster Zeit Nachhaltigkeit- und Fair-Trade-Labels, auf die sich Branchen wie die Lebensmittel- oder Textilindustrie einigen. Aber auch die ethischen Richtlinien oder Standards von Standesorganisationen oder Berufsverbänden sind von großer Bedeutung. Zuweilen werden überdies entsprechende rechtlich nicht bindende Vereinbarungen zwischen Staaten getroffen. Das Kyoto-Protokoll von 1997 oder das Pariser Abkommen von 2015 über die Maßnahmen gegen den Klimawandel sind Beispiele dafür.

Von entscheidender Bedeutung ist freilich, welche Kontroll- und Sanktionsmöglichkeiten mit diesen Instrumenten verbunden sind. Auch wenn sie als Selbstregulierungen daherkommen, erheben sie doch Anspruch auf eine gewisse Verbindlichkeit. Gelegentlich erschöpft sich diese Verbindlichkeit darin, Transparenz zu verlangen, beispielsweise in Form einer Offenlegungspflicht (etwa hinsichtlich der menschenrechtsbezogenen Überwachung der Wertschöpfungsketten von Unternehmen), Selbstkontrollen mit Berichterstattung (etwa im Falle der UNO-Konvention über die Beseitigung aller Formen der Diskriminierung von Frauen von 1979), Kontrollen durch Dritte mit und ohne öffentliche Berichterstattung. Transparenz geht zumindest auch damit einher, dass mögliche Geschäftspartner oder Kundschaft sich über das Geschäftsgebaren eines Unternehmens informieren können.

Etwas härtere Maßnahmen sehen medizinische Standesorganisationen vor, die Ärzte beim Verstoß gegen ihre Standesregeln ausschließen können. Ein Unternehmen kann in schweren Fällen von Zuwiderhandlung gegen seine ethischen Richtlinien Angestellte entlassen. In anderen Fällen, beispielsweise beim Verstoß gegen internationale Konventionen, können Zuwiderhandlungen veröffentlicht und kann auf diese Weise Druck auf die fehlbaren Akteure ausgeübt werden. Im Falle von Unternehmen ist es von größter Bedeutung, wenn die moralischen Normen und Werte in die Unternehmensziele und -kulturen eingehen und entsprechend Maßnahmen für Führungsstrukturen und Organisationsabläufe etabliert werden. Wenn dies nicht geschieht, werden Mitarbeitende bei der Umsetzung der ethischen Richtlinien allein gelassen oder sogar widersprüchlichen «Anordnungen» ausgesetzt. Ein Unternehmen könnte zwar in seinem Code of Conduct ein bestimmtes Verhalten vorschreiben (beispielsweise Verhalten im besten Interesse der Kundschaft), wenn aber zugleich primär der finanzielle Umsatz eines Mitarbeitenden lohnwirksam ist, ist es in den meisten Fällen illusorisch, ethisch richtiges Verhalten zu erwarten.

Compliance* und *integrity

Im Rahmen der Unternehmensethik wird diskutiert, wie sich Normen und Werte, die ein Unternehmen hochhält, am erfolgreichsten implementieren lassen: mit einer *integrity*-Strategie oder eher mit einer *compliance*-Strategie?
Im Rahmen einer ***compliance*-Strategie** schreiben Unternehmen und Organisationen ihren Mitarbeitenden in teilweise detaillierten Regelwerken vor, wie sie sich in moralisch sensiblen Bereichen zu verhalten haben. Der Grund für eine solche Vorgehensweise liegt auf der Hand: Viele grundlegende moralische Normen und Werte, deren Einhaltung von den Mitarbeitenden erwartet wird, sind, wie wir in Kapitel 8 sehen werden, auslegungsbedürftig. Sie müssen interpretiert und im Hinblick auf konkrete Situationen spezifiziert werden – ansonsten bleiben sie zu vage, als dass sie handlungsanleitend wirken könnten. Es reicht so gesehen nicht, einfach ein paar moralische Grundnormen und -werte wie etwa Fairness, Respekt, Loyalität, Ehrlichkeit zu formulieren und dann zu hoffen, dass die Akteure schon das Richtige tun werden. Die unternehmensinternen Codes of Conduct sind deshalb mittlerweile in vielen Fällen sehr ausführlich. Es gibt, um einige Beispiel zu geben, in einem Unternehmen etwa detaillierte Regeln darüber, inwieweit man Eigentum der Firma (Notebooks, Autos usw.) auch für private Zwecke verwenden darf oder wo die Grenze zwischen legitimen Geschenken und unmoralischen Bestechungsgeldern zu ziehen ist. Von den Angestellten wird erwartet, dass sie diese Regeln kennen und befolgen. Man spricht deshalb von einer ***compliance*-, also von einer Regelbefolgungsstrategie.** Der Vorteil dieser Strategie besteht darin, dass die einzelnen Akteure genau wissen, was zu tun und zu unterlassen ist. Dennoch hat diese Strategie auch zwei Nachteile.

1. Die Sicherung regelkonformen Verhaltens macht eine **aufwändige Schulung und Kontrolle** nötig.
2. Wenn den Akteuren alles detailliert vorgeschrieben ist, wird ihnen die Möglichkeit genommen, eigenverantwortlich zu handeln. In gewisser Weise werden die einzelnen Akteure **entmündigt.** Sie brauchen nicht mehr selbständig zu denken und Entscheidungen zu treffen, sondern nur das Regelwerk zu konsultieren und sich daran zu halten. Damit wird eine autoritätsgläubige Hörigkeit gefördert.

Den genannten Schwierigkeiten versucht die ***integrity*-Strategie** zu begegnen, indem sie auf detaillierte Regelwerke und auf eine Kontrolle deren Einhaltung verzichtet. Stattdessen setzt sie im Sinne einer tugendethischen Strategie auf eine grundsätzlich aufrichtige und integre Haltung der Akteure. Ein Leitbild oder ein sehr allgemein gehaltener Code of Conduct gibt lediglich einige zentrale Werte vor (neben den bisher genannten Werten wie Fairness und Respekt könnten dies beispielsweise Werte wie Leistungsbereitschaft, Originalität, Empathie sein). Erwartet wird, dass die Mitarbeitenden diese gleichsam verinnerlichen und ihr Handeln daran ausrichten. Diese Strategie setzt natürlich einiges an Selbstreflexion auf Seiten der Mitarbeitenden sowie an moralischer Kultur im Unternehmen voraus. Sie rechnet außerdem mit der **Eigenverantwortung** der einzelnen Akteure, die in konkreten Situationen selbständig entscheiden, was zu tun ist.

Neben den schon erwähnten Problemen tugendethischer Ansätze (vgl. 3.2.3) hat diese Strategie drei Nachteile:

1. Da nicht im Einzelnen vorgeschrieben ist, was in einer konkreten Situation zu tun ist, wird es schwierig, richtiges Handeln auszuweisen, aber auch **eventuelles Fehlverhalten zu ahnden.**
2. Die implizite Eigenverantwortung der einzelnen Akteure kann vor diesem Hintergrund zur **Überforderung** führen. Die einzelnen Akteure fühlen sich unter Umständen im Stich gelassen.
3. Probleme entstehen, wenn es im Unternehmen selbst Anreize gibt, die im Widerspruch zu den Forderungen moralischer Integrität stehen. Das wäre beispielsweise dann der Fall, wenn Kundenberater einer Bank einem unternehmensinternen Druck ausgesetzt sind, möglichst hohe Umsätze zu generieren. In solchen Situationen dürfte es für sie schwierig sein, Kunden und Kundinnen ehrlich, transparent und fair zu beraten, womit der *integrity*-Ansatz zur Farce verkommt.

Beide Strategien haben also ihre Vor- und Nachteile. Sie sollten darum nicht als Alternative, sondern als **komplementäre Strategien** zum Einsatz kommen.

3. Eine weitere Möglichkeit, günstige Bedingungen für die Implementierung moralischer Standards zu schaffen, besteht in der Setzung **ökonomischer Anreize:** Wer sich auf eine bestimmte Weise verhält, wird entweder monetär (sei es direkt durch eine Gratifikation oder einen Bonus oder indirekt durch Kosteneinsparungen) oder mit anderen Gütern (Lob oder Reputation) belohnt. Mit dieser Strategie wird die Einhaltung moralischer Normen auch für nicht an der Moral Interessierte von Belang. Viele der Lenkungsabgaben im Umweltbereich – etwa die Schwerverkehrsabgabe oder die Steuer auf fossile Brennstoffe in der Schweiz – fallen in diese Kategorie: Sie verbieten bestimmte Handlungen zwar nicht, setzen aber Anreize für die erwünschten Handlungsweisen.

   Unternehmen haben heute oft ein großes Eigeninteresse daran, sich ethisch richtig zu verhalten, weil sie dadurch an gesellschaftlicher Reputation gewinnen. Dieser Reputationsgewinn zahlt sich nicht selten auch monetär aus. Aus deontologischer Sicht wird dieser Effekt natürlich kritisch diskutiert. In deontologischer «Reinform» gedacht, sollte man, was moralisch geboten ist, nicht deswegen tun, weil es Vorteile generiert, sondern weil es moralisch geboten ist. Konsequentialistisch gedacht, zählt demgegenüber allein das Ergebnis. Nun können auch Deontologinnen durchaus zugestehen, dass moralisch zu handeln nicht immer mit Opfern einhergehen muss, sondern auch Vorteile oder Belohnungen zeitigen darf, ohne dass dies den Wert der Handlung schmälern muss. Sie weisen jedoch darauf hin, dass mit einem konstanten und stabilen Beitrag zum moralisch Richtigen nicht zu rechnen ist, wenn man die Bereitschaft zur moralischen Kooperation an ökonomische Gewinne knüpft. Fallen diese weg, wäre der Anreiz, sich moralisch zu verhalten, dahin.

   Zudem scheint es bestimmte Güter und Werte zu geben, die schlicht nie in ökonomische *trade-offs* einfließen dürfen. Viele sind etwa der Ansicht, Tierversuche mit Primaten seien ethisch nicht zu rechtfertigen. Wenn wir nun die Frage danach stellen, wie diese ethische Maxime umzusetzen wäre, wäre der Verweis auf die Möglichkeit ökonomischer Anreize einigermaßen bizarr. Das könnte ja beispielsweise bedeuten, dass Versuche bewilligt würden, wenn eine sehr hohe Gebühr dafür entrichtet würde. Die Gebühr müsste dann so hoch angesetzt werden, dass es sich nicht lohnen würde, sie zu bezahlen. Hier scheint allein ein Rechtsverbot das Richtige zu sein. Ökonomische Anreize eignen sich also – grob gesprochen – besonders dann, wenn es darum geht, Akteure dazu zu bringen, einen Beitrag zum Guten zu leisten, nicht jedoch dann, wenn es darum geht, ein kategorisches Verbot durchzusetzen. Im letzteren Fall sind eher Bußen oder Strafen als Sanktionen gegen den Rechtsbruch angemessen.

Nudging

Als *nudging* (also «anstoßen» oder «stupsen») werden verhaltensökonomisch inspirierte Methoden bezeichnet, mit denen man Menschen dazu bringen möchte, bestimmte wünschbare Ziele zu erreichen, ohne dass man sie rechtlich dazu zwingt oder durch simple ökonomische Anreize dafür gewinnt. Sogenannte *nudges* oder «Anstupser» machen jenes Verhalten einfach oder attraktiv, zu dem man Kundinnen, Nutzer oder Bürgerinnen bringen möchte. Anders als ein Verbot lassen sie uns jedoch nach wie vor die Wahl, schränken also genau genommen unsere Autonomie nicht ein. Bekannte Beispiele für solches *nudging* sind die Anordnung und Preisstrukturen in Betriebsmensen: An erster Stelle steht ein üppiges Salatbuffet, und erst im hinteren Teil sind Pommes und Fleisch zu finden. Dies soll dazu anregen, sich gesünder zu ernähren. Oder denken wir an die Druckereinstellungen: Viele Betriebe haben die Standardeinstellung des einseitigen Drucks auf doppelseitigen Druck geändert, um Papier zu sparen. Wer etwas einseitig ausdrucken will, muss also, anders als vorher, zusätzliche Mühe auf sich nehmen und die Einstellungen ändern. Aus ethischer Perspektive haben einige den latenten Paternalismus kritisiert, der im *nudging* zum Ausdruck komme. Die Verhaltensökonomen Richard Thaler und Cass Sunstein bewerten diese verhaltensökonomische Methode in ihrem Buch *Nudge. Wie man kluge Entscheidungen anstößt* (Ullstein 2010) liebevoller: Menschen verhielten sich von Natur aus eben nicht rational. Nur mit einer Portion List könnten sie deshalb dazu gebracht werden, vernünftig zu handeln. Mit *nudges* sei dies möglich, ohne sie zu bevormunden.

«Ethik» als Reputationsinstrument?

Weil vor allem große Unternehmen hinsichtlich ihres Verhaltens unter Dauerbeobachtung stehen, haben sich neue Formen des unternehmerischen Risikos entwickelt: Übertreten Unternehmen oder ihre Repräsentanten beispielsweise Normen und Werte, die eine Gesellschaft hochhält, können Reputationsprobleme entstehen und ökonomisch schwerwiegende Folgen nach sich ziehen. Unternehmen können auf dieses Problem reagieren, indem sie ethische Überlegungen beispielsweise **im Reputationsmanagement oder in der Öffentlichkeitsarbeit** einsetzen. Damit wird Ethik

– oder das, was Unternehmen unter «Ethik» verstehen – in gewisser Weise instrumentalisiert.

Auch wenn es vielleicht naiv klingen mag: Ethikerinnen und Ethiker sollten im Hinblick auf eine solche Instrumentalisierung nicht ausschließlich kritisch reagieren. Unternehmen können zunächst nicht anders, als im Hinblick auf Ethik diejenigen Mittel einzusetzen, die sich im unternehmerischen Alltag sonst auch bewähren. Fragen nach der Reputation und nach entsprechenden Risiken gehören sicher zu den zentralen Anliegen einer Unternehmensleitung. Und in einer ethiksensiblen Öffentlichkeit kann Ethik im Rahmen des Reputationsmanagements eines Unternehmens sowohl zu ethisch wie auch ökonomisch wünschbaren Folgen führen. Aus der Perspektive deontologischer Ethiktheorien wird man allerdings darauf aufmerksam machen, dass es nicht primäres Ziel ethischer Entscheidungsfindungsprozesse ist, Reputationsrisiken und -schäden zu vermeiden, sondern in moralischen Konflikten nach der richtigen Lösung zu suchen und diese nachhaltig umzusetzen.

4. In modernen Gesellschaften spielt die kritische Öffentlichkeit eine große Rolle bezüglich des Befolgens oder Nichtbefolgens moralischer Standards. Besonders die bekannten und wichtigen Akteure aus Politik und Wirtschaft, aber auch ganze Unternehmen stehen unter **Dauerbeobachtung durch die Medien sowie die Mediennutzenden.** NGOs, Kundinnen, Patientenorganisationen aber auch ganz generell die sogenannte *social community,* also die Userinnen und User der sozialen Medien, nutzen diesen Sachverhalt und setzen die ganze Breite medialer Kommunikation ein, um durch kritische Berichterstattung und Lob und Tadel *(naming and shaming)* Druck auf die Akteure zu erzeugen. Natürlich besteht hier immer die Gefahr, dass unterschiedliche Stakeholder die Medien zur Durchsetzung ihrer eigenen Interessen einsetzen. Aber auch Medien selbst haben Interessen (Auflagenzahl, Einnahmen durch Werbeaufträge, Klickzahlen usw.), die jenen einer kritischen und aufklärenden Berichterstattung im Weg stehen können. Für die akademische Ethik ist es lehrreich zu sehen, dass und wie die mediale Berichterstattung Menschen berühren und bewegen kann. Komplexe ethische Informationen, Analysen und Argumente, wie sie in den Entscheidungsfindungsprozessen akademischer Ethik üblich sind, stehen in der Gefahr, über die Köpfe und Herzen der Menschen hinweg zu gehen. Oft sind es eher berührende Bilder, skandalöse Berichte oder einprägsame Geschichten, die uns zu bestimmten Formen moralischen Handelns motivieren.

5. Was genau es letztlich ist, das Personen dazu bringt, sich moralisch zu verhalten, ist Thema vieler wissenschaftlicher Untersuchungen. Bis heute sind es oft umfassende religiöse Visionen und Geschichten von einer besseren Welt, welche Menschen nachhaltig motivieren. In säkularisierten Gesellschaften haben andere Akteure dieses **Storytelling** übernommen. In bildungsbürgerlichen Zusammenhängen haben über lange Zeit Dramen, Tragödien, Romane, Opern und Theaterstücke Menschen mit den Grundfragen menschlichen Seins vertraut gemacht. In neuerer Zeit sind **Filme der Unterhaltungsindustrie und die populäre Musik** an deren Stelle getreten. Es ist umstritten, welchen Einfluss insbesondere letztere (mit ihren guten und schlechten Vorbildern) auf unser Tun und Lassen im Einzelnen haben. Weniger umstritten ist, dass literarische Texte, Popsongs, Fotografien, Serien oder Filme moralische Intuitionen und Überzeugungen oft einprägsamer, berührender und wirksamer zur Darstellung bringen als moralische Appelle oder die nüchterne und kühle Sprache ethischer Analyse. Menschen generell, nicht nur Kinder, machen sich ihr Leben und Handeln vor allem durch Geschichten und Bilder verständlich. Und deshalb sind diese bezüglich Umsetzung und Implementierung von großer Bedeutung (siehe auch 8.1).
6. Eine wichtige Rolle dürften auch **Vorbilder** und Botschafter spielen, an denen wir uns orientieren können. Wer sieht und erlebt, wie sich Führungsverantwortliche gegenüber ihren Mitarbeitenden auch in der Krise fair und loyal verhalten, reagiert in aller Regel – ist ihr Verhalten glaubwürdig – mit Bewunderung und wird sich möglicherweise von diesem Verhalten anstecken lassen. Besonders im Kontext der Tugendethik (vgl. 3.2.3) sind Vorbilder bezüglich Charakter und bestimmten moralischen Eigenschaften von großer Bedeutung.

Die Umsetzung moralischer Empfehlungen wird häufig dazu führen, dass der eine oder die andere der beteiligten Stakeholder seine oder ihre Interessen nicht durchsetzen kann, also Verzicht leisten muss. Natürlich gibt es Grenzen dessen, was die Moral von Personen an Opfern verlangen kann. Wo diese Grenzen im Einzelfall liegen, ist nicht immer einfach zu bestimmen. Viele Banker haben als Reaktion auf die Regulierungswünsche im Gefolge der Wirtschaftskrise von 2008/2009 gemeint, Regulierungen seien nur sinnvoll, wenn sie nicht nur bezüglich einzelner Unternehmen oder einzelner Staaten, sondern international umgesetzt würden. Sie ließen sich dabei von zwei impliziten Annahmen leiten: dass ein moralisch korrektes staatliches Vorgehen einerseits zu Wettbewerbsnachteilen für die Banken der betreffenden Länder führen würde; und dass dies andererseits für die betreffenden Banken nicht zumutbar sei. Haben wir es hier mit echten Grenzen und unzumutbaren Opfern oder bloß mit kluger Strategie und Ausreden zu tun? Häufig ist es gerade die Frage nach der Grenze des Zumutbaren, die strittiger ist, als das moralische Urteil selbst.

Wir haben auch gesehen (vgl. 4.3), dass nicht jede ethische Güterabwägung mit Empfehlungen endet, die ausschließlich positiver Art sind. Oft müssen, um bestimmte Empfehlungen realisieren zu können, negative Folgen in Kauf genommen werden. In diesen und anderen Fällen können mögliche negative Folgen durch Begleitmaßnahmen oder Rahmenbedingungen abgefedert werden. Dazu drei Beispiele:

1. **Übergangsfristen,** innerhalb derer neue Gesetze oder Richtlinien Geltung erlangen, verschaffen allen Beteiligten Zeit, sich an die Veränderungen anzupassen.

2. Damit einzelne Akteure durch eingegangene Verpflichtungen keine Nachteile erleiden, kann festgelegt werden, dass diese erst umgesetzt werden müssen, nachdem sich eine **bestimmte Anzahl von Akteuren** darauf verpflichtet hat. Im Falle beispielsweise der Konvention gegen Streubomben (Übereinkommen über Streumunition, Dublin 2008) wurde festgehalten, dass sie erst dann in Kraft tritt, wenn 30 Staaten sie ratifiziert haben. Am 1. August 2010 war es dann soweit, nachdem Burkina Faso und Moldawien als 29. und 30. Staat ihre Ratifizierungsurkunde eingereicht hatten.

3. Schließlich können rechtliche **Rahmenbedingungen** definiert werden, die erfüllt sein müssen, damit eine Handlung als legitim gilt. Würde etwa die aktive Sterbehilfe legalisiert, befürchten einige, dass damit der Schutz menschlichen Lebens erodiere. Dieser Befürchtung wird beispielsweise in den Niederlanden so entgegengetreten, dass aktive Sterbehilfe nur unter genau definierten Bedingungen (Vorliegen einer terminalen Krankheit, Vorliegen eines kontinuierlichen und freiwilligen Sterbewunsches, zwei ärztliche Gutachten usw.) geleistet werden darf.

▶ Übung zur Implementierung moralischer Normen und Werte

Stellen Sie sich vor, die Entscheidungsfindung habe ergeben, eine Senkung der Pro-Kopf-CO_2-Emissionen sei ethisch geboten. Diskutieren Sie, wie entsprechende Maßnahmen zur Implementierung dieser Norm aussehen könnten und tragen Sie diese in eine Tabelle ein.

Ein Vorschlag einer Lösung könnte so aussehen:

	Einzelne Maßnahmen
Rechtliche Kodifizierung	Der Gesetzgeber legt Emissionsgrenzwerte für Autos und Heizungen fest.
Freiwillige Vereinbarung	Der Hauseigentümerverband verpflichtet sich, nur noch Neuhausbesitzer aufzunehmen, die Häuser nach Minergiestandard bauen.
Ökonomische Anreize	Der Staat subventioniert den Einbau von wärmedämmenden Isolationen bei Altbauten und erhebt eine CO_2-Abgabe auf alle fossilen Energieträger.
Kommunikation in den Medien	NGOs üben harsche Kritik am Lebensstil der Schweizer und Schweizerinnen, welche pro Kopf und Jahr mehr als 10 Tonnen Treibhausgase ausstoßen.
Verwendung von Bildern und Geschichten	Der Film «An Inconvenient Truth» mit Al Gore (2006) hat, ob man ihn für sachlich angemessen hält oder nicht, mit eindrücklichen Bildern und Appellen auf die Folgen des Klimawandels aufmerksam gemacht und möglicherweise gerade junge Menschen zu einem ökologischeren Lebensstil motiviert.
Attraktive Vorbilder	Entwickeln von attraktiven E-Autos; Gewinnen von Prominenten, die für einen ökologischen Lebensstil einstehen; Models, die für ökologisch nachhaltig produzierte Mode werben etc.

Überlegen Sie auch, welche Implementierungsmaßnahmen Sie für sinnvoll erachten. Gibt es Maßnahmen, die moralisch unerwünschte Folgen nach sich ziehen? In der politischen Diskussion wurde beispielsweise oft argumentiert, eine CO_2-Abgabe auf Treibstoffe sei ungerecht, weil sie diejenigen benachteilige, die auf ihr Auto angewiesen seien (Pendler, Bergbauern usw.). Was halten Sie von diesem Argument? ◀

5.3 Alternative Perspektiven

Im zweiten Schritt unseres Schemas haben wir eine Reihe nichtmoralischer Fragestellungen und Perspektiven ausgeschieden. Dies diente nicht zuletzt dem Zweck, die ethische Entscheidungsfindung zu vereinfachen. Sobald es um Fragen der Implementierung geht, lässt es sich aber nicht vermeiden, diese ausgeschiedenen Perspektiven wieder ins Spiel zu bringen: Was ist aus der Sicht des Rechts, der Wirtschaft, der Politik usw. zu den vorgeschlagenen Empfehlungen oder Lösungen zu sagen? Eine bestimmte Lösung mag ethisch einwandfrei sein, aber es gibt – wie wir eben schon gesehen haben – vielleicht aus der Sicht anderer Perspektiven Einwände oder Widerstände gegen deren Implementierung. Selten wird es gelingen, moralische Empfehlungen ohne entsprechende Einschränkungen zu realisieren. Kompromisse unterschiedlichster Art werden die Regel sein. Das hat Folgen für die Relevanz der Resultate ethischer Entscheidungsfindungsprozesse. Auch wenn Ethik gemäß ihrem Selbstverständnis einen Primat bezüglich der Orientierung menschlichen Handelns beansprucht, wird sie in der Realität stets nur eine Stimme unter anderen sein.

In den letzten Jahrzehnten war es insbesondere die Spannung zwischen moralischen und wirtschaftlichen Normen und Werten, welche Anlass gab zu Diskussionen. Zwar gibt es Aktivitäten und Handlungen, die aus ethischer Perspektive nicht legitim sind: Geschäftspraktiken, die Menschenrechte verletzen, sind sowohl aus deontologischer wie auch konsequentialistischer Perspektive zu unterlassen. So gesehen gibt es Geschäftsinteressen und Unternehmenszwecke, die aus ethischer Perspektive zu verurteilen sind. Aber nicht immer sind die Sachverhalte dabei so geartet, dass sie klare und eindeutige moralische Urteile zulassen. Darf man beispielsweise mit Tabak oder Waffen Geschäfte machen? Wenn ja, warum dann nicht mit Drogen? Und für welche Handlungen trägt ein Unternehmen Verantwortung? Auch für jene von Unterhändlern, Zulieferern und Produzenten in anderen Staaten? Anders gefragt: Wer begeht die Menschenrechtsverletzungen, die zu verurteilen sind? Wer ist verantwortlich dafür zu sorgen, dass die Menschenrechte in bestimmten Produktionsstätten oder Minen geachtet werden?

Ein weiteres Problem besteht darin, dass sich selbst Ethikerinnen und Ethiker uneinig sein können, wie vernünftige Lösungen und Empfehlungen im Einzelnen beschaffen sein müssten. Die Ethik ist nicht wie die Physik oder molekulare Biologie eine Wissenschaft, in der die große Mehrheit der jeweiligen Forschungsgemeinschaft sich bezüglich der meisten und relevanten Sachverhalte einig ist. Der gesellschaftliche Pluralismus bezüglich einzelner moralischer Probleme spiegelt sich auch in der Ethik (vgl. 8.4). In Abhängigkeit

- vom Wissenstand,
- von der Erfahrung, die mitgebracht wird,
- von den Schwerpunkten, die in der Analyse gelegt werden, sowie
- von den Moraltheorien und dem Verständnis einzelner moralischer Prinzipien, die Entscheidungsträger hochhalten,

resultieren unter Umständen verschiedene Empfehlungen.

Was ist in diesen Situationen von der Ethik zu erwarten? Viele haben die Hoffnung, dass gerade die Ethik verlässliche und unumstößliche Orientierung leiste. Ethikerinnen und Ethiker können dieser Erwartung selten entsprechen. Oft können sie nicht mehr als die vorliegenden moralischen Konflikte, Probleme, Optionen und Argumente genau analysieren und kritisch diskutieren. Mit guten Gründen können dabei unterschiedliche Positionen resultieren. Das macht die Ethik aber nicht unbrauchbar. Im Gegenteil. Wenn überrissene Erwartungen vom Tisch sind, kann man sich nüchtern und realistisch auf die Möglichkeiten einer vernünftigen, methodisch geleiteten ethischen Entscheidungsfindung einlassen. Ethiker und Ethikerinnen sind Experten und Expertinnen für etwas, was im Grunde genommen alle Akteure und Akteurinnen immer wieder tun müssten: Sie klären moralische Intuitionen, Begriffe und Überzeugungen, sie zeigen Stärken und Schwächen der einzelnen Argumente für bestimmte Positionen auf, und sie empfehlen schließlich (zu einem bestimmten Zeitpunkt und im Kontext eines bestimmten Wissens), bestimmte Argumente für besser als andere zu halten. Entscheidungen fällen und diese umsetzen müssen die betroffenen moralischen Akteure (zu denen selbstverständlich immer wieder auch die Ethikerinnen und Ethiker gehören) letztlich selbst. Ethik unterstützt sie bei der eigenen Entscheidungsfindung, sie nimmt sie ihnen aber weder ab, noch garantiert sie eine reibungslose Umsetzung der empfohlenen Lösung.

Teil II

Der ethische Diskurs

Im ersten Teil dieses Buches haben wir uns mit Fragen der ethischen Entscheidungsfindung in der Praxis auseinandergesetzt. Unter anderem galt es, moralische Argumente für und gegen eine bestimmte Position zu erkennen, neu zu entwickeln sowie in einem späteren Schritt gegeneinander abzuwägen und schließlich zu einer Entscheidung zu gelangen. Nicht alle Argumente sind jedoch gute Argumente, und einige Argumente sind sogar ungültig. In Kapitel 7 nehmen wir deshalb gängige Argumentationsfiguren und Fehlschlüsse unter die Lupe und zeigen auf, in welche Fallen tappen kann, wer für oder gegen eine Position argumentiert.

Argumente liefern Gründe dafür, dass eine Aussage wahr ist. Wer moralische Argumente als gut oder schlecht beurteilt oder auch für gültig oder ungültig erklärt, impliziert damit, dass es so etwas wie Wahrheit in der Ethik überhaupt geben kann. Damit ist gemeint, dass moralische Urteile nicht einfach als Ausdruck individuellen Geschmacks verstanden werden sollten, sondern «wahrheitsfähig» sind. Bevor wir uns Argumenten und deren Strukturen zuwenden (Kapitel 7), fragen wir deshalb in Kapitel 6, ob moralische Urteile tatsächlich wahr oder falsch sein können und, wenn ja, in welchem Sinn.

In Kapitel 8 widmen wir uns den moralischen Argumenten im Kontext von Gesprächen und damit auch der Rhetorik in der Ethik. Es liegt auf der Hand, dass das Verteidigen einer moralischen Position mit anderen Schwierigkeiten einhergeht als das Verteidigen eines Geschmacksurteils oder einer empirischen These. In der Regel wird sich niemand brüskiert fühlen (oder in weitaus geringerem Ausmaß als wenn es um ethische Belange geht), wenn andere seinen Geschmack hinsichtlich eines Gemäldes nicht teilen oder ihm entgegengehalten wird, dass er sich hinsichtlich der Lebenserwartung von Wühlmäusen täuscht. Wird jemandem vorgeworfen, moralisch falsch zu handeln oder einer verwerflichen Position anzuhängen, ist dagegen eine empfindliche Reaktion zu erwarten. Im ethischen Diskurs sind deshalb diskursive Tugenden wie beispielsweise Sorgfalt im Umgang mit Gegenpositionen und Kritikfähigkeit besonders nötig.

WILD

AT HEART

6

Wahrheit in der Ethik

Das vorliegende Buch stellt die Ethik als methodengeleitete philosophische Reflexion über Moral vor: Im ersten Teil wurde ein Schema eingeführt, wie moralische Streitfragen einer überzeugenden, weil methodisch gesicherten Lösung zugeführt werden können. Dieses Schema beruft sich dabei auf rational nachvollziehbare Kriterien: So haben wir wiederholt betont, dass eine ethische Entscheidung zu fällen etwas anderes ist, als seine persönliche Meinung kundzutun oder individuelle Präferenzen zu äußern. Die Überzeugungen, die vertreten werden, sollten für vernünftige Personen nachvollziehbar und durch Argumente gestützt sein.

Ethik strebt also insofern nach methodisch gesichertem Wissen, als ihre Urteile auf nachvollziehbaren Argumenten beruhen sollen. Allerdings scheint sich dieses Wissen in maßgeblichen Punkten von anderen Formen des Wissens zu unterscheiden. In den Naturwissenschaften muss sich beispielsweise die Wahrheit einer physikalischen Theorie oder einer Hypothese an experimentellen Belegen überprüfen lassen. Entsprechende Belege respektive Überprüfungsmöglichkeiten scheinen in der Ethik größtenteils zu fehlen. Dies hat nicht zuletzt damit zu tun, dass wir es im Fall der Naturwissenschaften – im Gegensatz zur Ethik – mit empirischem Wissen zu tun haben. Die Empirie betrifft Phänomene, wie sie faktisch vorliegen, wie sie entstanden sind oder sich entwickeln werden. Entsprechend werden in den Naturwissenschaften empirische Tatsachen beschrieben, erklärt oder prognostiziert. In der Ethik liegt demgegenüber normatives Wissen vor: Sie *beschreibt* nicht, was der Fall ist oder der Fall sein wird, sondern *beurteilt* das, was der Fall ist, umreißt, was wertvoll wäre, oder schreibt vor, wie wir uns verhalten sollen. Kritische Stimmen meinen deshalb, dass es sich dabei gar nicht um Wissen im eigentlichen Sinn handle, und bezweifeln in diesem Zuge auch, dass moralische Urteile wahrheitsfähig sein können.

Nun gibt es in der Wissenschaft zahlreiche Disziplinen, die ebenso wenig mit den harten empirischen Methoden und Erklärungsmustern der Naturwissenschaften operieren, sondern vielmehr mit Interpretationen, Deutungen oder mit Plädoyers; und manche von ihnen beschäftigen sich gar wie die Ethik mit normativen Fragen: Juristinnen beispielsweise legen Gesetze aus, ohne alternative Auslegungen aufgrund von Daten definitiv zurückweisen zu können; Germanisten interpretieren ein Drama von Schiller ohne den Anspruch, endgültig gezeigt zu haben, dass andere Interpretationen falsch sind. Wenn wir in 6.1 die Frage der Wahrheitsfähigkeit ethischer Urteile untersuchen, sollten wir deshalb im Hinterkopf behalten, dass sich unser Verständnis dessen, was als Wissen zählt, nicht zwingend an den Kriterien und Methoden der Naturwissenschaften ausrichten muss. 6.2 nimmt einen Kritikpunkt an der These der Wahrheitsfähigkeit moralischer Urteile auf, nämlich den Relativismus, und diskutiert mögliche Gegeneinwände. In 6.3 wird schließlich nach einem sinnvollen Konzept ethischer Expertise gefragt, das die Vorstellung von der Wahrheitsfähigkeit ethischer Urteile zu integrieren vermag. Die Frage nach den Bedingungen und Möglichkeiten ethischer Expertise stellt sich nicht zuletzt aufgrund des Umstands, dass Ethikkommissionen und verwandte Gremien in der Verwaltung und in zahlreichen Unternehmen inzwischen fest etabliert sind.

6.1 Die Wahrheitsfähigkeit moralischer Urteile

Stellen wir uns vor, zwei Personen streiten sich über die moralische Bewertung der Rettung von Flüchtlingen, die im Mittelmeer in Booten treiben. Die eine Person spricht sich klar dagegen aus: Ihrer Ansicht nach sollte man diese Flüchtlinge nicht retten, weil dies zur Folge haben könnte, dass immer mehr Menschen den Seeweg als Einwanderungsweg wählen, was wiederum kriminellen Schleppern in die Hände spielen und junge Menschen in ein perspektivenloses Leben führen würde. Die andere Person hält dagegen, dass die Flüchtlinge an Leib und Leben bedroht seien und ansonsten ertrinken würden. Wir hätten deshalb sogar die Pflicht, geltendes Recht zu brechen und entsprechende Seenotrettungen zu unterstützen. Beide Personen verteidigen ihre Ansichten mit Argumenten und bringen Gründe für ihre jeweilige Position vor in der Hoffnung, ihr Gegenüber davon zu überzeugen, dass es falsch liegt und seine Position aufgibt. Doch ist es überhaupt möglich, dass die eine Person Recht hat und die andere sich irrt? Und, falls ja, welcher Art ist dieser Irrtum?

Ein Überblick über die Frage nach der Wahrheit in der Ethik findet sich bei Peter Schaber: «Gibt es Wahrheit in der Ethik? – Einführung in die Metaethik», in: *Grundkurs Ethik, Band 1,* 4., vollständig überarbeitete und erweiterte Auflage, hrsg. von Johann S. Ach, Kurt Bayertz, Michael Quante und Ludwig Siep, 151–162 (Münster: Mentis 2016).

Die Frage nach der Möglichkeit moralischen Irrtums stellt sich dabei grundsätzlich – nicht nur im Hinblick auf die moralische Bewertung der Seenotrettung. Die grundsätzlichere Frage lautet, ob es richtige und falsche Antworten auf moralische Fragen überhaupt geben kann. Können Aussagen wie «Wir sind verpflichtet, Seenotrettungen von Flüchtlingen zu unterstützen!» oder «Das Halten von großen Raubkatzen im Zoo ist verwerflich!» wahr oder falsch sein? Was auf dem Spiel steht, ist also die Wahrheitsfähigkeit moralischer Urteile.

Nun mag es eigenartig erscheinen, dieses Problem hier aufzuwerfen, nachdem in den vorangehenden Kapiteln ein Schema zur ethischen Entscheidungsfindung vorgestellt wurde, das seinem Anspruch nach zu richtigen Lösungen moralischer Fragen führen soll. Es ist aber durchaus sinnvoll, die Frage nach der Wahrheitsfähigkeit ethischer Urteile an dieser Stelle aufzugreifen. Bislang haben wir nämlich stillschweigend vorausgesetzt, dass moralische Urteile wahrheitsfähig sind. Es gilt nun, diese Voraussetzung auch zu begründen. Dass moralische Urteile mehr sein können als persönliche Ratschläge, setzt nämlich die Wahrheitsfähigkeit solcher Urteile voraus.

In der Metaethik wird in Bezug auf die Frage der Wahrheitsfähigkeit ethischer Urteile eine Debatte geführt zwischen den sogenannten Kognitivisten, die davon ausgehen, dass es so etwas wie moralische Wahrheiten gibt, und den Non-Kognitivisten, die eben dies bestreiten. Beide Positionen existieren in zahlreichen Varianten, die uns im Folgenden nicht zu interessieren brauchen. Vielmehr konzentrieren wir uns auf die grundlegende Frage, ob ethische Urteile wahrheitsfähig sind.

Dabei spricht erst einmal viel für die These, auch in der Ethik gehe es um die Wahrheit respektive Falschheit von Urteilen:

1. Wir verstehen und behandeln moralische Urteile im Alltag tatsächlich **nicht wie bloße Geschmacksurteile,** die subjektive Neigungen oder Abneigungen zum Ausdruck bringen. Wenn beispielsweise jemand sagt, Hühner in Legebatterien zu halten sei Tierquälerei und der Konsum solcher Eiern moralisch verwerflich, so verstehen wir diese Aussage nicht so, als würde sie eine subjektive Abneigung gegen Legebatterien zum Ausdruck bringen. Der Sprecher will damit vielmehr sagen, dass Hühnerhaltung in Legebatterien tierquälerisch *ist* und dass wir diese Eier nicht konsumieren *sollten.* Da die Richtigkeit eines moralischen Urteils nicht davon abhängt, wie viele Personen ihm Glauben schenken, wird es für den Redner auch keine Rolle spielen, wenn ihm alle anderen in der Runde widersprechen – vielmehr wird er vermutlich versuchen, weitere und bessere Gründe für seine These einzubringen. Wenn wir moralische Urteile fällen, verstehen wir diese Urteile also gewöhnlich so, dass sie richtig oder falsch sind, ganz unabhängig davon, wie andere den Fall beurteilen. Wir gehen – anders gesagt – von der **Wahrheitsfähigkeit moralischer Urteile** aus.

2. Nur wenn wir von der Wahrheitsfähigkeit moralischer Urteile ausgehen, können wir auch **moralische Uneinigkeit angemessen verstehen.** Denken wir etwa an die Debatten über die Legitimität von Gentestes während der Schwangerschaft und die damit verbundenen selektiven Abbrüche von Schwangerschaften von Kindern mit Downsyndrom: Die Dispute über solche Themen können durchaus erbittert ausfallen und soweit gehen, dass wir einander aufgrund von bestimmten Positionen massive Vorwürfe machen (siehe dazu auch den «Empörungstest» in 2.1.2). Gäbe es keine Wahrheit in der Ethik, würde ein Streit über ethische Fragen auch nicht wirklich Sinn machen. In dem Fall würden nämlich scheinbar konfligierende moralische Urteile bloß unterschiedliche persönliche Neigungen oder Abneigungen zum Ausdruck bringen wie bei manchen Geschmacksurteilen. Wenn einer sagt, Avocados schmecken gut, und ein anderer meint, dass sie nicht gut schmecken, so macht es keinen Sinn zu fragen, wer von beiden Recht hat. Beide haben Recht, wenn sie dem einen gut und dem anderen nicht schmecken. Ein Streit erübrigt sich. Das ist bei moralischen Fragen offensichtlich anders. Hier geht es nicht nur darum, einander die jeweiligen persönlichen Einstellungen mitzuteilen, sondern auch (und wohl in erster Linie) darum, herauszufinden, wer Recht hat.

Allerdings wurde gerade die Tatsache moralischer Uneinigkeit auch so interpretiert, dass sie gegen die Wahrheitsfähigkeit ethischer Urteile spricht. Dabei ist es weniger der Umstand des Dissenses an sich, der einige irritiert. Dissens kennen wir auch in den Naturwissenschaften. Niemand würde behaupten, Uneinigkeit hinsichtlich empirischer Fragen zeige, dass es in dieser Sache keine Wahrheit geben könne. Vielmehr ist Einigkeit nicht erreicht, weil etwa die empirische Datenlage noch zu wenig gesichert ist. Das Problem ist also weniger der Dissens an sich, als dessen Erklärung. Denn moralischer Dissens lässt sich nicht damit erklären, dass auf eine zu dünne Datenlage verwiesen wird. Zwar können moralische Urteile auch divergieren, weil sie auf unterschiedlichen empirischen Erkenntnissen beruhen, weshalb das Beseitigen empirischer Unsicherheit für das Fällen moralischer Urteile so zentral ist (siehe dazu Schritt 1 des Schemas in Kapitel 1). Genuin *moralischer* Dissens lässt sich auf diese Weise jedoch nicht verstehen.

Betrachten wir stattdessen drei alternative Deutungsmuster moralischer Meinungsverschiedenheiten:

1. Scheinbarer moralischer Dissens lässt sich zuweilen so erklären, dass wir uneinig sind, was überhaupt **Thema der Moral** sein soll. So könnte beispielsweise jemand auf den Vorwurf, weshalb er im Winter mit Genuss Spargel aus Mexiko verspeise, antworten, dass er nicht sehen könne, was daran moralisch problematisch sein soll. Was auf dem eigenen Teller liege, sei schlicht Privatsache. In einem solchen Fall liegt kein moralischer Dissens vor, sondern ein Dissens darüber, was wir überhaupt durch die Brille der Moral zu betrachten haben.

2. Moralischer Dissens kann natürlich auch vorliegen, wenn sich zwei oder mehrere Personen **tatsächlich nicht einigen können,** was in einer bestimmten Situation das Richtige ist. Das bedeutet aber keineswegs, dass es «das Richtige» nicht geben kann. Vielmehr sind wir womöglich noch nicht am Punkt angelangt, an dem wir abschließend erkennen können, was richtig oder falsch ist.

   Um ein Bild des Philosophen Thomas Nagel aufzugreifen: «Der Blick von nirgendwo», von dem aus sich moralische Urteile objektiv fällen lassen, ist uns schlicht nicht zugänglich, sondern immer nur annäherungsweise *(Der Blick von nirgendwo,* Frankfurt a.M.: Suhrkamp 2012).

3. Moralischer Dissens ist oft besonders hartnäckig, weil moralische Positionen viel mit unserer Identität zu tun haben, also damit, wie wir uns verstehen und was für Menschen wir sein möchten. Aus diesem Grund ist es für die meisten weitaus schwieriger, moralische Überzeugungen aufzugeben als sich beispielsweise von einer empirischen Annahme zu verabschieden, bezüglich derer sie sich geirrt haben. Psychologisch lässt sich also durchaus erklären, weshalb wir **unnachgiebiger auf unseren moralischen Positionen beharren** als auf empirischen Aussagen über die Welt, die sich als falsch herausgestellt haben. Das Vorliegen moralischer Divergenzen beweist jedoch nicht, dass es keine moralische Wahrheit geben kann.

Auch wenn moralische Urteile also wahrheitsfähig sind, stellt sich die Frage, von welcher Art die Begründungen sind, die wir für moralische Urteile zu geben in der Lage sind. Wir haben bereits darauf hingewiesen, dass sich die Begründung moralischer Urteile von den Begründungen in den Naturwissenschaften unterscheidet, wo empirische Belege eine zentrale Rolle spielen. Einerseits haben wir wiederholt die Bedeutung von Intuitionen, aber auch von Bildern und Geschichten für die moralische Erkenntnis betont (vgl. 4.2). Andererseits dürfte aufgrund des bisher Ausgeführten klar sein, dass die Ethik nicht ohne rationale Kriterien auskommt, die unser Verständnis des moralisch Guten und Richtigen mitbestimmen und an denen wir uns in unserer moralischen Entscheidungsfindung orientieren sollten. Wir erinnern uns: In 4.1 haben wir folgende Kriterien für moralische Urteile respektive für die Entscheidung moralischer Fragen angegeben:

1. Moralische Urteile müssen sich **universalisieren** lassen: Sie erheben den Anspruch, für alle Menschen in derselben Situation und unter gleichen Bedingungen zu gelten. Ihre Begründung sollte deshalb nur auf Faktoren Bezug nehmen, die sich ohne Eigennamen oder sogenannte indexikalische Ausdrücke (wie «ich», «du», «hier» und «jetzt») beschreiben lassen. Selbst die Begründung eines Urteils wie «Ich habe das Recht, aktive Sterbehilfe in Anspruch zu nehmen», sollte nur auf Faktoren Bezug nehmen, die nicht so eng an meine Person gebunden sind, dass sie nicht im Prinzip auch anderen offenstehen.

2. Moralische Urteile gelten **kategorisch:** Sie bewerten Handlungen vom Standpunkt der **Unparteilichkeit.** Wir schulden einander gewisse Dinge ganz unabhängig von persönlichen Sympathien und dürfen andere Personen nicht ohne moralisch gerechtfertigten Grund vorziehen. Die Begründung moralischer Urteile sollte deshalb die Interessen aller legitimen Stakeholder gleicherweise berücksichtigen und von Sympathien und Antipathien abstrahieren.

3. Wir schulden einander hinsichtlich unserer moralischen Urteile insofern **Rechenschaft,** als wir mit ihnen an die **Vernunft** unserer Gesprächspartnerinnen und -partner appellieren und davon ausgehen, dass unser Urteil nachvollziehbar ist.

Wenden wir die oben genannten Kriterien an, wird deutlich, warum beispielsweise die Überlegung «Man sollte diese Treppe durch eine Rampe ersetzen. Wer nicht behindertengerecht baut, diskriminiert andere Menschen» qualitativ eine andere ist als die Überlegung «Man sollte diese Treppe durch eine Rampe ersetzen. Die Treppe sieht einfach zu wuchtig aus». Nur erstere Überlegung begründet eine moralische Norm, die nach einer entsprechenden Reaktion verlangt, welche nicht einfach zurückgewiesen werden kann mit der Aussage «Ich mag aber keine Rampen». Moralische Gründe verstehen wir, anders gesagt, als rational nachvollziehbare Gründe: Wenn es nur dann gerechtfertigt wäre, von jemandem zu verlangen, nicht zu lügen, wenn er oder sie auch persönlich eine negative Einstellung gegenüber dem Lügen hätte, dann hätte das Lügenverbot weder kategorische noch universale Geltung. Normen, die über universale Geltung verfügen, sind für alle Handelnden in allen Situationen verbindlich – es sei denn, deren Einhaltung kollidiere mit anderen gewichtigen Normen. Wenn unsere moralischen Pflichten von unseren Meinungen und Haltungen abhingen, würden sie sich je nach den Einstellungen der jeweiligen Personen voneinander unterscheiden.

6.2 Die relativistische Herausforderung

Auch wenn wir im vorangehenden Abschnitt 6.1 zu zeigen versucht haben, dass von der Wahrheitsfähigkeit moralischer Urteile ausgegangen werden kann, ist die Vorstellung, moralische Urteile seien dennoch «relativ», weitverbreitet. Gemeint ist damit, dass moralische Urteile zwar wahr oder falsch sein können, aber nicht im eigentlichen Sinne, sondern immer nur wahr für bestimmte Personen, eine Gesellschaft oder eine Kultur. Was für den einen richtig ist, mag deshalb für den anderen falsch sein. Dabei bezieht sich die relativistische Position oft auf unterschiedliche Wertvorstellungen in verschiedenen Kulturen, weshalb in diesem Zusammenhang vom «Kulturrelativismus» die Rede ist, der im Zentrum der folgenden Ausführungen steht. Während es in den Augen der Vertreterinnen und Vertreter kulturrelativistischer Positionen durchaus Sinn zu machen scheint, innerhalb einer Gesellschaft auf verbindliche Normen und Werte zu pochen, um Konflikte erträglich zu halten und das friedvolle Zusammenleben zu garantieren, scheint die Vorstellung, dass in anderen Kulturen andere Wertvorstellungen gelten, auf der Hand zu liegen.

Mit ihrem Beharren auf universale, für alle geltende Werte und Normen scheinen Ethikerinnen und Ethiker auf den ersten Blick zu negieren, dass in den einzelnen Kulturen unterschiedliche Wert- und Normvorstellungen vorherrschen. Es gibt Männer, die Frauen ganz selbstverständlich wie eine Ware behandeln; es gibt Kulturen, in denen Tiere nicht mehr zählen als Gegenstände; und es gibt Gesellschaften, in denen behinderte Kinder getötet werden, weil man sie von bösen Geistern beseelt wähnt. Statt auf diese Unterschiede zu blicken und auf sie Bezug zu nehmen, reden Ethikerinnen und Ethiker mit Vorliebe von universalen Werten, von einem Weltethos und von global geltenden Menschenrechten. Ist dies nicht realitätsfern und naiv? Kulturrelativistinnen und -relativisten meinen: doch. Sie folgern aus der vorliegenden Diversität verschiedener Moralvorstellungen, dass es keinen «moralischen Standard» geben kann, der für alle Kulturen gültig ist. Wer dies behaupte, mache sich einen kolonialistischen Blick zu eigen, der die eigenen Moralvorstellungen als allgemeingültig setze und unterschlage, dass diese immer nur den Blick der herrschenden Klasse des weißen, westlichen Mannes spiegle.

Die Tatsache, dass sich Werte und Normen von Kultur zu Kultur unterscheiden, gilt es ernst zu nehmen. Tatsächlich geht mit der Vielfalt der Kulturen unserer Welt eine Vielfalt von Haltungen dazu einher, wie das Leben zu führen und das Zusammenleben zu gestalten ist. Lässt sich unter diesen Umständen am Anspruch der Allgemeingültigkeit moralischer Urteile festhalten? Oder verpflichtet uns die Toleranz, die angesichts dieser Vielfalt geboten scheint, die Relativität moralischer Urteile anzuerkennen? Ethikerinnen und Ethiker diskutieren diese Fragen in der Metaethik, wo eine intensive Debatte darüber geführt wird, ob der kulturelle Relativismus richtig ist und wie er sich zum Toleranzgebot verhält.

Gegen die kulturrelativistische Position werden insbesondere die folgenden Einwände vorgebracht:

1. Kulturrelative Praktiken lassen sich bei genauer Analyse in vielen Fällen entweder durch **unterschiedliche Menschen- und Weltbilder** oder mit Hilfe **divergierender Lebensumstände** erklären. Wenn wir eine bestimmte Praxis, die uns fremd erscheinen mag, genau studieren, sehen wir nicht selten, dass wir uns hinsichtlich der **Werte,** auf der diese Praxis basiert, so uneins gar nicht sind. Als Beispiel wird in diesem Zusammenhang gern erwähnt, wie die Entdecker der Inuit beschrieben haben sollen, dass diese alte und kranke Menschen in der Kälte aussetzten, worauf diese erfroren sind. Die Entdecker waren entsetzt: Anstatt sich um ihre bedürftigen Verwandten zu kümmern, gaben die Inuit ihre nicht nützlichen Gesellschaftsmitglieder offenbar der Kälte anheim – im Wissen darum, dass sie sterben würden. Als Erklärung für dieses Verhalten machten sie andere (und notabene: in ihren Augen minderwertige) Wertvorstellungen geltend. Spätere Studien haben jedoch gezeigt, weshalb die Praxis der Inuit durchaus als menschenwürdiger Umgang mit menschlichem Leben und Sterben interpretiert werden kann: Einerseits herrschte in diesen Regionen oft Nahrungsmittelknappheit, weshalb die Inuit als Nomaden lebten. Alte und kranke Menschen hätten die erforderlichen Reisen jedoch nicht mehr überstanden; ein Tod in Ruhe und an vertrautem Ort schien weitaus humaner. Der schiere Kampf ums Überleben zwang die Inuit also zu diesem scheinbar achtlosen Umgang mit den schwächeren Mitgliedern ihrer Gemeinschaft. Außerdem glaubten die Inuit an ein Leben nach dem Tod, das Verstorbene in dem Zustand in Angriff nehmen, wie sie das irdische Leben verlassen haben. Man versuchte also den eigenen Verwandten zu helfen, das Leben noch in einem Zustand zu verlassen, in dem sie nicht völlig abhängig von anderen waren.

   Diesem ersten Einwand zufolge ist die interkulturelle Divergenz also geringer als oft angenommen und teilweise gar nicht moralischer Art, da sie nicht die Werte selbst betrifft. Die nächsten beiden Einwände setzen grundsätzlicher an und kritisieren den Kulturrelativismus unter der Annahme, dass sich auch die Wert- und Normvorstellungen selbst von Kultur zu Kultur unterscheiden.

2. Die tatsächliche kulturelle Vielfalt von Werten und Normen kann nicht deren kulturrelative **Geltung** belegen. So folgt beispielsweise aus der Tatsache, dass es Rassisten gibt, nicht, dass der Rassismus auch eine moralisch vertretbare Position ist. Dies entspräche einem naturalistischen Fehlschluss, also der Herleitung der Geltung von Normen aus faktisch vorgefundenen Praktiken (vgl. 7.4.1).

3. Der Kulturrelativismus geht davon aus, dass es zwischen den Angehörigen verschiedener Kulturen echte moralische Uneinigkeiten gibt, die auch dann bestehen bleiben, wenn man sich über die nichtmoralischen Tatsachen einig ist. Aber wie der Non-Kognitivismus kann der Kulturrelativismus diese **Uneinigkeit nicht erklären.** Es bleibt unverständlich, weshalb wir zwei Urteile wie «Die Beschneidung von Mädchen ist moralisch unzulässig» und «Die Beschneidung von Mädchen ist moralisch zulässig» als widersprüchlich empfinden. Seiner Analyse zufolge liegt hier gar keine Uneinigkeit vor, da der Angehörige der einen Kultur behauptet, dass die Beschneidung relativ zu den Standards seiner Kultur unzulässig ist, und der Angehörige der anderen Kultur, dass die Beschneidung relativ zu seinen Standards, die sich von denen der ersten Kultur unterscheiden, zulässig ist. Beides kann zutreffen und es ist nicht zu sehen, wo hier ein Grund für einen Dissens liegen soll.

Auch wenn es global gesehen tatsächlich extrem unterschiedliche Wertvorstellungen gibt, darf nicht außer Acht gelassen werden, dass es heute auch ein hohes Maß an Übereinstimmung bei grundlegenden moralischen Werten und Normen (z.B. Menschenwürde, Freiheit, Gerechtigkeit, Sicherheit) gibt. Statt von einem Relativismus scheint es deshalb plausibler, von einem Pluralismus auszugehen. Dieser anerkennt im Gegensatz zum Relativismus, dass moralische Urteile im eigentlichen Sinn wahr oder falsch sein können, gesteht aber zu, dass es bei moralischen Fragen vernünftige Meinungsverschiedenheiten geben kann, beispielsweise weil dieselben Werte in verschiedenen Zeiten und Kulturen anders interpretiert und gelebt werden (vgl. 8.4).

Kulturrelativisten treibt oft weniger die Frage nach der Wahrheit in der Ethik um, als die Frage des Umgangs mit einer solchen behaupteten Wahrheit. Die Befürchtung ist, dass bei der Annahme universaler Werte gleichsam ein Werteimperialismus drohe: Wenn etwas für alle gilt, dann müssen doch die Andersdenkenden belehrt werden? Tatsächlich zeigt die Geschichte und deren Wirkmächtigkeit, dass dies leider allzu oft der Fall war und weiter ist. Das Wissenschaftsgebiet der *postcolonial studies* zeigt immer wieder in aller Deutlichkeit, wie sehr unser Denken von imperialistischen Zügen durchwoben ist. Dennoch gilt es festzuhalten: Es ist *eine* Frage, wer in einer Sache Recht hat; es ist eine *andere,* ob und auf welche Art und Weise man andere auf Irrtümer hinweisen oder mit seinen moralischen Überzeugungen missionieren sollte. Das Toleranzgebot können Universalisten bestens rechtfertigen, nicht jedoch Relativisten, für die es überhaupt keine universal gültigen Gebote gibt: So ist der Relativismus offenbar kompatibel mit tolerantem Verhalten – ebenso aber mit Intoleranz gegenüber Normen und Werten, die in anderen Kulturen vorherrschen. Außerdem ist die relativistische Position nur auf den ersten Blick besonders aufgeschlossen und vorurteilslos. Gerade weil der ethische Diskurs relativistisch betrachtet wenig Sinn macht – weshalb sollte man sich streiten über Dinge, über die man sich offenbar nicht verständigen kann und soll? –, verkehren sich relativistische Positionen oft ins Gegenteil: Weil «alles relativ» ist, entbehrt Kritik jeglicher Grundlage, und entsprechende Gespräche werden abgebrochen.

6.3 Ethische Expertise und Ethikkommissionen

Die Frage nach der Wahrheitsfähigkeit moralischer Urteile führt auch zur Frage, ob es so etwas wie ethisches Expertentum geben kann. Diese Frage wird beispielsweise mit Blick auf Ethikkommissionen immer wieder kontrovers diskutiert. Solche Institutionen sind – insbesondere in Europa – eher neueren Datums. Nach einer regelrechten «Boom-Phase» bis etwa 2008 stagniert die Anzahl der Ethikkommissionen gegenwärtig jedoch in den meisten Ländern. In der Schweiz finden sich momentan rund zweihundert entsprechende Gremien. Die starke Verbreitung der Ethikkommissionen spiegelt insbesondere drei gesellschaftliche Tendenzen:

1. Die zunehmende Komplexität ethischer Fragestellungen erfordert scheinbar eine **Arbeitsteilung im Bereich der Entscheidungsfindung.**
2. Moralische Rechte und Pflichten werden mehr und mehr verrechtlicht, was nach einer **professionellen Begleitung entsprechender Gesetzgebungsverfahren** oder nach einer unabhängigen Kontrolle, ob die Gesetze eingehalten werden, verlangt. Ein Beispiel ist hierfür die Debatte um rechtliche Rahmenbedingungen für die organisierte Suizidbeihilfe.
3. Aufgrund einer zunehmenden Sensibilität für ethische Fragestellungen in der Öffentlichkeit und angesichts des zunehmenden gesellschaftlichen Pluralismus sind politische Entscheidungsträgerinnen und -träger vermehrt auf **ethische Politikberatung** angewiesen, die teilweise bei entsprechenden **Expertengremien** nachgefragt wird.

Ethikkommissionen lassen sich unter anderem nach folgenden Kriterien unterscheiden:

- nach Gebiet (Medizin, Wirtschaft, Medien etc.), wobei sich bislang vor allem Ethikkommissionen im Gebiet der Medizin sowie der Naturwissenschaften (insbesondere wegen der Tierversuche) etabliert haben;
- nach Auftraggeber (Staat, Verein, Stiftung etc.);
- nach Mandat (Normfindung vs. Normsetzung);
- nach personeller Zusammensetzung (Expertinnen und Experten, Bürgerinnen und Bürger etc.);
- nach Auftragsdauer (ständige vs. Ad-hoc-Kommissionen).

Eines der meistdiskutierten Kriterien ist das Mandat der Kommissionen. Normfindungskommissionen diskutieren, was hinsichtlich einer bestimmten Frage moralisch geboten ist, und arbeiten Richtlinien oder Empfehlungen für die rechtliche Regelung eines bestimmten Gebietes aus. Die meisten ständigen staatlichen Ethikkommissionen sind in diesem Sinne Normfindungskommissionen. Normsetzungskommissionen sind dagegen mit der Umsetzung bereits in Kraft getretener Gesetze, Verordnungen und Richtlinien betraut. Sie erarbeiten auf der Grundlage von existierenden Richtlinien weitere Empfehlungen und setzen diese in die Praxis um. Zu den Normsetzungskommissionen gehören beispielsweise Tierversuchskommissionen sowie Kommissionen zur Prüfung von Forschungsvorhaben, die klinische Forschung am Menschen involvieren. Letztere Kommissionen sind gegenwärtig zahlenmäßig am stärksten vertreten. Der Grund hierfür liegt in der *Deklaration von Helsinki* des Weltärztebundes, die in die meisten nationalen Gesetzgebungen und inzwischen auch in die Gesetzgebung der Europäischen Union Eingang gefunden hat und besagt, dass sämtliche geplanten medizinischen Versuche am Menschen einer unabhängigen Ethikkommission zur Stellungnahme vorgelegt werden müssen. Nicht alle Ethikkommissionen sind allerdings reine Normfindungs- oder Normsetzungskommissionen. Einige haben beide Aufträge gleichzeitig inne oder haben wechselnde Aufträge.

Die Geschichte der Ethikkommissionen

Das Konzept und die Idee von Ethikkommissionen stammen aus den USA. Die ersten Ethikkommissionen entstanden aufgrund von technologischen Errungenschaften, die nach neuen Formen von Entscheidungen verlangten – beispielsweise die Kommission in Seattle, die ab 1962 über die Verteilung von Dialyse-Geräten zu befinden hatte, oder das Ad-hoc-Komitee in Harvard, das 1968 als Reaktion auf die erste Herztransplantation gebildet und damit beauftragt wurde, eine Hirntoddefinition vorzulegen.
In Europa war man im Hinblick auf die Schaffung von Ethikkommissionen lange Zeit skeptisch. Damit einher ging eine Skepsis an der Ethik als Wissenschaft (siehe die nachfolgenden Ausführungen zu den Einwänden gegen ethische Expertise). Mittlerweile haben aber alle deutschsprachigen Länder mindestens eine permanente staatliche Ethikkommission. In Großbritannien wiederum ist etwa der *Nuffield Council on Bioethics* eine einflussreiche Größe, wenn es um die Einordnung und Regelung neuerer medizinischer Verfahren geht.

Je nach Typ und Aufgabe einer Kommission liegt die eine oder andere Form der Zusammensetzung näher. In den meisten Fällen sind Ethikkommissionen als Expertenkommissionen konzipiert. Unter einer Expertenkommission versteht man ein Gremium, das eine Reihe von Personen versammelt, welche aufgrund ihres spezifischen Fachwissens als besonders geeignet erscheinen, zur Debatte stehende Fragen ausgewogen diskutieren zu können und zu begründeten Empfehlungen zu kommen. Dabei sind diese Expertinnen und Experten keineswegs nur Ethikerinnen und Ethiker. Angestrebt wird in der Regel vielmehr eine ausgewogene Durchmischung von Fachexperten und -expertinnen (wie beispielsweise Biologinnen, Ärzte, Juristinnen) und Ethikern und Ethikerinnen.

Allerdings wird immer wieder kontrovers diskutiert, ob es ethisches Expertentum überhaupt geben kann. Anders gefragt: Wofür ist der Ethikexperte eigentlich Experte? Von einem Ethikexperten wird kaum erwartet, dass er seine persönliche Meinung besonders eloquent und rhetorisch wirksam einbringen kann und andere von dieser überzeugt. Vielmehr wurde und wird immer wieder die Neutralität entsprechender Expertinnen und Experten gefordert. Sie sollten jedoch das Handwerk der Ethik beherrschen und auch über existierende «Binnenmoralen» Bescheid wissen (beispielsweise über das Ärzteethos, den Verhaltenskodex der Medienschaffenden), damit ausgearbeitete Positionen nicht auf ungeahnte Widerstände stoßen, die vorhersehbar gewesen wären.

Zum Thema Ethikkommissionen lohnt sich die Lektüre von *Gekauftes Gewissen,* hrsg. von Rouven Porz, Christoph Rehmann-Sutter, Jackie L. Scully und Markus Zimmermann-Acklin (Paderborn: Mentis 2007).

Wenn Ethikexpertinnen und -experten die spezifische Kompetenz haben, gute von schlechten Argumentationen zu trennen und Begründungen zu hinterfragen, so müssten sie automatisch zu den bestbegründeten moralischen Urteilen gelangen. Dann stellt sich jedoch weiter die Frage, warum Ethiker nicht auch die verlässlichsten Ratgeber beim Aufspüren moralischer «Wahrheit» oder «Korrektheit» sein sollten und weshalb sie nicht mit aller Vehemenz versuchen sollten, die Öffentlichkeit oder Entscheidungsträgerinnen bzw. Entscheidungsträger von den Vorzügen ihrer Position zu überzeugen. Wie bereits oben gesagt, halten viele an der Neutralität der Ethikexperten als oberstem Gebot fest. Dies hat mitunter mit der Angst vor gekauftem Expertentum zu tun. Die Personen, die als Ethikexpertinnen und -experten Einsitz in den einschlägigen Gremien haben, sollten sich nicht als Repräsentanten bestimmter gesellschaftlicher Gruppen verstehen, denn sie sind weder «Moralgurus» noch «Lobbyisten». Darüber hinaus sollen Ethikkommissionen zumindest ein Stück weit auch den vorherrschenden Wertepluralismus der Gesellschaft repräsentieren. Außerdem dürfen wir nicht vergessen: Auch unter den Ethikern und Ethikerinnen herrschen Meinungsverschiedenheiten.

Wichtige Ethikkommissionen im deutschsprachigen Raum

Die **Schweiz** verfügt über zwei Ethikkommissionen auf Bundesebene, die beide als Expertenkommissionen konzipiert sind: die *Eidgenössische Ethikkommission für Biotechnologie im Außerhumanbereich* (**EKAH,** www.ekah.ch) sowie die *Nationale Ethikkommission für Humanmedizin* (**NEK,** www.nek-cne.ch). Beide Kommissionen sind als unabhängige Expertengremien aufgestellt und interdisziplinär zusammengesetzt. Sie beraten den Bundesrat und die Behörden in der Gesetzgebung und im Vollzug von Gesetzesartikeln, setzen aber auch eigene Schwerpunkte bei aktuellen ethischen Fragestellungen in ihrem Aufgabenbereich. Die NEK, 2001 eingesetzt, hat die Aufgabe, ethische Fragen in der Entwicklung der Medizin und der biomedizinischen Wissenschaften vorausschauend zu identifizieren und richtungsweisend zu ihnen Stellung zu nehmen. Die 1998 eingesetzte EKAH berät die Behörden aus ethischer Sicht im Bereich der außerhumanen Bio- und Gentechnologie.

In der Schweiz von großer Bedeutung ist überdies die *Zentrale Ethikkommission der Schweizerischen Akademie der Medizinischen Wissenschaften SAMW* (**ZEK,** www.samw.ch), die Richtlinien und Empfehlungen für die medizinische Praxis oder die biomedizinische Forschung formuliert. Diese werden oftmals in die Standesordnung der Schweizer Ärzte (FMH) aufgenommen und dadurch für FMH-Mitglieder verbindlich.

Am zahlreichsten sind die Ethikkommissionen für klinische Versuche. Sie haben einerseits den Auftrag, Probanden und Patientinnen vor Missbrauch zu schützen, und andererseits die Qualität medizinischer Forschung sicherzustellen. Die sieben Schweizer Ethikkommissionen sind als *Schweizerische Vereinigung der Forschungsethikkommissionen* (www.swissethics.ch) damit beauftragt, die kantonalen Ethikkommissionen zu koordinieren, eine einheitliche Anwendung der bundesrechtlichen Bestimmungen zur Humanforschung zu erreichen und den Informations- und Meldungsaustausch zwischen diesen Kommissionen zu pflegen.

Weiter existieren zahlreiche Kommissionen für die Bewilligung von Tierversuchen, etwa die *Eidgenössische Kommission für Tierversuche (EKTV),* die *Kommission für Tierversuchsethik (KTVE)* der *SAMW/SCNAT* oder die *Kantonalen Tierversuchskommissionen.*

In **Deutschland** wurde 2007 der *Deutsche Ethikrat* eingesetzt, der aus 26 Mitgliedern besteht und unterschiedliche ethische Ansätze und ein plurales Meinungsspektrum vertreten soll. Er ist die Nachfolgeorganisation des Nationalen Ethikrates, der 2001 seine Arbeit aufnahm. Der *Deutsche Ethikrat* bestimmt seine Themenagenda selbst, kann aber auch vom Deutschen Bundestag oder der Bundesregierung mit der Bearbeitung eines Themas beauftragt werden.

Wirtschaftsunternehmen und Banken verfügen nur selten über eigentliche Ethikkommissionen. Größere Unternehmen haben jedoch sogenannte **Corporate-Social-Responsibility**-Abteilungen und unter Umständen einen eigenen Ethics Officer.

MY SISTER'S

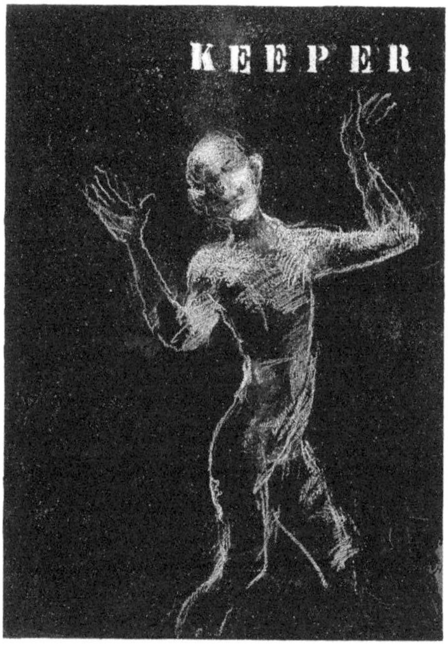
KEEPER

7

Argumente in der Ethik

Im Gegensatz zu privaten Einstellungen erheben moralische Normen den Anspruch, für alle Menschen in derselben Situation und unter gleichen Bedingungen zu gelten. Ein solcher Anspruch kann nur legitimerweise erhoben werden, wenn die Normen nicht einfach dogmatisch behauptet, sondern für jeden nachvollziehbar begründet werden. Ein Paar mit einer genetischen Vorbelastung kann für sich ablehnen, auf eine vorgeburtliche genetische Diagnostik zurückzugreifen, ohne Gründe dafür angeben zu müssen. Eine solche Entscheidung ist privat und verdient Respekt. Die vorgeburtliche Gendiagnostik jedoch als moralisch falsch zurückzuweisen, impliziert die Forderung an alle anderen, sich der Verwerfung anzuschließen. Dies verlangt nach einer nachvollziehbaren Begründung. Wer versucht, für eine Überzeugung eine Begründung zu formulieren, der argumentiert. Argumente spielen deshalb in der ethischen Entscheidungsfindung eine zentrale Rolle. Dieses Kapitel nimmt Argumente und Argumentationen genauer unter die Lupe: In 7.1 fragen wir, worin Argumente überhaupt bestehen, welche Funktionen sie haben und wie sie sich im Gespräch aufeinander beziehen. Nicht alle Argumente sind freilich korrekt. Wir müssen deshalb wissen, was Argumente zu korrekten Argumenten macht und was diese Korrektheit wiederum mit der Wahrheit ihrer Bestandteile zu tun hat. In dieser Hinsicht unterscheiden sich deduktive und nichtdeduktive Argumente, wie wir in 7.2 und 7.3 zeigen. 7.4 schließlich widmet sich typischen Argumentationsfehlern.

7.1 Argumente und Argumentationen

Wollen wir andere von unserer Position überzeugen oder möglichen Einwänden begegnen, müssen wir Argumente vorbringen. Es reicht mit anderen Worten (zumindest in einer vernünftigen Diskussion) nicht aus, einfach unsere Meinung kundzutun. Sollen sich Andersdenkende aus Einsicht unserer Position anschließen, müssen wir ihnen Gründe liefern, ihre Position aufzugeben. Ein Beispiel:

A: «Es ist ein Skandal, wie Demenzkranke in Pflegeheimen vor sich hinvegetieren. Man muss sich das mal vorstellen: Die wissen nicht einmal mehr, wer sie sind, können nicht mehr selbständig essen, tragen Windeln ... Das ist doch kein Leben mehr! Meines Erachtens sollte man so alten Menschen eine Spritze geben, damit sie friedlich einschlafen können.»

B: «Das ist ja wohl das Allerletzte! Was du da vorschlägst, ist moralisch völlig inakzeptabel!»

A: «Warum denn?»

B: «Weil ..., und darüber hinaus weil ...»

A fragt B nach Gründen, weshalb ihr Vorschlag «moralisch völlig inakzeptabel» sein soll. B nimmt die Herausforderung an und argumentiert, das heißt, sie gibt Gründe an für ihre Überzeugung und versucht, A diese Gründe so plausibel wie möglich zu machen, damit A einsieht, dass sie sich irrt. A wiederum wird, wenn sie von ihrer Ansicht nach wie vor überzeugt ist, Gründe angeben, die gegen die Argumente von B sprechen.

Nicht jedes Argument überzeugt allerdings den Gegner oder die Gegnerin. Streitgespräche, in denen für und gegen eine Position argumentiert wird, gleichen deshalb oft einem Ping-Pong-Spiel: Auf ein Argument folgt ein Gegenargument, das wiederum mit einem neuen Argument gekontert wird. Dies wird in der Philosophie die dialektische Grundstruktur von argumentativen Gesprächen genannt. Anders als in Erzählungen oder Beschreibungen – etwa in einer Bildbetrachtung oder in einem Liebesroman – werden hier Thesen durch Argumente gestützt und mit Argumenten angegriffen. Argumentative Gespräche zielen darauf ab, dass sich die Diskutanten über strittige Aussagen einigen, indem geklärt wird, ob diese wahr sind. Das Ziel, sich über die Wahrheit von Aussagen zu einigen, kann nicht nur mit Argumentieren verfolgt werden. Man kann jemanden auch mit Drohungen, Versprechen oder durch das Geltendmachen von Autorität dazu bringen, einer Aussage zuzustimmen. Argumentationen versuchen die Einigung dagegen in einer vernünftigen Weise zu leisten, indem sie von gemeinsam anerkannten Aussagen ausgehen und zeigen, dass die strittige Aussage daraus folgt oder von diesen Aussagen zumindest gestützt wird. Natürlich wird dieses Ziel in längst nicht allen Fällen erreicht, schon weil es oft schwierig ist, die gemeinsam akzeptierten Voraussetzungen zu identifizieren, auf die das Argumentieren angewiesen ist. Das Gespräch droht dann in einer Pattsituation zu enden, in der die Diskutanten feststellen müssen, dass sie gegenwärtig nicht gleicher Meinung sind. In vielen Fällen kommt man aber in einer vernünftigen Argumentation durchaus voran – und sei es auch nur, indem sich klären lässt, worin der eigentliche Streitpunkt besteht.

Argumente bestehen aus mindestens einer, meist aber aus zwei oder mehr Prämissen und einer Konklusion. Die Konklusion ist die Aussage, die begründet werden soll. Die Prämissen sind die Aussagen, auf die sich die Begründung stützt. Ein simples Beispiel («P» steht im Folgenden stets für «Prämisse», «K» stets für «Konklusion»):

P1: Bestechung ist moralisch verwerflich.

P2: Bei dieser Handlung handelt es sich um Bestechung.

K: Diese Handlung ist moralisch verwerflich.

Argumente, die in einer solchen Standardform dargestellt sind, nennen wir «Schlüsse». Umgangssprachlich wird oft auch die Konklusion so bezeichnet, etwa wenn man sagt «Daraus ziehe ich den Schluss, dass…». Es ist jedoch wichtig, Argumente von Konklusionen zu unterscheiden. Konklusionen wie auch Prämissen sind Aussagen, das heißt Sätze, die wahr oder falsch sind. Argumente (und damit die Begründungsbeziehung zwischen den Prämissen und der Konklusion) sind nicht wahr oder falsch, sondern logisch korrekt oder nicht korrekt. Ein Argument ist logisch korrekt, wenn die Konklusion aus den Prämissen folgt oder durch diese zumindest gestützt wird. Wenn die Prämissen eines logisch korrekten Arguments wahr sind, dann geben sie einen zwingenden oder zumindest starken Grund für die Wahrheit der Konklusion. Die Frage, ob es wahr ist, dass Bestechung moralisch verwerflich ist (P1), und ob es wahr ist, dass es sich bei der fraglichen Handlung um Bestechung handelt (P2), muss also unterschieden werden von der Frage, ob daraus folgt, dass die fragliche Handlung moralisch verwerflich ist (K). Eine zweite Abweichung von der Umgangssprache ist zu beachten: Ein Argument besteht immer aus mindestens zwei Aussagen (einer Prämisse und einer Konklusion). Umgangssprachlich wird aber oft eine Prämisse alleine als Argument bezeichnet, etwa wenn eine Politikerin sagt «Mein Argument ist, dass das Senken des Steuerfußes den Wirtschaftsstandort stärkt». Dies ist zunächst nur eine Aussage, die aber als Prämisse verwendet werden kann, um für eine Senkung des Steuerfußes zu argumentieren. Diese Redeweise (von der auch wir im ersten Teil des Buches manchmal Gebrauch gemacht haben) ist solange unproblematisch, als klar ist, dass es sich bei dem «Argument» eigentlich nur um eine Prämisse handelt.

Nun argumentieren wir natürlich selten so, dass wir nur ein Argument vorbringen. Meist werden mehrere Argumente zu Argumentationen verwoben, indem zahlreiche Prämissen verschiedene Zwischenkonklusionen stützen, die wiederum als Prämissen dienen, um eine weitere Konklusion zu stützen. Um solche Argumentationen in einer ethischen Entscheidungsfindung beurteilen zu können, muss man klären, wie die einzelnen Argumente aufgebaut sind und wie sie in der Argumentation zusammenspielen (siehe dazu die Argumentation zum Cannabis-Konsum in der Übung auf Seite 170). Zudem werden Argumente in Texten und Debatten fast nie als Schlüsse formuliert. Einerseits werden sie oft durch Einschübe und illustrative Beispiele unterbrochen, andererseits werden Prämissen, von denen angenommen wird, dass sie als allgemein akzeptiert vorausgesetzt werden können, gar nicht explizit genannt. Sie alle zu nennen, würde ein Gespräch nur langfädig und unnötig kompliziert machen. Argumente müssen daher rekonstruiert werden, indem weggelassen wird, was nichts zur Argumentation beiträgt, und stillschweigend vorausgesetzte Sätze ergänzt werden, die notwendig sind, um die gewünschte Konklusion zu begründen (siehe dazu auch die Übung am Ende von 7.2). In diesem Sinne sind Schlüsse (und ihr Zusammenspiel) so etwas wie die logische Tiefenstruktur einer Rede oder eines Gesprächs.

Eine fundierte Einführung ins philosophische Argumentieren bieten Georg Brun und Gertrude Hirsch Hadorn in Kapitel 8 ihrer *Textanalyse in den Wissenschaften. Inhalte und Argumente analysieren und verstehen,* 3., aktualisierte Auflage (Zürich: vdf 2018).

7.2 Deduktive Argumente

Je nach dem Anspruch, der mit Argumenten verbunden ist, kann man zwischen deduktiven und nichtdeduktiven Argumenten unterscheiden. Während sich der nächste Abschnitt (7.3) den nichtdeduktiven Argumenten widmet, betrachten wir im Folgenden die sogenannten deduktiven Argumente.

Deduktive Argumente erheben den Anspruch, gültig zu sein. Ein Argument ist deduktiv gültig, wenn die folgende Bedingung erfüllt ist: Wenn seine Prämissen wahr sind, dann muss auch die Konklusion wahr sein. Es ist nicht möglich, dass die Prämissen wahr sind, aber die Konklusion falsch ist. Deduktiv gültige Argumente sind also in dem Sinn zwingend, dass sie garantiert von wahren Prämissen zu einer wahren Konklusion führen.

Ein Argument ist formal gültig, wenn die Gültigkeit auf einer logischen Form beruht und nicht davon abhängt, wovon die Aussagen, die im Argument vorkommen, handeln. Betrachten wir zwei Beispiele formal gültiger Schlüsse, die auf «Wenn-dann-Sätzen» beruhen. Einer der bekanntesten formal gültigen Schlüsse ist der Modus ponens:

Modus ponens	
Form	**Beispiel**
P1: Wenn p, dann q.	P1: Wenn Autolenker, die am Steuer telefonieren, eher einen Unfall verursachen als solche, die das nicht tun, dann sollte das Telefonieren am Steuer verboten werden.
P2: p.	P2: Autolenker, die am Steuer telefonieren, verursachen eher einen Unfall als solche, die das nicht tun.
K: q.	K: Das Telefonieren am Steuer sollte verboten werden.

Das Beispiel für den Modus ponens stammt aus Anthony Weston: *A Rulebook for Arguments*, 5. Auflage (Indianapolis: Hackett 2017), das in knapper Form ins philosophische Argumentieren einführt.

Ebenfalls formal gültig sind Schlüsse, die die Form eines Dilemmas haben:

Dilemma	
Form	**Beispiel**
P1: p oder q.	P1: Das Tier ist, wie wir sind, oder das Tier ist nicht, wie wir sind.
P2: Wenn p, dann r.	P2: Wenn das Tier ist, wie wir sind, dann ist das Tierexperiment moralisch verwerflich.
P3: Wenn q, dann s.	P2: Wenn das Tier nicht ist, wie wir sind, dann ist das Tierexperiment wissenschaftlich nutzlos.
K: r oder s.	K: Das Tierexperiment ist moralisch verwerflich oder wissenschaftlich nutzlos.

Dieses Beispiel geht auf ein Argument gegen Tierversuche in der Psychologie zurück, das Peter Singer in seinem Buch *Animal Liberation. Die Befreiung der Tiere* (Erlangen: Harald Fischer Verlag 2015) vorgebracht hat.

Um nachzuweisen, dass ein Argument gültig ist, muss man zeigen, dass es unmöglich ist, dass die Prämissen wahr sind und gleichzeitig die Konklusion falsch ist. Das ist nicht möglich anhand eines Beispiels, aber ein Gegenbeispiel reicht, um nachzuweisen, dass ein Argument ungültig ist. Man muss dafür eine mögliche Situation schildern, in der die Prämissen wahr sind und die Konklusion falsch ist. Ungültige Argumente sind aber nicht immer sofort als solche zu erkennen, da sie zumindest auf den ersten Blick formal gültigen Argumenten oft verblüffend ähnlich sind. Betrachten wir ein Beispiel, das auf den ersten Blick dem Modus ponens ähnelt: der Fehlschluss, der «den Nachsatz bejahen» heißt, weil in seiner zweiten Prämisse der Nachsatz der Wenn-dann-Aussage der ersten Prämisse bejaht wird:

Nachsatz bejahen	
Form	**Beispiel**
P1: Wenn p, dann q.	P1: Wenn dieser Einwanderer illegal hier ist, dann muss er das Land verlassen.
P2: q.	P2: Dieser Einwanderer muss das Land verlassen.
K: p.	K: Dieser Einwanderer ist illegal hier.
	Die Konklusion kann falsch sein, auch wenn die Prämissen wahr sind: Vielleicht muss der Einwanderer das Land aus anderen Gründen verlassen – etwa weil ein Haftbefehl in einem anderen Staat auf ihn ausgestellt ist.

Mehr Beispiele für gültige und ungültige Argumente in der Ethik finden sich in Kapitel 4 von Jonas Pfister: *Werkzeuge des Philosophierens* (Stuttgart: Reclam 2013).

Gültige Argumente haben nicht zwingend eine wahre Konklusion. Dies mag verwirren, klärt sich aber einfach, wenn wir ein Beispiel für einen gültigen Schluss mit falschen Prämissen beiziehen:

P1: Alle Frösche sind Säugetiere.

P2: Dieses grüne Tier ist ein Frosch.

K: Dieses grüne Tier ist ein Säugetier.

Da die erste Prämisse dieses Schlusses falsch ist, schließt die Gültigkeit nicht aus, dass auch die Konklusion falsch ist, denn die Gültigkeit eines Arguments garantiert nur, dass die Konklusion wahr ist, *wenn* die Prämissen wahr sind. Gültige Argumente mit wahren Prämissen nennt man «stichhaltig». Wenn man davon spricht, dass ein Argument «gut» ist, so ist manchmal bloß gemeint, dass es gültig ist; meist wird aber gemeint sein, dass das Argument stichhaltig ist. Ein gutes Argument kann schließlich auch eines sein, das in hilfreicher Weise auf die Diskussion Bezug nimmt, zu der es einen Beitrag leistet. Auf diesen dritten Aspekt der Qualität von Argumenten kommen wir im Kapitel 8 zu sprechen.

Aufgrund des Gesagten dürfte klar geworden sein, dass man Argumente auf zwei Arten kritisieren kann: Erstens indem man ihre Gültigkeit bezweifelt, also aufzuzeigen versucht, dass die Konklusion gar nicht aus den Prämissen folgt. Einen Fehler dieser Art kommentieren wir gewöhnlich mit einer Aussage wie: «Aber das folgt doch gar nicht aus dem, was du eben gesagt hast!» Zweitens lassen sich Argumente kritisieren, indem man die Wahrheit ihrer Prämissen anzweifelt. In alltäglichen Diskussionen bringen wir diese Art von Zweifel etwa zum Ausdruck indem wir sagen: «Schon richtig, dass das folgt, wenn du es so aufziehst – aber du gehst eben vom Falschen aus!»

▶ Übung: Deduktive Argumente rekonstruieren und beurteilen

Rekonstruieren Sie die nachfolgenden Argumente als deduktive Schlüsse und beurteilen Sie deren Stichhaltigkeit. Zur Erinnerung: Ein Argument ist stichhaltig, wenn es gültig ist und seine Prämissen wahr sind. Sie müssen also einerseits die Argumente auf ihre Gültigkeit hin prüfen und andererseits die Prämissen auf ihre Wahrheit oder Falschheit. Ob die Prämissen wahr oder falsch sind, dürfte umstritten sein. Alles, was sie hier tun können, ist die Plausibilität der Prämissen einzuschätzen, indem sie weitere Argumente vorbringen, die die Prämissen stützen oder kritisieren.

1. Wenn das Essen von Tierfleisch verboten ist, dann ist auch das Essen von Menschenfleisch verboten. Nun ist das Essen von Menschenfleisch offensichtlich verboten. Also ist auch das Essen von Tierfleisch verboten.

2. Tiere sind sicherlich empfindungsfähig. Wenn sie aber empfindungsfähig sind, dann haben sie Interessen (wie beispielsweise das Interesse, nicht zu leiden), die wir moralisch berücksichtigen müssen. Also haben Tiere Interessen, die wir moralisch berücksichtigen müssen.

3. Das nachfolgende Argument stammt aus einem Zeitungsartikel über die Volksinitiative «Grüne Wirtschaft», die in der Schweiz 2016 zur Abstimmung kam und mit 63,6% abgelehnt wurde. Die Initiative verlangte die Senkung des ökologischen Fußabdrucks der Schweiz von etwa drei auf eine Erde bis 2050. Gemäß den Initianten ging sie damit kaum weiter als das, was die Klimakonferenz in Paris 2015 vereinbart hatte, da die vereinbarte Senkung der Treibhausgasemissionen um 80% bis 2050 den Fußabdruck der Schweiz von etwa 3 auf 1,2 bis 1,4 Erden senken würde. Das Argument kritisiert nun die Initiative wie folgt:
   «[S]enkten die meisten anderen Länder ihren Ausstoss von Treibhausgasen bis 2050 tatsächlich um 80% oder mehr, würde dies wohl auch die Schweiz tun; die vorliegende Volksinitiative würde es dazu nicht brauchen. Tut das Ausland dagegen wenig, während die Schweiz die Initiative umsetzt, werden im Inland wohl einschneidende Änderungen nötig sein, ohne dass dies dem globalen Klima wesentlich nützt. Es beruhigt dann vielleicht noch unser Gewissen.»
   (*Neue Zürcher Zeitung,* 29. August 2016; https://www.nzz.ch/wirtschaft/uebersicht-wirtschaftsthemen/volksinitiative-gruene-wirtschaft-verzicht-auf-fleisch-und-flugreisen-ld.113454).

Mögliche **Lösungsvorschläge** lauten (Aussagen, die ergänzt wurden, stehen in eckigen Klammern):

1. P1: Wenn das Essen von Tierfleisch verboten ist, dann ist auch das Essen von Menschenfleisch verboten.

   P2: Das Essen von Menschenfleisch ist verboten.

   K: Das Essen von Tierfleisch ist verboten.

   Die Prämissen des Arguments sind plausibel, aber das Argument ist ungültig, da die Konklusion falsch sein kann, auch wenn die Prämissen wahr sind: P1 sagt, dass man kein Menschenfleisch essen darf, wenn man kein Tierfleisch essen darf, aber die Prämisse lässt offen, ob man Tierfleisch essen darf, wenn man kein Menschenfleisch essen darf. Dass man kein Menschenfleisch essen darf, zeigt unter dieser Voraussetzung nicht, dass man kein Tierfleisch essen darf. Es handelt sich bei dem Argument um den Fehlschluss «Nachsatz bejahen».

2. P1: Wenn Tiere empfindungsfähig sind, dann haben sie Interessen (wie z.B. das Interesse, nicht zu leiden), die wir moralisch berücksichtigen müssen.

   P2: (Alle? Einige?) Tiere sind empfindungsfähig.

   K: (Alle? Einige?) Tiere haben Interessen, die wir moralisch berücksichtigen müssen.

   Das Argument ist gültig, da es sich um einen Modus ponens handelt. Dass Empfindungsfähigkeit eine hinreichende Bedingung für das Haben von Interessen ist, die wir moralisch berücksichtigen müssen (P1), ist eine These, die die meisten Philosophinnen und Philosophen für wahr halten. P2 ist dagegen eine empirische These. Ob sie wahr oder falsch ist, hängt davon ab, wie sie zu verstehen ist. Wenn die Prämisse besagt, dass einige Tiere empfindungsfähig sind, ist sie sicherlich wahr. Wenn sie aber besagt, dass alle Tiere empfindungsfähig sind, dürfte sie falsch sein. Das zeigt, wie wichtig Ausdrücke wie «einige» und «alle» sind, um Prämissen und Konklusionen präzise zu formulieren.

3. [P1: Entweder reduzieren die meisten (anderen) Länder ihren Treibhausgasausstoß bis 2050 um mindestens 80% (Szenario A), oder sie reduzieren ihren Treibhausgasausstoß um einen bedeutend geringeren Prozentsatz (Szenario B).]

   P2: Wenn Szenario A eintritt, ist die Initiative «Grüne Wirtschaft» unnötig, da die Schweiz ihren Treibhausgasausstoß auch ohne die Initiative bis 2050 um mindestens 80% reduzieren wird.

   P3: Wenn Szenario B eintritt, dient die Initiative «Grüne Wirtschaft» höchstens der Gewissensberuhigung, da sie von der Schweiz einschneidende Maßnahmen verlangt, ohne dass dies dem globalen Klima wesentlich nützt.

   [K: Die Initiative «Grüne Wirtschaft» ist entweder unnötig oder sie dient höchstens der Gewissensberuhigung.]

Das Argument ist gültig, da es die Form eines Dilemmas hat, aber alle drei Prämissen sind zumindest angreifbar.

P1 ist falsch, da neben A und B weitere Szenarien möglich sind. Es könnte z. B. sein, dass die meisten anderen Länder ihren Treibhausgasausstoß mittelstark reduzieren, oder dass einige ihn stark reduzieren, andere aber kaum. Es müssten also weitere Szenarien eingeführt werden und auch für sie müsste argumentiert werden, dass die Initiative unnötig ist oder «bloß der Gewissensberuhigung» dient oder aus sonst einem Grund abzulehnen ist. Das Argument ist in der gegenwärtigen Form ein sogenannter «Schwarz-Weiß-Fehlschluss». Ein solcher liegt vor, wenn der Schluss eine Prämisse der Form «p oder q» enthält, die falsch ist, weil p und q beide falsch sein können, da es weitere Möglichkeiten gibt, die nicht berücksichtigt werden.

P2 ist eine empirische Behauptung, von der unklar ist, ob sie wahr ist: Würde die Schweiz ihren Treibhausgasausstoß tatsächlich um mindestens 80 % reduzieren, wenn die meisten anderen Länder dies täten?

P3 kann in verschiedener Weise kritisiert werden. Erstens kann man dafür argumentieren, dass die Umsetzung der Initiative zwar kaum spürbare direkte, aber sehr wohl indirekte Auswirkungen auf das globale Klima hätte. Sie könnte etwa eine Signalwirkung auf andere Länder haben, indem klar wird, dass eine drastische Einschränkung der Treibhausgasemissionen ohne Wohlstandseinbußen möglich ist. Zudem könnte sie die Entwicklung umweltfreundlicher Technologien (z. B. in den Bereichen erneuerbare Energien, Gebäudesanierungen, öffentlicher Verkehr) befördern, die dann auch in anderen Ländern zum Einsatz kommen könnten. Ob dem so ist, ist eine empirische Frage. Zweitens kann man dafür argumentieren, dass wir selbst wenn die Umsetzung der Initiative keine spürbare Auswirkung auf das globale Klima hätte, moralisch verpflichtet sind, unseren Beitrag zum Klimaschutz zu leisten. Dies setzt voraus, dass es grundsätzlich eine moralische Pflicht zum Klimaschutz gibt. Falls dem so ist, fragt sich, was es für unsere Pflicht zum Klimaschutz bedeutet, wenn andere Akteure (wie im Szenario B) ihrer Pflicht nicht nachkommen: Bleibt unsere Pflicht dann unverändert? Oder schwächt sie sich ab? Oder verstärkt sie sich? Wenn Letzteres der Fall ist, wie viele Umweltethikerinnen und -ethiker meinen, spricht dies dafür, dass die Umsetzung der Initiative eine Frage der Pflichterfüllung ist und bloß der «Gewissensberuhigung» dient. ◀

Dass wir eine moralische Pflicht zum Klimaschutz haben und sich unsere Pflicht überdies verstärkt, wenn andere Akteure ihrer Pflicht nicht nachkommen, wird beispielsweise von Dominic Roser und Christian Seidel im Kapitel 17 ihrer Einführung *Ethik des Klimawandels* (Darmstadt: Wissenschaftliche Buchgesellschaft 2015) vertreten.

7.3 Nichtdeduktive Argumente

Der zentrale Unterschied zwischen deduktiven und nichtdeduktiven Argumenten besteht im Anspruch, der mit ihnen erhoben wird. Während deduktive Argumente beanspruchen, gültig zu sein, beanspruchen nichtdeduktive Argumente bloß, korrekt zu sein. Wir erinnern uns: Ein Argument ist genau dann gültig, wenn die Konklusion wahr sein muss, falls alle Prämissen wahr sind. Gültige Argumente liefern damit zwingende Gründe. Ein Argument ist dagegen genau dann korrekt, wenn seine Prämissen einen starken Grund dafür liefern, seine Konklusion als wahr zu akzeptieren. Ein starker Grund ist aber kein zwingender Grund. Damit sind nichtdeduktive Argumente in dem Sinn riskant, dass ihre Korrektheit (im Gegensatz zur Gültigkeit deduktiver Argumente) nicht ausschließt, dass die Konklusion falsch ist, auch wenn alle Prämissen wahr sind. Zudem können die Prämissen eines nichtdeduktiven Arguments seine Konklusion unterschiedlich stark stützen.

Im Folgenden diskutieren wir drei Typen nichtdeduktiver Argumente, wie sie in der angewandten Ethik oft vorkommen: induktive Argumente, Analogieschlüsse und Dammbruchargumente.

7.3.1 Induktive Schlüsse

Induktive Argumente stützen eine Konklusion mit Bezug auf empirische Beobachtungen und Erfahrungen. Dabei wird in typischen Fällen von Aussagen über bis anhin beobachtete Einzelfälle auf eine allgemeine Aussage oder eine Regel geschlossen. Ein simples Beispiel für einen Induktionsschluss lautet: Alle bisher beobachteten Schwäne sind weiß – also sind alle Schwäne weiß. Im einfachsten Fall sind induktive Schlüsse also nach folgendem Muster aufgebaut:

P: Alle bisher beobachteten F sind G.

K: Alle F sind G.

Typische Induktionen beruhen also auf Verallgemeinerungen: Aus einer Reihe von Erfahrungen wird eine Art Muster gebildet, aus dem man dann eine Regel ableitet. Ein etwas komplexeres Beispiel ist das folgende:

P: Bei allen uns bekannten Versuchen, die Bürgerinnen und Bürger zum Verbrauch von weniger fossilen Brennstoffen zu motivieren, zeigte sich, dass moralische Appelle nichts nützen.

K: Wenn man die Bürgerinnen und Bürger dazu bringen will, weniger fossile Brennstoffe zu verbrauchen, funktioniert das nicht über moralische Appelle.

Beurteilen wir die Korrektheit solcher Induktionsschlüsse, sehen wir schnell, dass es zwar oft rational ist, die Konklusion für wahr zu halten, wenn die Prämissen wahr sind. Da die Konklusion jedoch nicht logisch zwingend folgt, sondern nur mit einer gewissen Wahrscheinlichkeit, ist bei Induktionsschlüssen Vorsicht geboten. Bereits ein einziges Gegenbeispiel kann das Argument zum Kippen bringen – etwa der berühmte schwarze Schwan. Würde etwa ein Umweltminister gegen das obige Argument einwenden: «Da habe ich aber ganz andere Erfahrungen gemacht: In unserem Land hat eine Kampagne, die an das moralische Gewissen der Bürgerinnen und Bürger appellierte, große Erfolge gefeiert», so wäre der Schluss bereits nicht korrekt. Zusätzliche Informationen, die den bisherigen Prämissen nicht widersprechen, können einen induktiven Schluss also schwächen oder gar zeigen, dass seine Konklusion falsch ist. Eine große Herausforderung bei induktiven (und anderen nichtdeduktiven) Argumenten besteht deshalb darin, sicherzustellen, dass alle relevanten Informationen berücksichtigt wurden.

7.3.2 Analogieschlüsse

Analogieschlüsse beruhen auf Vergleichen. Daraus, dass zwei Gegenstände oder Situationen in bestimmter Hinsicht gleich sind, wird geschlossen, dass sie auch in einer weiteren Hinsicht gleich sind. Man schließt beispielsweise, dass ein bestimmtes Bild von Monet stammt, weil es in verschiedener Hinsicht einem anderen Bild ähnelt, das von Monet stammt. Beide sind zum Beispiel in Pastell gemalt, haben Seerosen als Sujet, stammen aus derselben Epoche. Die allgemeine Form eines Analogieschlusses lässt sich wie folgt darstellen:

P1: a hat die Eigenschaften F, G usw. und b hat dieselben Eigenschaften F, G usw.

P2: a hat die Eigenschaft X.

K: b hat die Eigenschaft X.

Es ist leicht ersichtlich, wo der Knackpunkt von Analogieschlüssen liegt: nämlich bei der behaupteten Analogie und ihrer Relevanz für die erschlossene Eigenschaft X. Irgendwelche Ähnlichkeiten zwischen zwei Dingen gibt es immer. Die Frage ist deshalb weniger, ob sich zwei Gegenstände gleichen, sondern ob sie sich in relevanter Hinsicht ähnlich sind. Kritiker eines Analogieschlusses versuchen deswegen zu zeigen, dass es zwischen den verglichenen Fällen relevante Unterschiede gibt. Im obigen Beispiel wäre ein relevanter Unterschied beispielsweise, dass das eine Bild in Öl, das andere in Acryl gemalt ist. Monet standen noch keine Acrylfarben zur Verfügung, weshalb das Acrylbild auch nicht von ihm stammen kann. Unterschiedliche Bilderrahmen wären hingegen nicht unbedingt relevant, wenn es um die Frage der Urheberschaft des Bildes geht.

Analogieargumente sind in der angewandten Ethik äußerst beliebt und werden oft nach demselben Muster eingesetzt: Es werden zwei Situationen oder Fälle geschildert, die sich in nichtmoralischer Hinsicht gleichen, um dann den Schluss zu ziehen, dass sie sich auch in moralischer Hinsicht gleichen. Dazu ein Beispiel: Jemand will sein Gegenüber davon überzeugen, dass ein bestimmter Tierversuch moralisch unbedenklich ist. Im fraglichen Versuch wird ein Affe dazu gebracht, im Experiment zu kooperieren, indem ihm während einiger Stunden Wasser vorenthalten wird. Nach dem Experiment erhält das Tier Apfelsaft. Weil es um diese Belohnung weiß und durstig ist, kooperiert der Affe. Das Analogieargument, das ein Befürworter dieses Versuchs einbringt, lautet:

P1: Dieser Tierversuch funktioniert genau gleich wie Dressur.

P2: Die Dressur von Tieren ist moralisch unproblematisch.

K: Dieser Tierversuch ist moralisch unproblematisch.

Das Analogieargument lässt sich wiederum kritisieren, indem man die Analogie angreift und auf relevante Differenzen in den nichtmoralischen Eigenschaften hinweist. In diesem Beispiel würde man etwa darauf verweisen, dass das Vorenthalten von Flüssigkeit zum Zweck der Dressur heute nicht mehr erlaubt sei und dass moderne Formen der Dressur vielmehr auf Belohnung und «Streicheleinheiten» beruhten. Eine zweite Möglichkeit der Kritik an diesem Argument besteht darin, die normative Prämisse zu bestreiten, in diesem Fall also P2: Man argumentiert dann, dass selbst bei Zutreffen der Analogie nicht folgt, dass der Tierversuch unproblematisch ist, weil nämlich bereits die Dressur moralisch fragwürdig ist.

7.3.3 Dammbruchargumente

Dammbruchargumente sind vor allem in politischen Debatten häufig anzutreffen. Dabei wird gegen eine bestimmte Handlung argumentiert, indem behauptet wird, dass sie über viele kleine Zwischenschritte unvermeidlich zu einer anderen Handlung oder einem Zustand führen wird, die moralisch nicht akzeptabel sind. Der Dammbruch besteht also darin, dass eine bestimmte Entscheidung unweigerlich zu einem moralischen Übel führen wird. Deshalb – so das Argument – muss bereits die erste Handlung unterlassen werden. Man spricht gelegentlich auch vom Argument der schiefen Ebene (*«slippery slope»*-Argument): So unweigerlich eine Kugel eine geneigte Fläche hinunterrollt, so unvermeidlich wird eine Handlung, wird sie erst einmal zugelassen, zu einem als negativ beurteilten Endzustand führen. Da Dammbruchargumente auf Folgen verweisen, die es unbedingt zu vermeiden gilt, sind sie vor allem in der konsequentialistischen Ethik beliebt (vgl. 3.2.1).

Dammbruchargumente haben also folgende Form:

P1: Handlung H führt unvermeidlich zu Handlung oder Zustand Z.

P2: Z ist moralisch verwerflich.

K: H ist zu unterlassen.

Während die zweite Prämisse evaluativ ist (sie bewertet eine Handlung oder einen Zustand als negativ), ist die erste Prämisse stets deskriptiv.

Dammbruchargumente können in zwei Varianten auftreten:

1. Die **Kettentheorie** suggeriert, dass H über viele kleine Zwischenschritte unvermeidlich zu Z führt, wobei Z abzulehnen ist. Ein Beispiel für diese Version des Dammbruchs wäre die folgende Überlegung: «Einer meiner Studenten will seine Arbeit später einreichen. Ich kann ihn ja verstehen, aber ich kenne ihn: Wenn ich das zulasse, will er später nochmals eine Fristverlängerung, danach schiebt er seine Prüfung auf, und schließlich wird er seinen Abschluss nie machen!» Aus diesem Grund ist die Sprecherin geneigt, dem Studenten keine Fristerstreckung zuzugestehen.

2. Dammbruchargumente können auch mit Bezug auf **Präzedenzfälle** konzipiert sein, etwa im folgenden Beispiel: «Wenn ich diesem einen Studenten

die Frist erstrecke, dann wollen alle eine Verlängerung!» Auch hier ist klar, dass die Sprecherin keine Fristerstreckung gewähren wird, der Grund ist aber ein anderer als im ersten Beispiel: Gefürchtet wird nicht, dass der eine Student nicht erfolgreich sein wird, sondern dass es ihm alle gleich tun werden und dass aufgrund der in diesem Fall geforderten Gleichbehandlung allen Studierenden eine Verlängerung gewährt werden müsste.

Dammbruchargumente spielen in der angewandten Ethik eine prominente Rolle, insbesondere wenn es um die Zulässigkeit neuer Verfahren geht (siehe auch die Übung auf Seite 164). Dabei gestaltet sich die Bewertung von Dammbruchargumenten weitaus komplexer, als es auf den ersten Blick scheinen mag. Was die Beurteilung der Prämissen angeht, gilt es zu unterscheiden zwischen den beiden folgenden Kritikmöglichkeiten:

1. Kritik der ersten **deskriptiven Prämisse:** Führt die Zulässigkeit der einen Handlung H – über viele kleine Zwischenschritte – wirklich zwingend zu einer anderen Handlung oder einem Zustand Z?

2. Kritik der zweiten **normativen oder evaluativen Prämisse:** Ist die Handlung oder der Zustand Z, der zwingend eintreffen wird, wirklich aus moralischen Gründen abzulehnen?

Häufig sind sich die Kontrahentinnen und Kontrahenten in einer Debatte einig hinsichtlich der normativen Prämisse; sie meinen also beide, dass eine bestimmte Technik oder ein bestimmtes Verfahren moralisch problematisch seien und deshalb nicht zugelassen werden sollten. Diese Einigkeit kommt zumindest teilweise dadurch zustande, dass jene, die Dammbruchargumente vorbringen, den Endzustand, auf den man sich ihnen zufolge zubewegt, möglichst drastisch schildern. Damit wollen sie klar machen, dass dieses Endresultat auf gar keinen Fall eintreten darf. Sie beschwören aus taktischen Gründen also ein Schreckensszenario, um klar zu machen, dass alles unternommen werden muss, um dieses zu verhindern. Damit lässt sich leicht Einigkeit herstellen, aber sie tun sich damit keinen Gefallen, denn je extremer das an die Wand gemalte Szenario ausfällt, desto schwieriger wird es, die erste Prämisse zu verteidigen. Diese soll ja den empirischen Nachweis liefern, dass es zu dem Extremszenario kommen wird.

▶ Übung: Ein Dammbruchargument erkennen und bewerten

In der Debatte zum Embryonenforschungsgesetz (Bundesgesetz über die Forschung an überzähligen Embryonen und embryonalen Stammzellen, 02.083) im Nationalrat vom 17. September 2003 brachte eine Nationalrätin das folgende Votum vor (Ausschnitt):

«Blenden wir kurz zurück: Mit der Einführung der In-vitro-Methoden wurde der Forschung der Zugriff auf weibliche Eizellen ermöglicht. Wir feministischen Frauen haben schon damals davor gewarnt, damit werde die Büchse der Pandora geöffnet. Beschwichtigung war angesagt: Es wurde versprochen, man werde am menschlichen Erbgut nicht forschen und die In-vitro-Methode einzig und allein dazu gebrauchen, kinderlosen Paaren zu ihrem vermeintlichen Recht auf ein eigenes Kind zu verhelfen; wer konnte ihnen das schon verargen? Dank dieser Zusicherung haben wir schließlich dem Fortpflanzungsmedizingesetz zugestimmt. (…)

Die Beschwichtigungen, wonach die In-vitro-Methode nur zur Fortpflanzung zugelassen werde, sind aber bereits Schnee von gestern. Bereits wird in der Schweiz an embryonalen Stammzellen geforscht, der Tabubruch ist mit der Stammzellenforschung bereits Realität, und der nächste Tabubruch steht schon vor der Tür, das sogenannte therapeutische Klonen. Warum denn sonst müssten wir im Schnellzugstempo dieses Gesetz durchpauken? Damit wir die politische Rechtfertigung für etwas nachschieben, was in den Forschungslabors bereits gemacht wird.

Ich wette mit Ihnen, dass das beim nächsten Tabubruch, eben beim therapeutischen Klonen, dann genau so sein wird. Man wird uns erzählen: Wenn es die Schweiz nicht tut – das hat auch der Kommissionssprecher gesagt –, tun es Italien oder ein anderes Land, Herr Antinori soll ja bereits am Forschen sein. Man wird uns erzählen, dass es zum Heilen von Krankheiten nötig sei und dass unsere Wirtschaft zugrunde gehe, wenn wir nicht mitziehen. So wird Schritt um Schritt der Zugriff auf menschliches Erbgut vor sich gehen, und die Industrialisierung und Kommerzialisierung menschlichen Lebens wird weitergehen. (…)

Wir sind nicht bereit, uns von der Forschung den Takt und die Richtung diktieren zu lassen, wenn es um so heikle Fragen wie die Würde menschlichen Lebens geht, und aus diesen grundsätzlichen Überlegungen bitten wir Sie, gar nicht auf die Vorlage [zum Embryonenforschungsgesetz] einzutreten.» (Quelle: www.parlament.ch/ab/frameset/d/n/4620/88270/d_n_4620_88270_88499.htm)

In diesem Statement findet sich ein Dammbruchargument. Versuchen Sie, das Argument in Prämissen und Konklusionen aufzuschlüsseln und das Argument zu bewerten.

Ein möglicher **Lösungsvorschlag** lautet: Der Dammbruch, den die Rednerin anmahnt, ist ein Beispiel für die **Kettentheorie** und hat die folgende Form:

P1: Die Erlaubnis der Forschung an überzähligen Embryonen und embryonalen Stammzellen wird unweigerlich zur Erlaubnis des therapeutischen Klonens führen.

P2: Das therapeutische Klonen ist moralisch verwerflich und zu unterlassen.

K: Deshalb muss bereits die Forschung an überzähligen Embryonen und embryonalen Stammzellen verboten werden.

Wie wir bei der Bewertung von Dammbruchargumenten gesehen haben, beruhen solche Argumente stets auf einer normativen und einer empirischen Prämisse, die beide unabhängig voneinander kritisiert werden können. Die **normative Prämisse** P2 ist umstritten; sie müsste durch weitere Argumente gestützt werden. Im Statement geschieht dies, indem das therapeutische Klonen als Form der fortschreitenden «Industrialisierung und Kommerzialisierung menschlichen Lebens» vorgestellt wird. Außerdem gehe es um die «Würde menschlichen Lebens». In einer ethischen Entscheidungsfindung müssten einerseits die **Begriffe** «Industrialisierung und Kommerzialisierung menschlichen Lebens» und «Würde menschlichen Lebens» geklärt werden: Was ist damit genau gemeint? Inwiefern führt die diskutierte Praxis zu einer Kommerzialisierung oder tangiert sie die Menschenwürde? Andererseits müssten Argumente ins Feld geführt werden, weshalb eine solche Kommerzialisierung oder eine Verletzung der Würde menschlichen Lebens **schwerer wiegt als ein Verbot** der erwähnten Forschung. Zumindest für Konsequentialisten ist dies nicht zwingend der Fall.

Auch die **empirische Prämisse** P1, die den Dammbruch behauptet, muss belegt werden. Die Rednerin tut dies, indem sie darauf hinweist, dass ein erster Damm, wie ihre Partei schon in einem früheren Stadium befürchtete, tatsächlich gebrochen ist: Bei der Zulassung der In-vitro-Fertilisation (Befruchtung menschlicher Eizellen im Reagenzglas) habe man zu bedenken gegeben, dass diese Methode dereinst auch zu Forschungszwecken genutzt werde – für die besagte Partei ein moralisch verwerflicher Schritt. Obwohl diese Gefahr damals negiert worden sei, diskutiere man heute genau über diesen Zweck. Doch folgt daraus, wie das Argument zu zeigen meint, dass der «Zugriff auf menschliches Erbgut» in der Tat «Schritt für Schritt» vor sich geht? Es ist leicht zu sehen, dass ein strenger Beweis für eine solche These nicht geführt werden kann.

Etwas Weiteres fällt bei der Analyse des Statements auf: Die Rednerin arbeitet mit suggestiven Bildern und Metaphern (die «Büchse der Pandora» wurde geöffnet; ein Gesetz wird «im Schnellzugstempo durchgepaukt») und mit tendenziösen Ausdrücken wie «Tabubruch». In einem politischen Plädoyer sind solche rhetorischen Figuren selbstverständlich nicht nur erlaubt, sondern ganz zentral für den Erfolg der Rede, denn ihr Ziel ist es, Andersdenkende zu überzeugen. Um dieses Ziel zu erreichen, werden auch **rhetorische Mittel** eingesetzt. In der ethischen Entscheidungsfindung selbst sollten Argumente jedoch möglichst neutral formuliert werden; mit rhetorischen Mitteln ist vorsichtig umzugehen (siehe dazu Kapitel 8). ◀

7.4 Typische Argumentationsfehler

Wir sind bisher zwei Arten von Argumentationsfehlern begegnet: formalen Fehlschlüssen, bei denen ein formal ungültiges deduktives Argument als formal gültig präsentiert wird, und nichtformalen Fehlschlüssen, bei denen ein nichtdeduktives Argument nicht korrekt ist, weil die Gründe, die es liefert, zu schwach sind, um die Konklusion zu stützen. Im Folgenden stellen wir eine Reihe von Fehlschlüssen dar, wie sie in der angewandten Ethik oft auftreten. Neben einem zusätzlichen formalen Fehlschluss (dem naturalistischen Fehlschluss) diskutieren wir einige Fehlschlüsse, die eine weitere Regel des vernünftigen Argumentierens verletzen (das Ad-hominem-Argument, das Tu-quoque-Argument, die Petitio principii, und das Strohmann-Argument).

Zahlreiche Beispiele für typische Argumentationsfehler finden sich im Internet unter https://iep.utm.edu/fallacy/.

7.4.1 Naturalistischer Fehlschluss

Den naturalistischen (oder Sein-Sollens-)Fehlschluss haben wir bereits im Abschnitt 6.2 zum Kulturrelativismus kennengelernt. Dort hatten wir festgehalten, dass die tatsächlich vorhandene kulturelle Vielfalt von Werten und Normen nicht deren kulturrelative Geltung belegt. Hinter dieser Kritik steckt die Einsicht, dass sich moralische Normen nicht aus faktisch vorgefundenen Praktiken herleiten lassen. Anders gesagt lässt sich aus deskriptiven Aussagen allein nicht auf eine normative Aussage schließen. Aus der empirischen Aussage «Durch eine Reduktion der Treibhausgasemissionen kann der Klimawandel verlangsamt oder begrenzt werden» folgt beispielsweise nicht «Wir sollten die Treibhausgasemissionen reduzieren». Um diese Konklusion ableiten zu können, muss eine normative Prämisse ergänzt werden, beispielsweise «Der Klimawandel sollte verlangsamt oder begrenzt werden». Teilt man diese normative Einschätzung nicht, ist auch nicht ersichtlich, weshalb die Treibhausgasemissionen eingedämmt werden sollen. Trifft man auf ein Argument mit einer normativen Konklusion, aber ohne normative Prämisse, sollte man sich jeweils fragen, mit welcher Prämissenergänzung das Argument gültig wird und ob die ergänzte normative Prämisse vertretbar ist.

Oftmals ist gar nicht so einfach zu beurteilen, ob eine Aussage rein deskriptiv oder auch normativ ist, da wertende Ausdrücke in unserer Alltagssprache häufig zugleich einen beschreibenden Anteil haben. Nehmen wir an, jemand argumentiert wie folgt: «Das Zusammensein mit anderen Menschen entspricht der Natur des Menschen, da der Mensch ein soziales Lebewesen ist. Also sollte in der Gesellschaft das Zusammensein mit anderen Menschen ermöglicht und gefördert werden.» Ob es sich hierbei um einen naturalistischen Fehlschluss oder um ein gültiges Argument handelt, hängt davon ab, ob der Begriff der Natur des Menschen rein deskriptiv oder auch wertend zu verstehen ist als etwas, was für den Menschen erstrebenswert ist.

7.4.2 Ad-hominem-Argument

Das Ad-hominem-Argument zielt, wie der Name schon sagt, auf den Menschen statt auf die Sache: Man argumentiert nicht für oder gegen die Wahrheit einer Aussage, sondern greift vielmehr den Gegner selbst an, indem man zum Beispiel seine Glaubwürdigkeit oder moralische Integrität in Frage stellt. So kann man etwa behaupten, die Gegnerin sei schlecht informiert, oder sie habe in ähnlichen Fragen ihre Meinung schon mehrfach gewechselt. Oder aber man macht Befangenheit geltend: Eine Person habe etwa ein persönliches Interesse am Ausgang der Diskussion. Zuweilen heißt es auch, jemand vertrete eine Auffassung, die von «anstößigen» Personen oder Gruppen geteilt werde. Wirft jemand zum Beispiel ein, «Sterbehilfe fanden auch die Nazis gut!», bringt er zum Ausdruck, dass Sterbehilfe unter allen Umständen abzulehnen sei. Es handelt sich hier deshalb um einen Argumentationsfehler, weil einerseits auch schlechte Vorbilder durchaus richtige Ansichten haben können (so sehr sie sich in anderen Belangen irren mögen). Andererseits kommt es bei der Bewertung einer Handlung oder Praxis oft auf deren Kontext an. Im obigen Beispiel etwa ist natürlich relevant, dass die Zulässigkeit der aktiven Sterbehilfe heute in einem ganz anderen Kontext diskutiert wird, als sie von den Nazis praktiziert wurde.

7.4.3 Tu-quoque-Argument

Das Tu-quoque-Argument ist eine Variante des Ad-hominem-Arguments. Es handelt sich um den Versuch, die These des Gegners durch den Hinweis zu entkräften, dass dessen eigenes Verhalten der These nicht entspricht. Diesen Fehlschluss begeht jemand, der die Forderung eines Politikers, dass wir auf Inlandflüge verzichten sollten, durch den Hinweis kritisiert, dass sich der Politiker selbst nicht an seine Forderung halte. Dies entspricht deshalb einem Argumentationsfehler, weil aus der Tatsache, dass jemand nicht tut, was er sagt oder «predigt», keineswegs folgt, dass seine Aussage falsch ist; meistens liefert es nicht einmal einen Grund für diese Annahme.

Das Tu-quoque-Argument wird oft verwendet, um das eigene Verhalten zu rechtfertigen. Entgegnet etwa eine Schülerin ihrem Lehrer auf dem Pausenhof, der sie dazu anhält, ihre Zigarette wegzuwerfen, «Sie rauchen schließlich auch!», so bringt sie damit zum Ausdruck, dass der Lehrer moralisch gesehen nicht autorisiert ist, ihr das Rauchen zu verbieten. Nun ist es zwar nicht besonders fein und möglicherweise sogar moralisch bedenklich, andere für Dinge zu kritisieren, die man selber praktiziert. Insofern hat die Redewendung «Jeder kehre zuerst vor seiner eigenen Tür» durchaus etwas für sich. Doch eine moralisch verwerfliche Handlung wird selbstverständlich nicht unproblematisch dadurch, dass andere sie auch begehen. Insofern ist die Entgegnung auf moralische Kritik, dass die Kritikerin dasselbe auch tut, kein Argument dafür, dass man selber die fragliche Handlung vollziehen darf. Es ist möglicherweise bloß ein Argument dafür, dass die Kritikerin in ihrer Rüge nicht ernst genommen werden kann oder unsympathisch wirkt.

7.4.4 Petitio principii

In einer Petitio principii (deutsch «Vorwegnahme des Grundes» und englisch «begging the question») wird das, was gezeigt werden soll, bereits vorausgesetzt. Ein solches «Argument» enthält also eine Prämisse, aus der schon ohne Weiteres die Wahrheit der Konklusion hervorgeht. Man tritt, anders gesagt, argumentativ auf der Stelle. Ein Beispiel für eine solche Petitio principii ist das folgende:

P1: Die Todesstrafe ist Mord.

P2: Mord ist moralisch verwerflich.

K: Also ist die Todesstrafe moralisch verwerflich.

Dieses Argument ist logisch gesehen durchaus gültig, da die Wahrheit der Prämissen die Wahrheit der Konklusion garantiert. Aber es setzt schlicht voraus, was erst zu zeigen wäre: Indem man behauptet, die Todesstrafe sei Mord (P1), sagt man auch bereits, dass sie aus moralischen Gründen abzulehnen sei.

7.4.5 Strohmann-Argument

Das sogenannte Strohmann-Argument richtet sich gegen eine Position, die so gar niemand vertritt, die also eine Art Karikatur dessen ist, was jemand behauptet. Zuweilen wird die Figur des Strohmanns deshalb auch so umschrieben, dass «Pappkameraden» abgeschossen werden, also Positionen, die niemand einnimmt.

Strohmann-Argumente arbeiten oft mit Vereinfachungen oder Übertreibungen (vgl. 8.2.1). Der Redner stellt die zu bekämpfende Position in einer verzerrten oder übertriebenen Form dar, sodass sie dann im weiteren Verlauf der Debatte problemlos widerlegt werden kann. Nehmen wir beispielsweise an, jemand vertrete die Ansicht, die Promillegrenze am Steuer sei auf Null zu setzen. Eine andere Person wendet ein, dass es völlig inakzeptabel sei, Alkohol zu verbieten, und begründet ihre Auffassung. Wie überzeugend ihr Argument auch ist, es geht am Streit vorbei, weil die erste Person gar kein Alkoholverbot fordert. Sie hat lediglich gefordert, dass der Alkoholkonsum vor dem Autolenken verboten werden sollte.

Mit Strohmännern wird versucht, der «argumentativen Arbeit» aus dem Weg zu gehen, die nötig wäre, um die Gegenposition zu widerlegen. Die angegriffene Partei wird auf Strohmann-Argumente in der Regel verärgert reagieren, etwa indem sie entgegnet: «Das habe ich doch gar nicht gesagt!» Und tatsächlich hat, wer auf diese Weise diskutiert, zum Schluss nur einen Strohmann und nicht die tatsächliche Position des Gegners widerlegt. Als Korrektiv dient demgegenüber das *principle of charity*, das wir in 8.3 einführen werden: Die gegnerische Position sollte so stark wie möglich gemacht werden, bevor sie kritisiert wird.

Eine Diskussion weiterer Fehlschlüsse bietet die ausgezeichnete Einführung ins Argumentieren von Tracy Bowell, Robert Cowan und Gary Kemp: *Critical Thinking. A Concise Guide*, 5. Auflage (New York: Routledge 2020).

▶ Übung: Eine komplexe Argumentation analysieren

Analysieren Sie die folgende Argumentation:

«Der Konsum von Cannabis sollte legalisiert werden, denn Cannabis ist nicht schädlicher als Alkohol oder Tabak, die beide legal konsumiert werden können. Weil der Sinn von Gesetzen darin besteht, dass sie uns vor Schaden schützen, ist es unsinnig, Gesetze zu haben, die den Konsum von Cannabis verbieten.»

Am besten beantworten Sie der Reihe nach die folgenden Fragen:

1. Wie lautet die Hauptkonklusion der Argumentation (wofür wird letztlich argumentiert)?
2. Welche Prämisse(n) wird (werden) genannt?
3. Wie lässt sich die Argumentation sinnvoll in Einzelschritte zerlegen?
4. Welche nicht genannten Prämissen müssen ergänzt werden, um die Argumentation zu vervollständigen?

Ein **Lösungsvorschlag** lautet: Die Argumentation liefert zwei unabhängige Begründungen (Argumente) für die These, dass Cannabis legalisiert werden soll. Die erste Begründung enthält zwei Zwischenkonklusionen. (Ergänzte Aussagen stehen in eckigen Klammern; die Prämisse P3 kommt in beiden Argumenten vor.)

1. Argument

P1: Cannabis ist nicht schädlicher als Alkohol oder Tabak.

P2: Alkohol und Tabak sind nicht gesetzlich verboten.

P3: Das gesetzliche Verbot einer Substanz ist nur dann gerechtfertigt, wenn die Substanz hinreichend schädlich ist.

[K1: Es ist inkonsistent, Cannabis gesetzlich zu verbieten, wenn Alkohol und Tabak legal sind.] [Aus P1, P2 und P3]

[P4: Das Gesetz sollte nicht inkonsistent sein.]

[K2: Es sollte entweder Cannabis legalisiert werden oder Alkohol und Tabak gesetzlich verboten werden.] [Aus K1 und P4]

[P5: Alkohol und Tabak sind nicht hinreichend schädlich, um ein gesetzliches Verbot zu rechtfertigen.]

K3: Das gesetzliche Verbot von Cannabis ist nicht gerechtfertigt. [Aus K2 und P5]

2. Argument

P3: Das gesetzliche Verbot einer Substanz ist nur dann gerechtfertigt, wenn die Substanz hinreichend schädlich ist.

[P6: Cannabis ist eine Substanz.]

[P7: Cannabis ist nicht hinreichend schädlich.]

K3: Das gesetzliche Verbot von Cannabis ist nicht gerechtfertigt. [Aus P3, P6 und P7] ◀

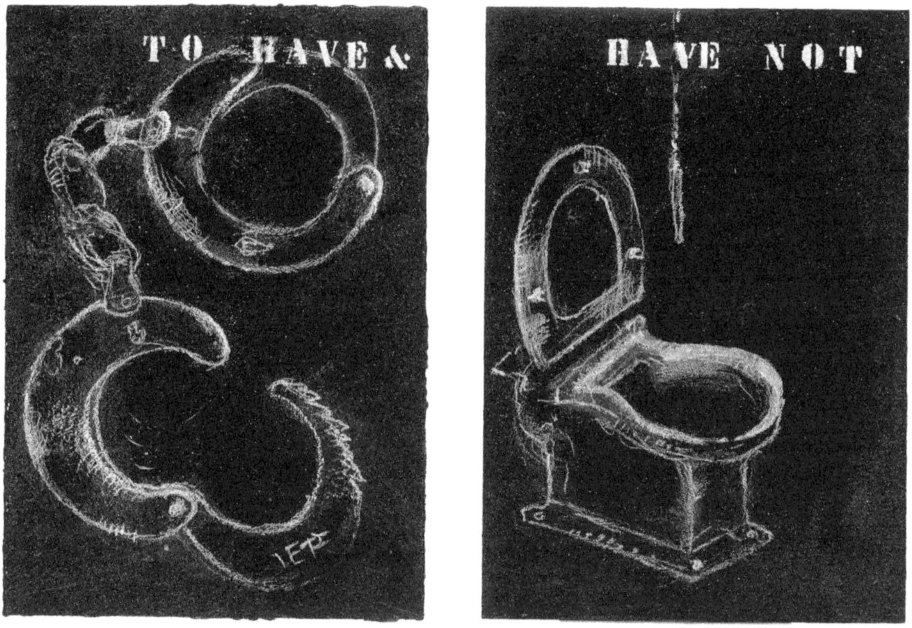
TO HAVE &
HAVE NOT

8

Rhetorik in der Ethik

Das vorangehende Kapitel hat sich primär den logischen Formen und Strukturen von Argumenten und Fehlschlüssen gewidmet. Im Folgenden rücken wir einen etwas anderen Aspekt des Argumentierens oder des Feilschens um Positionen in den Vordergrund. Wer argumentiert, möchte ja in der Regel – das haben wir nun wiederholt gesehen – andere überzeugen, dass er oder sie im Recht ist oder dass etwas Bestimmtes getan oder gelassen werden sollte. Beim Argumentieren scheint es deshalb ein Stück weit immer auch ums «Gewinnen» zu gehen. Man mag sich zwar kompromissbereit zeigen und um des guten Einvernehmens willen konziliant; schöner ist es aber, wenn einem Recht gegeben wird und man mit seinen Positionen durchkommt. Ein Blick in die einschlägigen Abteilungen in Buchhandlungen oder Titel von entsprechenden Managerseminaren bestätigen diesen Eindruck: «Richtig argumentieren – oder wie man in Diskussionen Recht behält», «Erfolgreich argumentieren» oder «Argumentieren unter Stress: Wie man unfaire Angriffe erfolgreich abwehrt» sind nur einige Beispiele für das Bild einer Argumentationskunst, die die Gegnerschaft in erster Linie besiegen will.

Der Eindruck, dass Argumentieren also durchaus etwas Sportliches an sich hat, verstärkt sich noch, wenn man öffentliche Debatten beobachtet, etwa entsprechende Fernsehformate, Diskussionsrunden und ganz besonders die zum Teil ungemein ruppigen Diskussion in Internetforen. Oftmals geht es nicht nur hitzig zu und her, sondern es wird mit Unterstellungen, Übertreibungen und Verzerrungen gearbeitet bis hin zu unschöner Polemik, die nicht mehr an der Wahrheitsfindung interessiert ist, sondern allein am Rechthaben.

In vielen Fällen steht mit einer erfolgreichen Argumentation denn auch einiges auf dem Spiel: Nur wer sich in öffentlichen Debatten durchsetzen kann, wird auch politische Macht beanspruchen oder seine Interessen durchsetzen können. Die Kunst der Argumentation wird damit zu einem zentralen Strategiemittel in der Auseinandersetzung mit den Gegnerinnen und Gegnern der eigenen Position. Schon die klassische Rhetorik, wie sie etwa prominent von Aristoteles vorgelegt worden ist, hat das Gespräch genau aus diesem Grund auch als Wettkampf beschrieben. Rhetorik ist dabei immer sowohl Kunst wie Wissenschaft: Als Kunst verfolgt sie das Ziel, andere von der eigenen Ansicht zu überzeugen; als Wissenschaft untersucht sie die Funktionsweise wirksamer Rede.

Gerade im Kontext moralischer Streitfragen liegt aber die Frage auf der Hand, ob in dieser Kunst alle Mittel erlaubt sind. Gibt es Grenzen dessen, was beim Argumentieren erlaubt ist – existiert also eine Art Ethik des Argumentierens mit verschiedenen Diskurstugenden?

Dass an dieser Vermutung etwas dran sein könnte und der Kunst der Rhetorik daher auch früh schon mit Skepsis begegnet wurde und weiter wird, kommt beispielsweise dann zum Ausdruck, wenn wir ein Plädoyer eines Politikers als «bloße Rhetorik» abtun. Werden rhetorische Stilmittel in der Werbung oder im Marketing eingesetzt, ist dies weder erstaunlich, noch problematisch. Rhetorik dient hier allein dazu, etwas an die Frau oder den Mann zu bringen; die Frage nach dem «Wahren» oder «Richtigen» oder «Guten» stellt sich nicht. In der ethischen Entscheidungsfindung wollen wir hingegen durchaus herausfinden, was wir tun sollen – und zwar vor dem Hintergrund der Frage, was das Richtige (nicht das Praktische, Günstige, uns Angenehme) ist. Wie also ist der Einsatz rhetorischer Mittel im Rahmen der ethischen Entscheidungsfindung zu bewerten?

In 8.1 widmen wir uns zunächst der Frage, welche rhetorischen Mittel der ethischen Entscheidungsfindung angemessen sein könnten. Danach diskutieren wir den für den ethischen Diskurs problematischen Einsatz rhetorischer Mittel (8.2) und kommen auf die Frage einer Ethik des Argumentierens respektive auf Diskurstugenden zu sprechen, die mit Blick auf die öffentliche Debatte generell, aber ganz besonders im Rahmen der ethischen Entscheidungsfindung wichtig sind (8.3). In 8.4 werden wir ein Problem aufnehmen, das in Bezug auf ethische Argumentation besonders relevant ist, nämlich die Ethik in pluralistischen Gesellschaften. Solange Gesellschaften, was ihre Grundwerte anbelangt, relativ homogen sind, werden auch entsprechende Wertfragen für weniger Zündstoff sorgen. Der zunehmende Pluralismus gegenwärtiger Gesellschaften, die zuweilen als gespalten beschrieben werden, kombiniert mit Emanzipationsbewegungen von Gruppen, die zu Recht nach jenem Respekt verlangen, der ihnen stets versagt geblieben ist, macht die ethische Auseinandersetzung spannungsreicher. Dass ein Großteil der Auseinandersetzung mittlerweile in den sozialen Medien stattfindet, trägt das Seine dazu bei, dass wir in vielerlei Kontexten mittlerweile von einem «vergifteten Diskursklima» sprechen müssen und uns entsprechend fragen, wie sich die Situation entschärfen lässt.

8.1 Angemessene Verwendung rhetorischer Strategien

Wer in einen ethischen Diskurs eintritt und argumentiert, möchte nicht nur eine richtige Entscheidung treffen, sondern auch andere von der Richtigkeit seiner Position überzeugen. Wir werden in diesem Abschnitt zwei rhetorische Strategien einführen, die dazu besonders geeignet und überdies unproblematisch sind:

- den **Rückgriff auf gemeinsam geteilte Prämissen** einerseits und
- den Einsatz von **Beispielen** und **Geschichten** andererseits.

Im Hinblick darauf, andere zu überzeugen, bietet sich erstens eine rhetorische Strategie an, die von Prämissen ausgeht, die möglichst viele Gesprächsteilnehmende teilen. Solche unstrittigen Prämissen können gemeinsam gemachte moralische Erfahrungen oder geteilte moralische Intuitionen beinhalten. Zur Konstruktion unstrittiger Prämissen dient auch der Rekurs auf gemeinsame geteilte Werte wie Freiheit, Sicherheit, Menschenwürde und Fairness (vgl. dazu 8.3). Tatsächlich ist es nicht nötig, in jeder Gesprächssituation neu zu begründen, warum wir beispielsweise den Schutz der Privatsphäre für einen wichtigen Wert halten. Wir setzen ihn einfach voraus, wenn wir argumentieren, indem wir zum Beispiel sagen: «Auch wenn die geplanten Videoüberwachungen in öffentlichen Räumen aus Sicherheitsgründen relevant sein mögen, sind sie abzulehnen, da sie einen massiven Eingriff in die Privatsphäre darstellen.» Die Diskussion dieses Arguments wird sich im Weiteren dann darum drehen, ob die Überwachungen tatsächlich einen Eingriff in die Privatsphäre darstellen, ob sie die Sicherheit wirklich erhöhen und, falls beides der Fall ist, wie der Schutz der Privatsphäre gegenüber dem Sicherheitsbedürfnis zu gewichten ist. Unbestritten bleibt aber, dass der Schutz der Privatsphäre ein wichtiger Wert ist; dies wird vielmehr als geteilte Prämisse oder normative Hintergrundannahme (vgl. 3.1) vorausgesetzt.

Der produktive Streit setzt eine gemeinsame Basis der Diskursteilnehmenden voraus. Eine vernünftige Einigung in strittigen Fragen ist nur möglich, wenn es Annahmen gibt, die alle teilen und die als Basis dienen, von der aus man für oder gegen eine These argumentieren kann. Eine wichtige Aufgabe besteht deshalb darin herauszufinden, auf welche geteilten Ansichten man sich im Diskurs berufen kann, und Aussagen ausfindig zu machen, die von allen Beteiligten als Prämissen anerkannt werden können. Diese Aussagen müssen nicht unbedingt wahr sein, aber sie müssen von den Diskursteilnehmenden als wahr akzeptiert werden, da Prämissen nur dann einen Grund für das Akzeptieren einer Konklusion liefern können, wenn sie selbst akzeptiert werden. Wer beispielsweise nicht der Meinung ist, dass eine Leihmutter in unzulässiger Weise instrumentalisiert wird, falls sie informiert und selbstbestimmt eingewilligt hat, wird sich nicht überzeugen lassen von einem Argument, dass die moralische Unzulässigkeit der Leihmutterschaft dadurch begründet, dass es sich bei ihr um eine unzulässige Instrumentalisierung handelt.

Ein zweite oft eingesetzte rhetorische Strategie besteht darin, anstelle von trockene Argumenten Beispielfälle zu schildern oder Geschichten zu erzählen, die wir selber erlebt oder den Medien entnommen haben. Vielleicht hat man jemanden im Bekanntenkreis, der an einer schweren Krankheit litt und nach vielen Gesprächen und langem Ringen auf eine Sterbehilfeorganisation wie *Exit* zurückgegriffen hat und mit einem assistierten Suizid aus dem Leben geschieden ist. Geht es in einer Diskussion um die Frage des ethisch richtigen Umgangs mit Suizidbeihilfe, kann man dann mit einer entsprechenden Erzählung einsetzen: Man erwähnt die Umstände der Krankheit der betreffenden Person, ihre Ängste oder Schmerzen, ihre Heilungsaussichten, das Vorgehen der Sterbehilfeorganisation usw. Diese Geschichte kann dann beispielsweise – anstelle eines expliziten Arguments – zeigen, dass Beihilfe zum Suizid moralisch erlaubt sein sollte. Jemand anderes wird dann vielleicht erzählen, wie furchtbar es für sie war, als ihre Großmutter ihr eröffnete, dass sie bald aus dem Leben scheiden werde. Suizidbeihilfe stelle Familien vor schwierige Fragen, wird sie damit sagen wollen – und implizit ein Gegenargument einbringen. Allerdings werden bei dieser Art von «narrativen Argumenten» zwei Schwierigkeiten auftauchen: Zum einen stecken in solchen Beispielen oft Sein-Sollens-Fehlschlüsse (siehe 7.4.1). Zuweilen ist dies jedoch nur auf den ersten Blick der Fall: Die Geschichten wollen oft gerade die empirische Basis eines Arguments (also die «Seins-Ebene») angreifen und damit die Befürchtungen zerstreuen und ein Gegenargument abschwächen. Zum anderen müssen wir (wie im obigen Fall gezeigt) stets damit rechnen, dass Gegenbeispiele eingebracht werden und man sich letztlich in Endlosschlaufen von subjektiven Schilderungen verliert, anstatt zum Kern der Argumentation vorzudringen.

Warum ist der Einsatz von rhetorischen Mitteln wie Bildern und Geschichten im ethischen Diskurs dennoch sinnvoll? Menschen sind Wesen mit Affekten und Emotionen. Wir alle sind tief geprägt von Hoffnungen, Sehnsüchten, Ängsten und Begierden. Diese sind unentwirrbar mit unseren grundlegenden moralischen Intuitionen und Überzeugungen verwoben. Die Sprache, mit der wir im Alltag, aber auch in öffentlichen Debatten ausdrücken, was uns wichtig ist und woran wir uns moralisch orientieren, ist substanziell davon geprägt. Bringen wir unsere moralischen Intuitionen und Überzeugungen zur Sprache, tun wir dies meistens unter Verwendung von emotional aufgeladenen Bildern, Metaphern, Gleichnissen und Einzelbeispielen. Argumentationen überzeugen uns nicht zuletzt dann, wenn sie moralische Emotionen und Intuitionen sowie die entsprechenden kommunikativen Mittel («es hat mich berührt», «ein solcher Fall scheint mir grausam» …) ernst nehmen. Auch wenn anschauliche Beispiele, Bilder oder Geschichten weder Argumente sind noch explizite Argumente enthalten, können sie als gemeinsamer Ausgangspunkt für ethische Argumentation dienen (zur Bedeutung von Geschichten in der Ethik vgl. 4.2 und 8.1).

Die Berücksichtigung derartiger Mittel darf und muss aber nicht dazu führen, dass der ethische Diskurs zur subjektiven Meinungsäußerung verkommt. Moralische Intuitionen und Emotionen teilen wir in der Regel mit vielen anderen Mitgliedern unserer Gesellschaft. Die überlieferten Bilder, Symbole und Geschichten machen einen Teil unserer Kultur und damit unserer moralischen Identität aus. Aus diesem reichen Fundus schöpfen unsere Moral und unsere Kultur. Sie dient somit als Ergänzung stringenter logischer Argumentation in unserer methodisch geleiteten ethischen Entscheidungsfindung und erweitert das Instrumentarium, mit dem wir in einer pluralistischen Gesellschaft argumentieren und diskutieren können.

Eine hilfreiche Diskussion zur Bedeutung von Filmen, Romanen und anderen Kunstformen für die Ethik findet sich in Kapitel 3 von Dagmar Fenner: *Was kann und darf Kunst? Ein ethischer Grundriss* (Frankfurt/New York: Campus 2013).

Die Bedeutung von Filmen und Romanen für die Ethik

Thematisch passende Filme und Romane sind im Hinblick auf die Diskussion moralischer Konflikte besonders anregende Medien. Sie arbeiten oft mit emotional aufgeladenen und ästhetisch einprägsamen rhetorischen Mitteln. Gerade deshalb gelingt es ihnen, erhellende und lebensnahe Darstellungen moralischer Konflikte und deren Bewältigung zu vermitteln. Der Kinofilm «Mar adentro» (2004), der auf einer wahren Begebenheit beruht, veranschaulicht etwa in berührender Weise das Problem der Beihilfe zum Suizid am Beispiel eines Tetraplegikers und seinem Wunsch, in Würde sterben zu können. «Beim Leben meiner Schwester» (2009) wiederum thematisiert den Fall eines sogenannten «Retterbabys»: Eine Familie zeugt via In-vitro-Fertilisation ein Geschwisterkind, das kompatibel ist mit dem Gengut seiner todkranken Schwester und dieser als Knochenmarkspenderin dienen kann. Solche Filme bieten natürlich keine Instrumente zur Lösung der thematisierten Frage. Sie vermögen aber die moralischen Konflikte offensichtlich und nachvollziehbar zu machen. Aus diesem Grund werden entsprechende Filme oder Romane oft ungleich stärker rezipiert als philosophische Argumente, Abhandlungen oder Leserbriefe. Gut erzählte Geschichten in Filmen und Romane eröffnen überdies häufig einen neuen Blick auf altbekannte moralische Streitfragen.

Auch religiöse Texte machen sich die Prägnanz von Geschichten oft gut und gerne zunutze. Sowohl in der Bibel der Juden und Christinnen, wie auch in den Texten asiatischer Religionen finden sich beispielsweise hunderte von Geschichten und Gleichnissen, die die Menschen zum moralisch richtigen Handeln anleiten wollen, ohne die uns vertrauten argumentativen Methoden der Philosophie einzusetzen. Vielmehr werden Geschichten erzählt, die Moral in einprägsamen Bildern vermitteln. Auf die Frage eines Gesetzeslehrers, was es bedeute, seinen Nächsten zu lieben, führt Jesus im Lukasevangelium beispielsweise keine Analyse des Begriffs der Nächstenliebe vor, auch wägt er keine Argumente ab. Vielmehr erzählt er die berühmt gewordene neutestamentliche Geschichte vom barmherzigen Samaritaner, der einem am Weg liegenden Menschen hilft, der von Räubern überfallen wurde (Lk 10: 25–36). Die Geschichte endet damit, dass Jesus zum Gesetzeslehrer sagt: «Geh auch du und handle ebenso.» Auch die Tradition des Buddhismus und Hinduismus ist voller Geschichten, in denen ein Meister seinen Schülern Antworten gibt, die diese ins Grübeln bringen und zuweilen sogar ratlos zurücklassen.

Im Hinblick auf die vernünftige Bearbeitung vieler moralischer Probleme und Konflikte moderner Gesellschaften sind rhetorische Mittel allerdings nur beschränkt einsetzbar. Um beispielsweise Debatten über unternehmensethische Fragen zu führen, braucht es selbstverständlich mehr als attraktive Gleichnisse und Geschichten aus der religiösen Tradition. Weiterführend sind hier normative Kriterien und Reflexionsmethoden, die rational nachvollziehbare Entscheidungen ermöglichen, wie wir sie in den Kapiteln 1 bis 5 unseres Buches eingeführt haben. Wer in einem solchen Streit mit Bibelzitaten oder einem buddhistischen Lehrsatz auftrumpft, wird die Gesprächsteilnehmenden verständlicherweise mehr ärgern als berühren. Denn die entsprechenden Geschichten bleiben interpretationsbedürftig und können damit oft Pro- wie Kontra-Argumente stützen. Und doch tragen Metaphern, Bilder, Gleichnisse und Geschichten wesentlich dazu bei, unsere moralische Sprache reichhaltig, lebensnah und motivierend zu gestalten.

Über die Schwierigkeit, in Zeiten von Polarisierung und Pauschalisierung einen sinnvollen Diskurs in der Öffentlichkeit zu führen, siehe auch das Buch *Die Kunst des Miteinander-Redens. Über den Dialog in Gesellschaft und Politik* von Bernhard Pörksen und Friedemann Schulz von Thun (München: Hanser Verlag 2020).

8.2 Problematische Verwendung rhetorischer Strategien

Wenn wir der Rhetorik im vorangegangenen Abschnitt zwar positive Seiten abgewonnen haben, darf nicht vergessen werden, dass sie auch manipulativ eingesetzt werden kann. Es ist daher unabdingbar, sie – wie alles andere in der Ethik – immer wieder kritisch zu hinterfragen. Nachdem wir in 7.4 genuine Argumentationsfehler vorgeführt haben, soll in diesem Abschnitt der problematische Einsatz rhetorischer Strategien thematisiert werden Wir stellen im Folgenden drei solche Strategien vor: Vereinfachungen, die Figur des «Schwarzen Schafes» und die Red-herring-Taktik.

8.2.1 Vereinfachungen und Pauschalisierungen

Eine beliebte rhetorische Taktik, die gerade in ethischen Debatten oft eingesetzt wird, sind Vereinfachungen. Damit sollen die meist komplexen Verhältnisse auf klare Fronten reduziert werden. Pauschalisierende Aussagen (mit Ausdrücken wie «jede/r» oder «alle») und plakative Bezeichnungen (beispielsweise «die Tierrechtsfanatiker», «die Neoliberalen», «die Pharmaindustrie») unterstützen solche Vereinfachungen.

Um komplexe Sachverhalte und Positionen handhabbar zu machen, sind gewisse Vereinfachungen natürlich unverzichtbar. Insofern sind Vereinfachungen in jedem wissenschaftlichen Diskurs nicht nur erlaubt, sondern sogar notwendig. Problematisch sind Vereinfachungen allerdings dann, wenn Sachverhalte oder Positionen in polemischer Absicht verzerrt werden. Ein Beispiel: «Du bist gegen den Export von Waffen? Du möchtest also, dass wir keine starke Exportindustrie haben?» Die moralischen Bedenken betreffend Waffenexport werden hier auf das allgemeine Thema des Wirtschaftsstandorts reduziert. Da es in öffentlichen Debatten schwierig ist, gegen eine starke Wirtschaft des eigenen Landes zu argumentieren, hat man mit dieser Vereinfachung die Position der anderen Partei geschwächt, ohne ihr damit gerecht zu werden. Unzulässige Vereinfachungen legen die Gegnerschaft auf eine Position fest, die sie gar nicht vertritt. Dies kann auf zwei Arten geschehen:

- Entweder werden die ursprünglichen Thesen so verändert, dass sie leichter angreifbar sind;
- oder aber es wird der Gegnerin eine neue These untergeschoben, die sie gar nicht vertritt.

Vereinfachungen, die in diesem Sinne verzerrend wirken, liegen typischerweise einem unzulässigen Strohmann-Argument zugrunde (vgl. 7.4.5). Dasselbe gilt für Pauschalisierungen, bei denen in unzulässiger Weise verallgemeinert wird, um eine These leichter angreifen zu können. Wendet beispielsweise jemand gegen eine Liberalisierung des Haschischkonsums ein, dass die freie Verfügbarkeit von Drogen zu sozialen und gesundheitlichen Problemen führen würde, so unterstellt er der Gegnerin eine viel allgemeinere These als sie tatsächlich vertritt – nämlich, dass alle Arten von Drogen frei verfügbar sein sollen.

8.2.2 Figur des «Schwarzen Schafes»

Wer die Figur des «Schwarzen Schafes» verwendet, stellt zur Verteidigung einer strittigen Praxis die umstrittenen Punkte als Ausnahmen dar, welche die (an sich gute) Regel bestätigen. Allzu hohe Managergehälter werden dann etwa so gerechtfertigt: «Der Chief Executive Officer der Firma X, der unverhältnismäßig hohe Bezüge kassierte, ist ein Einzelfall, der nicht der Wirtschaft als ganzer angelastet werden kann!»

Argumente, die auf solchen Figuren beruhen, brauchen nicht fehlerhaft zu sein, denn schwarze Schafe kann es ja tatsächlich geben. Das Problem besteht allerdings darin, dass sie häufig mit der Absicht eingesetzt werden, Missstände zu verschleiern. Indem ein schwarzes Schaf als Ausnahme identifiziert wird – welche die (positive) Regel bestätigt –, wird von anderen möglichen schwarzen Schafen abgelenkt. Ein Beispiel: Anlässlich eines Dopingvorfalls betont ein Sportverband, dass es sich bei diesem Fall um eine seltene Ausnahme handle. Die Mehrzahl der Athleten erbringe Spitzenleistungen, ohne verbotene Substanzen einzusetzen. Ob diese Einschätzung gerechtfertigt ist, kann aber nicht einfach vorausgesetzt werden, sondern dafür bedarf es eines Nachweises.

Die Figur des «Schwarzen Schafes» lässt sich auch umgekehrt einsetzen im Sinne einer paranoiden Deutung. Vom problematischen Einzelfall wird auf einen größeren Zusammenhang geschlossen: «Dieser Freisetzungsversuch von gentechnisch modifiziertem Weizen ist Teil einer Strategie der Agro-Unternehmen, die uns Gentech-Food aufzwingen wollen!» Auch hier gilt: Der Vorwurf muss belegt werden, ansonsten bleibt er ein bloßes rhetorisches Mittel mit dem einzigen Zweck, die gegnerische Partei zu diskreditieren.

8.2.3 Red-herring-Taktik

Die Red-herring-Taktik lenkt vom Thema ab, indem die Diskussion bewusst über eine Analogie, ein Beispiel oder einen Seitenaspekt des diskutierten Themas auf eine andere Streitfrage gelenkt wird. Der Ausdruck *red herring* stammt aus der Fährtenarbeit mit Hunden, bei der zur Ablenkung der (unerfahrenen) Hunde von der Fährte (beispielsweise des Fuchses) ein stark riechender, gepökelter Hering am Boden nachgezogen wird. Die Hunde werden vom neuen Duft abgelenkt und verfolgen statt der richtigen die Spur des Herings.

Zur Ablenkung von einem unangenehmen Thema oder von einem Argument, das die eigene Position ins Wanken bringt, ist diese Strategie äußerst einfach einzusetzen. Wir lassen uns im Gespräch gern ablenken vom Thema. So fängt eine Diskussion beim Wetter an und führt über den Klimaschutz zum Krieg in Syrien, ohne dass es zu einem einzigen vernünftigen Argument gekommen wäre. Dass wir in Gesprächen häufig assoziieren und sprunghaft argumentieren, ist dabei nicht problematisch (wenn auch für die ethische Entscheidungsfindung wenig zielführend). Problematisch ist es jedoch, wenn durch das Aufbringen neuer Themen von der eigenen Position und insbesondere von deren Schwächen abgelenkt wird. Es braucht viel Übung und eine gewisse Hartnäckigkeit, um jemanden, der die Red-herring-Taktik anwendet, zur Disziplin zu rufen und die Argumente auf die eigentliche Streitfrage zurückzuführen.

Besonders beliebt ist angesichts dessen, was oft und gern als «Komplexität der Welt» beschrieben wird, der sogenannte *whataboutism:* Die Person bringt zu ihrer Verteidigung ein anderes Beispiel ein, für das es – scheinbar – keine Lösung gibt, und konstatiert: «Es ist eben komplex.» Wenn jemand argumentiert, aus Tierschutzgründen esse er nun kein Fleisch mehr, sagt sein Gegenüber: «Und was ist mit Tofu? Der wird ja aus Soja hergestellt, und der Anbau ist auch nicht unproblematisch.» Der Sache nach ist der Einwand natürlich richtig. Aber wenn wir wissen wollen, ob wir aus Tierschutzgründen den Fleischkonsum aufgeben sollen, ist der Verweis auf den Sojaanbau wenig erhellend.

Weitere Beispiele für den problematischen Einsatz rhetorischer Mittel finden sich in Hubert Schleichert: *Wie man mit Fundamentalisten diskutiert, ohne den Verstand zu verlieren: Anleitung zum subversiven Denken*, 10. Auflage (München: Beck 2019).

8.3 Diskurstugenden

Aus dem bisher Gesagten dürfte etwas klar geworden sein: Die Art und Weise, wie wir unsere Auseinandersetzungen über moralische Fragen führen, ist von großer Bedeutung für die ethische Entscheidungsfindung. Wir haben bereits gesehen, dass die Verwendung gewisser rhetorischer Mittel und Taktiken problematisch ist und diese zu vermeiden sind. In diesem Abschnitt soll der Fokus auf den Haltungen und Kompetenzen liegen, die nötig sind, um eine faire Entscheidungsfindung herbeizuführen. Wir nennen diese Kompetenzen im Folgenden Diskurstugenden. Drei davon wollen wir hier vorstellen: Wohlwollen, Kritikfähigkeit und Kooperationsbereitschaft:

1. **Wohlwollen:** Ethische Diskurse sollten sich am *principle of charity* orientieren. Dieses Prinzip verlangt, dem Standpunkt des Gegenübers möglichst viel abzugewinnen. Dies geschieht, indem wir zum einen unseren Diskussionspartnern aufmerksam zuhören und um gegenseitiges Verständnis bemüht sind. Dafür sollten wir zunächst von der Annahme ausgehen, dass das Gegenüber zutreffende Aussagen und stimmige Begründungen vorbringt. Im Weiteren verlangt das Prinzip, sich in die gegnerische Perspektive einzufühlen und jedenfalls phasenweise ein Stück weit von den eigenen Überzeugungen und Interessen Abstand zu nehmen. Ein Diskurs, der sich an diesem Prinzip orientiert, ist weder Kampf noch Ideenschlacht, sondern ein kooperatives Suchen nach dem moralisch Richtigen.
   Das *principle of charity* ist übrigens nicht nur aus Fairnessgründen wichtig. Wir können bei dessen Befolgung mitunter selber viel lernen. Denn gerade indem wir die Position des Gegenübers möglichst stark machen, verhelfen wir auch der eigenen Position zu größerer argumentativer Prägnanz, da sich diese nun an möglichen Gegenargumenten schärfen lässt.

2. **Kritikfähigkeit:** Zum gelungenen ethischen Diskurs gehört die Fähigkeit, Kritik nicht nur auszuteilen, sondern auch einzustecken und ernst zu nehmen. Wer unerschütterlich davon überzeugt ist, dass er oder sie Recht hat, muss im Grunde genommen gar keinen Diskurs führen. Nur wenn wir Überzeugungen – und auch die eigenen – immer wieder hinterfragen, vermeiden wir einen unfruchtbaren **Dogmatismus.** Dogmatiker sind der Ansicht, dass es bezüglich moralischer Streitfragen nicht nötig sei, eine ergebnisoffene Diskussion zu führen. Sie müssen dementsprechend den Vertretern und Vertreterinnen anderer Positionen gar nicht zuhören. Eine Strategie, Dogmatismus zu vermeiden, besteht darin, nicht sofort mit der Verteidigung der eigenen Position zu reagieren, wenn die Gegenpartei ein Argument vorgebracht hat. Stattdessen hört man genau hin, versucht im Sinne des oben erwähnten *principle of charity* zu verstehen und nachzuvollziehen, was die andere Partei gesagt hat, und reagiert erst dann mit allfälligen Gegenargumenten.

Praktische und einprägsame Regeln für den ethischen Diskurs finden sich bei Anthony Weston: *A 21st Century Ethical Toolbox*, 4. Auflage (New York: Oxford University Press 2017; besonders in den Kapiteln 4 und 13).

---

3. **Kooperationsbereitschaft:** Was zu Wohlwollen und Kritikfähigkeit gesagt wurde, impliziert, dass die **Suche nach Verständigung** und nicht Konfrontation den Geist ethischer Diskurse auszeichnet. Dazu gehört, dass Konfliktparteien in Situationen, die blockiert scheinen, sich zunächst auf die **Suche nach Gemeinsamkeiten** machen. Vielleicht gelingt es, sich zumindest auf ein gemeinsames Verfahren zur Lösung des Problems zu einigen. Vielleicht entdeckt man bei allen Differenzen doch geteilte Werte. So dürfte beispielsweise bei allem Streit um Tierversuche unstrittig sein, dass alle daran interessiert sind, Versuchstiere möglichst wenig leiden zu lassen. Und bei allen Divergenzen um die Beihilfe zum Suizid dürfte unbestritten sein, dass ein menschenwürdiges Sterben das Ziel sein muss. Sich über geteilte Werte oder Zielvorgaben zu versichern, hilft in den meisten Fällen, den Diskurs konstruktiv und lösungsorientiert zu gestalten. Diskursive Kooperationsbereitschaft bedeutet auch, plakative Aussagen und Zuschreibungen zu vermeiden («Tierversuche sind Mord!», «die Tierrechtsfanatiker») und die Gegenpartei nicht pauschalisierend in einen Topf zu stecken («die religiösen Fundamentalisten», «die Liberalen», «die Marktgläubigen» usw.).

Der «herrschaftsfreie Diskurs» als Ideal der Diskursethik

Es gibt eine Schule in der akademischen Ethik, die aus der Reflexion über die Praxis des Diskurses ein Moralprinzip zu gewinnen versucht. Die Diskursethik, wie sie etwa vom deutschen Philosophen Jürgen Habermas (*1929) vertreten wird, ist eine weitere **Moraltheorie** neben den Theorien, die wir in Kapitel 3 eingeführt haben.
Die Diskursethik – es gibt unterschiedliche Versionen davon – versucht, die unhintergehbaren Voraussetzungen der Kommunikationsgemeinschaft zu eruieren. Als Prinzip der Moral gilt das, was im Diskurs von jedermann notwendig anerkannt werden muss. Gemäß Habermas dürfen darüber hinaus nur diejenigen moralischen Normen Geltung beanspruchen, welche die Zustimmung der Betroffenen als Teilnehmende eines praktischen Diskurses finden (könnten). Es handelt sich dabei um einen Diskurs, bei dem Macht und Zwang keine Rolle spielen dürfen. Im sogenannten **herrschaftsfreien Diskurs** soll jeder jede Behauptung problematisieren und jeder seine Einstellungen, Wünsche und Bedürfnisse äußern dürfen. Dieses **Verfahrensideal,** und kein inhaltlich bestimmtes Moralprinzip (wie etwa das Nutzenmaximierungsprinzip im Utilitarismus), soll unsere Verständigung über moralische Fragen und Probleme leiten und das moralisch Richtige zu bestimmen helfen.

Jürgen Habermas: *Erläuterungen zur Diskursethik,* 6. Auflage (Frankfurt a.M.: Suhrkamp 1991).

8.4 Ethik in pluralistischen Gesellschaften

Die im letzten Abschnitt erwähnten Diskurstugenden sind vor allem im Kontext pluralistischer Gesellschaften von Bedeutung. Wenn im Rahmen moralischer Meinungsverschiedenheiten unterschiedliche Überzeugungen aufeinanderprallen, sind Verfahren vonnöten, die es erlauben, moralische Probleme mit Respekt vor den Vertreterinnen und Vertretern anderer Positionen zu bearbeiten. Dahinter steht die Einsicht, dass ethische Diskurse eine Art «kooperative Unternehmen» sein sollten. Wir haben die These vertreten, dass es zur Erreichung dieses Ziels hilfreich ist zu fragen, ob es trotz aller Differenzen nicht doch eine gemeinsame Wertebasis gibt. Dagegen mag man einwenden, dass uns diese gerade in pluralistischen Gesellschaften wie der unseren fehlt. Die Interessenlage unterschiedlicher Gruppen sowie die individuellen Lebensstile sind so unterschiedlich, dass die Frage nach gemeinsamen Normen und Werten obsolet erscheint. Dieser Eindruck verstärkt sich noch, wenn ein interkultureller Dialog angestrebt wird, der suggeriert, es ließen sich kulturübergreifende Lösungen für moralische Fragen finden (vgl. die in 6.2 diskutierte Herausforderung des Relativismus).

Doch die Sache stellt sich vielschichtiger dar. Es gibt in unserer Gesellschaft trotz aller Differenzen ein hohes Maß an Übereinstimmung hinsichtlich grundlegender moralischer Werte und Normen. Kaum jemand wird bestreiten, dass es sich beispielsweise im Fall von Menschenwürde, Freiheit, Gerechtigkeit oder Sicherheit um grundlegende Werte handelt, die wir alle hochhalten. Es scheint deshalb angebracht, hinsichtlich der Geltung dieser Werte von moralischem Konsens zu reden. Diese Werte bilden eine gemeinsame Basis für unser Zusammenleben und unsere Verständigung über moralische Fragen und Probleme.

Dennoch gibt es auf zwei anderen Ebenen auch Differenzen, die zu Spannungen führen können:

1. Differenzen mit Blick auf die **Begründungen der Werte:** Wenn es beispielsweise um die Begründung des Wertes der Menschenwürde geht, greifen wir auf unterschiedliche kulturell oder religiös geprägte Welt- und Menschenbilder zurück. So lässt sich Menschenwürde theologisch begründen, indem auf die Gottesebenbildlichkeit des Menschen verwiesen wird. Eine philosophische Begründung wird dagegen Menschenwürde etwa im Anschluss an Kants Bestimmung des Menschen als autonomes und vernünftiges Wesen konzipieren. In unserer Gesellschaft lassen wir derartige unterschiedliche

Begründungsmuster friedlich nebeneinander koexistieren. Wichtig ist nämlich primär, dass wir uns einig sind, dass das Konzept der Menschenwürde moralisch bedeutungsvoll ist – ganz unabhängig davon, wie es sich begründen lässt.

2. Differenzen mit Blick auf die **inhaltliche Bestimmung der Werte:** Zwar kann man sich womöglich darauf einigen, dass ein bestimmter Wert von Bedeutung ist – es besteht aber Uneinigkeit darüber, wie dieser inhaltlich gefüllt ist und welche Pflichten und Rechte sich allenfalls aus ihm ergeben. Um nochmals das Konzept der Menschenwürde aufzunehmen: Im Kontext von medizinethischen Fragestellungen nehmen oft ganz unterschiedliche Parteien auf dieses Bezug. So berufen sich etwa sowohl Gegner wie auch Befürworterinnen aktiver Sterbehilfe auf die Menschenwürde. Im einen Fall wird mit Verweis auf die Menschenwürde aktive Sterbehilfe verboten. Im anderen Fall wird mit dem Verweis auf die Menschenwürde aktive Sterbehilfe als ein selbstbestimmtes, würdevolles Sterben unter schwierigen Umständen gerechtfertigt. Wenn also gefragt wird, was aus einem grundlegenden Konzept wie dem der Menschenwürde folgt, resultieren oft sehr unterschiedliche Empfehlungen.

Man könnte natürlich argumentieren, die erwähnten Differenzen hätten ihren Grund in unsauberen Begriffsbestimmungen: Würden wir nur hinreichend deutlich machen, wie wir den Wert der Menschenwürde begründen, würde daraus auch seine inhaltliche Bestimmung folgen. Träfe diese Analyse stets zu, müssten wir nur intensiv Begriffsklärung betreiben und Begriffe sorgfältiger definieren, und schon würden die Meinungsverschiedenheiten an ein Ende kommen. Und in der Tat können Begriffsbestimmungen dazu beitragen, Meinungsverschiedenheiten zu klären – doch nicht in jedem Fall. John Rawls war beispielsweise der Ansicht, dass es bezüglich einzelner Normen und Werte unseres Zusammenlebens respektive hinsichtlich dessen, was aus ihnen folgt, durchaus auch nicht auflösbare Meinungsverschiedenheiten gebe – und zwar auch zwischen vernünftigen Personen.

John Rawls: *Politischer Liberalismus* (Frankfurt a.M.: Suhrkamp 1998).

Die Pointe seiner These liegt darin, dass Meinungsverschiedenheiten unter vernünftigen Personen in liberalen Gesellschaften sozusagen an der Tagesordnung sind. (Rawls spricht in diesem Zusammenhang von «vernünftigen Meinungsverschiedenheiten».) Wenn unterschiedliche Meinungen vorliegen, muss das also mitnichten bedeuten, dass der eine vernünftiger als der andere ist. John Rawls verwendet in diesem Zusammenhang einen recht anspruchslosen Begriff von Vernunft. Vernünftig ist ein Mensch, wenn er über grundlegende kognitive Fähigkeiten verfügt. Dazu gehört, einfache Schlüsse zu ziehen, Beweisgründe zu gewichten und widerstreitende Überlegungen abzuwägen. Wir alle tun das im Alltag natürlich ständig.

Wie also kann es zu vernünftigen Meinungsverschiedenheiten kommen? Rawls nennt die Quelle dieser Meinungsverschiedenheiten «Bürden des Urteilens»:

- Zu ihnen gehören unter anderem **widersprüchliche oder komplexe wissenschaftliche Befunde.** Oft sind es unterschiedliche empirische Annahmen, die zu Differenzen auf der Ebene der Moral führen. Ob wir der Meinung sind, dass in Sachen Klimaschutz eher Atom- und Gaskraftwerke zielführend sind, ist im Hinblick auf konkrete politische Maßnahmen von größter Bedeutung. Moralische Normen und Werte spielen in solchen Kontexten oft eine sehr viel geringere Rolle als unsere empirischen Annahmen und Prognosen, also unsere Beurteilung und Interpretation wissenschaftlicher Befunde.

- Oft sind wir uns betreffend des **Gewichts und der Bedeutung bestimmter Überlegungen** nicht einig. In der Abtreibungsfrage gewichten liberale Stimmen Autonomie stärker als den Lebensschutz. Die Gegenseite argumentiert gerade umgekehrt. In der Frage des Arbeitsplatzabbaus argumentiert die eine Seite stärker mit dem langfristigen Ziel des Unternehmenserhaltes, während die andere Seite auf die Schicksale der arbeitslos Gewordenen hinweist. Beides sind wichtige Punkte, nicht immer aber wird es gelingen, die Güterabwägung einvernehmlich zu lösen.

- Viele der normativen Begriffe, die in unserem Zusammenleben eine große Rolle spielen, sind **interpretationsbedürftig.** Wir haben das weiter oben in diesem Abschnitt am Konzept der Menschenwürde gesehen. Wer auf dieses oder auf andere moralische Konzepte zurückgreift, muss damit rechnen, dass unterschiedliche Interpretationen und Schlussfolgerungen resultieren können. Diese lassen sich in vielen Fällen nicht durch bessere Definitionen aus der Welt schaffen.

- Und nicht zuletzt bringen Menschen mit ihren Biographien ganz **unterschiedliche Lebenserfahrungen** mit. Sie machen uns zu den Personen, die wir sind, führen aber unausweichlich dazu, dass wir uns in der Art, wie wir empirische Befunde beurteilen oder wie wir einzelne moralische und politische Werte gewichten (jedenfalls in komplexeren moralischen Konflikten) voneinander unterscheiden.

Die «Bürden des Urteilens» führen dazu, dass wir in einigen Fällen mit guten Gründen, also obwohl wir unser Urteilsvermögen richtig einsetzen, unterschiedlicher Meinung sein können. Gemäß dieser Konzeption gibt es keine übergeordneten Regeln oder Instanzen, welche es erlauben, solche Meinungsverschiedenheiten ein für allemal zu klären. Wir müssen mit ihnen leben. Die oben eingeführten Diskurstugenden (vgl. 8.3) sind ein wichtiges Mittel, konstruktiv mit diesen Meinungsverschiedenheiten umzugehen.

Bestimmte Handlungen, Praktiken und Technologien werden in unserer Gesellschaft also unterschiedlich beurteilt. Auf der Ebene allgemeiner Werte und Normen kann man dennoch von einer Art moralischem Konsens ausgehen. Dieser Konsens trägt aber möglicherweise nicht mehr, wenn wir über die Grenzen unserer Gesellschaft blicken und mit den Normen und Werten anderer Gesellschaften konfrontiert sind. Hier haben wir es mit interkulturellen Meinungsverschiedenheiten zu tun, die sehr viel schwerer zu handhaben sind als diejenigen, mit denen wir aus unserer eigenen Gesellschaft vertraut sind. Das stellt die Kommunikation, aber auch das Handeln im globalen Kontext vor neue Herausforderungen. Viele aktuelle Fragen besonders in der Wirtschafts- und Unternehmensethik und in der Bioethik haben damit zu tun, dass in anderen Gesellschaften andere Normen und Werte gelten. Dass wir dennoch keine relativistische Position einnehmen müssen, haben wir in 6.2 gezeigt. Ethische Meinungsverschiedenheiten, so unser dortiges Fazit, sind der Ausgangspunkt für Gespräche, nicht deren Ende.

Übung zu den Diskurstugenden

Versuchen Sie, die Diskussion eines moralischen Problems unterschiedlich zu gestalten, etwa indem Sie zunächst eine kämpferische Auseinandersetzung inszenieren mit dem Ziel, einfach Recht zu haben. Verwenden Sie beispielsweise Vereinfachungen, «schwarze Schafe», die Red-herring-Taktik. Versuchen Sie danach, dasselbe Problem im Geist gegenseitigen Respekts zu führen mit dem Ziel, eine gemeinsame tragfähige Lösung zu finden.

Hier ein Beispiel, mit dem Sie beginnen könnten:

A sagt: «Jetzt schau mal diesen Artikel über das Vergütungsmodell der Bank XY an. Das ist ja unglaublich – Manager sind doch alles gierige Typen. Die haben nur ihre eigenen Interessen im Blick und wollen möglichst hohe Gehälter und Boni einfahren.»

B erwidert: «Das stimmt doch überhaupt nicht, ich kenne viele sehr verantwortungsbewusste Führungskräfte in Unternehmen. Es gibt einige wenige schwarze Schafe, aber diese Fälle werden von den Medien aufgebauscht. Darunter hat dann die Vielzahl der anständig arbeitenden Manager zu leiden.»

A: «Mir kommen gleich die Tränen.»

B: «Ja, wer so wie du einen sicheren Lohn als Angestellter des Kantons hat, der kann leicht reden. Du hast keine Ahnung, wie das in der Privatwirtschaft läuft …»

A unterbricht: «Natürlich habe ich eine Ahnung. Was ich sehe ist, dass die Mehrheit unserer Bevölkerung immer weniger in den Taschen hat, der Staat kollabierende Banken rettet und einige wenige Herren mächtig absahnen.»

B enerviert: «Jetzt übertreibst du wieder mal. Wenn alle so denken würden wie du, würde das ja auf eine totale Gleichmacherei hinauslaufen. Aber es kann doch nicht sein, dass jeder faul herumhängende Typ gleich viel verdient wie einer, der sich anstrengt.»

Es fallen Ihnen bestimmt viele weitere «Argumente» in diesem Stil ein. Wie wird die Debatte enden? Könnte die Debatte auch in einem anderen Geist geführt werden? Beispielsweise so:

A sagt: «Mich beunruhigt, dass die Bank YX weiterhin ein Vergütungsmodell vorsieht, bei dem die obersten Führungsverantwortlichen Boni in Millionenhöhe erhalten.»

B erwidert: «Was beunruhigt Dich daran? Findest du es nicht in Ordnung, das jemand so viel verdient?»

A: «Ich muss gestehen, ich kann es nicht recht nachvollziehen, dass die Arbeit eines einzelnen Menschen so viel wert sein soll. Verstehst du das?»

B: «Soweit ich es sehe, läuft die Argumentation so, dass die Lohnverantwortlichen der Überzeugung sind, dass sie ohne diese hohen Vergütungen nicht die besten Leute für diese Positionen erhalten würden.»

A: «Mag sein, aber sind das wirklich die besten Leute, die nur für so viel Geld arbeiten wollen? Wie dem auch sei, mich beunruhigt vor allem, welche sozialen Folgen diese Lohnschere hat.»

Versuchen Sie, dieses Gespräch weiter zu führen und erproben Sie verschiedene Gesprächstechniken anhand weiterer Themen wie Tierversuche, Fluchthilfe, militärische Einsätze im Ausland. Wichtig ist, sich bei der Übung vor Augen zu halten, dass es natürlich erlaubt ist, sich in Debatten zu streiten und Recht haben zu wollen. Was wir zeigen wollen, ist lediglich, dass solch ein «Wettbewerbsverhalten» im Rahmen ethischer Diskurse, die eine ethische Entscheidung herbeiführen und durchsetzen sollen, nicht zielführend ist. ◀

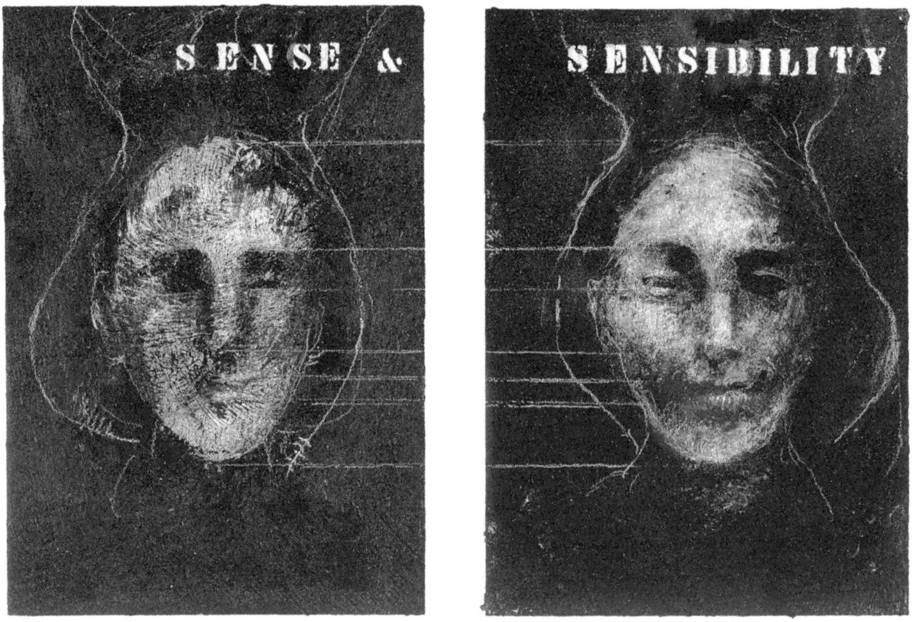
SENSE &
SENSIBILITY

Zum Ausklang

Wir haben in diesem Buch zu zeigen versucht, was ethische Fragestellungen kennzeichnet, welche Schritte zu ihrer Entscheidung vonnöten sind, wie sich sinnvollerweise für oder gegen eine bestimmte Position argumentieren lässt. Wie wir gesehen haben, zeigen sich ethische Konflikte meist vor dem Hintergrund gesellschaftlicher Debatten, technologischer Entwicklungen oder politischer Verschiebungen. Der ethische Diskurs muss deshalb kontextsensitiv vorgehen und bedarf des theoretischen Rüstzeugs, das Moraltheorien, Argumentationsformen und Diskurstugenden bereitstellen.

Zu wissen, was gut oder richtig ist, und ein entsprechendes Urteil rechtfertigen und gekonnt verteidigen zu können, impliziert allerdings noch nicht, dass die Betroffenen die empfohlene Position auch tatsächlich umsetzen können oder wollen. Denn zum einen können Sachzwänge dazu führen, dass wir uns dem Empfohlenen nur in kleinen Schritten annähern können. Das Nachdenken über zielführende Maßnahmen der Implementierung gehört deshalb zur ethischen Entscheidungsfindung dazu. Zum anderen bedeutet das Richtige einzusehen nicht zwingend, auch motiviert zu sein, danach zu handeln. Das Problem der mangelnden Motivation wird umso brisanter, als wir heute in einer Welt leben, in der die allermeisten moralischen Probleme nur gemeinsam bewältigt werden können: Niemand kann im Alleingang Bürgerkriege stoppen, die Weltarmut tilgen oder den Menschenhandel abschaffen. Gerade weil es zur Bearbeitung solcher globalen Probleme kollektiver Bemühungen bedarf, bleibt unklar, was die einzelne Person zu tun verpflichtet ist. Diese Unklarheit führt in vielen Fällen dazu, dass wir in Untätigkeit verharren: Zwar scheint unbestritten, dass es sich bei einigen Zuständen um Unrecht oder Grausamkeiten handelt (etwa beim Menschenhandel oder bei der Weltarmut), aber kaum jemand fühlt sich zuständig, diese Zustände auch tatsächlich zu bekämpfen und schließlich zu beseitigen. Wir wollen diese Schwierigkeit und einige damit verbundene, aber bisher nicht diskutierte Fragen abschließend aufnehmen und an zwei Beispielen kurz diskutieren.

Das erste Beispiel betrifft den Klimawandel. In der Ethik gilt als unbestritten, dass die Treibhausgasemissionen reduziert werden müssen. Was aber muss der oder die Einzelne angesichts dieser Forderung tun? Eine mögliche Maßnahme würde darin bestehen, nur noch Elektroautos zu fahren. Nehmen wir an, es gebe dafür keine entsprechenden Gesetze oder ökonomischen Anreize. Haben wir dennoch eine moralische Pflicht, unseren Offroader zu verkaufen und auf ein ausstoßarmes Fahrzeug umzusteigen? Begeisterte Autofahrerinnen und -fahrer werden womöglich argumentieren, dass der individuelle Beitrag zur Lösung des Problems verschwindend klein ausfalle, solange nicht alle ihren Beitrag leisteten und das Problem gemeinsam angegangen werde. Die einzelne Autofahrt scheint ja nicht das Problem zu sein, sondern erst die addierten Folgen sehr vieler Autofahrten von vielen Automobilisten geben den negativen Ausschlag. Was kann in dieser Situation vom einzelnen Akteur moralisch gefordert werden? Welche Vorschriften darf man in einer liberalen Gesellschaft wie der unseren den Einzelnen bezüglich ihres Lebensstils machen?

Nehmen wir in einem weiteren Beispiel an, die ethische Entscheidungsfindung habe ergeben, dass ein Warenhaus Kleider aus sogenannten Sweatshops aus seinem Sortiment streichen sollte. Bei den Sweatshops handelt es sich um Fabriken in Schwellen- und Entwicklungsländern, die ihre Angestellten unter erbärmlichen Bedingungen arbeiten lassen und ihnen keine existenzsichernden Löhne bezahlen. Aber gerade mit dem Verkauf dieser Kleider (der legal ist) erzielt das Warenhaus gute Gewinne. Soll es auf dieses Geschäft freiwillig verzichten und einen Marktnachteil in Kauf nehmen, während die Konkurrenten derartige Kleider weiterhin verkaufen? Die Leitung des Warenhauses vertritt vielleicht die Ansicht, dass sie nicht einsehe, weshalb ausgerechnet ihr Warenhaus mit gutem Beispiel vorangehen sollte. Außerdem könnte man argumentieren, es sei nicht die Aufgabe der hiesigen Warenhäuser, sich um die Arbeitsbedingungen in den Betrieben der Lieferanten zu kümmern, sondern diejenige der Lieferanten selbst oder der Länder, in denen produziert wird. Kundinnen und Kunden des Warenhauses wiederum würden den Kauf der entsprechenden Kleider vielleicht damit rechtfertigen, dass die Produktionsketten so komplex seien, dass unklar bliebe, wem überhaupt Glauben zu schenken sei. Außerdem seien sie nicht verantwortlich für die Herstellungsbedingungen der Kleider, die sie kaufen würden.

In den beiden geschilderten Beispielen haben wir es mit dem Problem der mangelnden Verantwortungszuschreibung zu tun – mit der Frage, wer angesichts eines ethischen Missstands für dessen Prävention oder Beseitigung zuständig ist. Philosophinnen und Philosophen sprechen in diesem Zusammenhang von «Verantwortungsdiffusion». Bei vielen globalen Problemen, wie wir sie etwa im Bereich der Umwelt- und Wirtschaftsethik antreffen, gestaltet sich die klare Zuschreibung von Verantwortung tatsächlich als schwierig: Wer ist – um nur ein Beispiel zu nennen – verantwortlich dafür, dass in kongolesischen Minen Menschen unter sklavenähnlichen Umständen Rohstoffe abbauen, während der Erlös zu großen Teilen in die Taschen der korrupten Eliten fließt, deren Privatarmeen finanziert und letztlich den Bürgerkrieg ermöglicht? Ein ganzes Netz von Akteuren ist kausal in dieses Unrecht verstrickt; doch wer ist moralisch in der Pflicht, dieses Unrecht zu beseitigen respektive wiedergutzumachen? In unserer Gesellschaft haben wir längst Systeme der moralischen Arbeitsteilung etabliert, die im Recht oftmals ihre Entsprechung finden und die Verantwortlichkeiten klar zuschreiben: So sind Ärzte verantwortlich für ihre Patienten; Eltern für ihre Kinder; Lehrerinnen für ihre Schüler auf der Schulreise; die Buchhalter für den sauberen Rechnungsabschluss usw. Da im Vornherein klar ist, wer sich worum kümmern muss («prospektive Verantwortung»), können wir im Nachhinein (wenn ein moralischer Fehler begangen wurde) relativ einfach klären, wer für den Fehler verantwortlich ist und entsprechend Wiedergutmachung leisten muss («retrospektive Verantwortung»). Eine solche moralische Arbeitsteilung mildert die Verantwortungsdiffusion und damit den Effekt, dass alle das Elend beklagen, jedoch untätig bleiben.

Die erwähnte Verantwortungsdiffusion hat auf zwei Ebenen negative Folgen: Sie kann erstens dazu führen, dass sich niemand verantwortlich fühlt, die Zustände, die zwar alle stoßend finden, auch tatsächlich zu ändern. Zweitens lässt sie jene, die etwas ändern wollen, überfordert und demotiviert zurück: Den berühmten Tropfen auf den heißen Stein leistet niemand gern. Die moralische Arbeitsteilung entlastet uns dagegen, indem wir uns um viele Probleme, die auftreten könnten, nicht zu kümmern haben, weil wir wissen, dass andere in der Pflicht sind, diese zu verhindern oder – sind sie eingetreten – zu beseitigen. Um ein moralisch integres Leben führen zu können, scheint es jedoch nicht nur von Belang, was wir einander im Nahbereich schulden, sondern ebenso, was man in

Bezug auf globale Probleme wie den Klimawandel oder die Weltarmut aus Sicht der Ethik zu tun hat. Welche Pflichten hat das Individuum in dieser Situation? Wir legen dazu abschließend und in aller Kürze zwei Vorschläge vor:

Es gibt unseres Erachtens erstens eine moralische Pflicht, uns für eine Beseitigung der Verantwortungsdiffusion einzusetzen. Wir alle sind demnach aufgerufen, uns öffentlich für Regeln und Rahmenbedingungen zu engagieren, die es einerseits den Einzelnen ermöglichen, auch hinsichtlich globaler Probleme klar definierte prospektive Verantwortlichkeiten zu übernehmen, die es andererseits aber auch leichter machen, moralische Fehler retrospektiv zuzuschreiben und die Verantwortlichen in die Pflicht zu nehmen. Ein solches Engagement kann in die Schaffung politischer Institutionen münden, aber auch in das Erstarken zivilgesellschaftlicher Bewegungen und Initiativen. Der jeweilige Beitrag des Einzelnen hin zu einer Verbesserung der Situation wird zwar klein ausfallen. Wenn sich jedoch alle gemeinsam für entsprechende Regulierungen und Rahmenbedingungen stark machen, wird sich die Situation auf Dauer durchaus verändern lassen. Nicht nur einzelne Personen, sondern auch Unternehmen sollten sich für solche Regulierungen einsetzen. Sie sollten gemeinsam mit anderen Unternehmen sowie mit staatlichen Institutionen und nichtstaatlichen Organisationen einen Beitrag dazu leisten, dass die Verantwortlichkeiten klarer definiert sind und dass Unternehmen, die sich moralisch richtig verhalten, keine Nachteile am Markt riskieren müssen.

Wir sollten zweitens, zumindest in einem gewissen Rahmen, durchaus bereit sein, mit gutem Beispiel voranzugehen. Dies zu tun bedeutet, gelegentlich auf Chancen und Möglichkeiten, die andere wahrnehmen, zu verzichten. Es gehört also die Einsicht dazu, dass ethisches Handeln zuweilen etwas kostet. Es kann anstrengend sein, sich ethisch richtig zu verhalten, und unter Umständen müssen wir auf mögliche Gewinne verzichten. Ohne Mut und ohne eine gewisse Risikobereitschaft von einzelnen Personen wird sich an den aktuellen moralischen Problemen jedoch nur wenig ändern. Wir sind also auch im Bereich der Ethik auf Personen angewiesen, die unsere Welt mit Zivilcourage, Visionen, Mut und Risikobereitschaft zum Besseren verändern möchten. Letzteres bedeutet wiederum nicht, einander zu kontrollieren, Vorhaltungen zu machen oder sich wie ein Moralapostel in die Belange anderer einzumischen. Auch in der Ethik gilt: «C'est le ton qui fait la musique.» Oder um es mit Max Frisch zu sagen: «Man sollte die Wahrheit einem anderen wie einen Mantel hinhalten, dass er hineinschlüpfen kann, nicht wie ein nasses Tuch um den Kopf schlagen.»

Weiterführende Literatur und Hilfsmittel

Einführungen in die Ethik

Ach, Johann S. & Bayertz, Kurt & Quante, Michael & Siep, Ludwig (Hrsg.) (^{4}2016): *Grundkurs Ethik. Band 1: Grundlagen,* Münster: Mentis.
Aus zahlreichen Expertenbeiträgen bestehendes Lehrmittel zum leichten Einstieg in die Grundlagen der Moralphilosophie. Mit Kontrollfragen und vielen Beispielen.

Birnbacher, Dieter (^{3}2013): *Analytische Einführung in die Ethik,* Berlin: De Gruyter.
Theoretisch ausgerichtete umfassende Darstellung ethischer Theorien und Problemstellungen, die sich an ein eher akademisches Publikum richtet.

Henning, Tim (2019): *Allgemeine Ethik,* Paderborn: Wilhelm Fink Verlag/UTB.
Knappe und übersichtliche Einführung in die Ethik, in der Grundbegriffe, Positionen aus der Philosophiegeschichte und gegenwärtige Debatten anhand von Beispielen erläutert werden.

Pauer-Studer, Herlinde (^{3}2020): *Einführung in die Ethik,* Wien: UTB.
Übersichtliches und fundiertes Studienbuch, das in die großen Theorien der Moral einführt unter Berücksichtigung der feministischen Ethik.

Weston, Anthony (^{4}2018): *A 21st Century Ethical Toolbox,* New York: Oxford University Press.
Praxisnahe und leicht verständliche Einführung in die Ethik und in die Argumentationskunst.

Lexika und Handbücher

Düwell, Marcus & Hübenthal, Christoph & Werner, Micha H. (Hrsg.) (^{3}2011): *Handbuch Ethik,* Stuttgart: J.B. Metzler.
Übersichtliches Handbuch, das in knappen Einträgen in Moraltheorien, Bereichsethiken und zentrale Begriffe der Ethik einführt und ausführliche Literaturhinweise beinhaltet.

Becker, Lawrence C. & Becker, Charlotte B. (Hrsg.) (^{2}2001): *Encyclopedia of Ethics,* New York: Routledge.
Englischsprachiges Handbuch, das auf knapp zweitausend Seiten Autoren, Theorien und Begriffe der Ethik abhandelt.

Einführungen in die angewandte Ethik

Ach, Johann S. & Bayertz, Kurt & Siep, Ludwig (Hrsg.) ([3]2011): *Grundkurs Ethik. Band 2: Anwendungen,* Paderborn: Mentis.

Zweiter Band des unter «Einführungen in die Ethik» aufgeführten *Grundkurses Ethik* (Bd. 1), der auf Problemstellungen der angewandten Ethik fokussiert.

Frey, R.G. & Wellman, Christopher Heath (Hrsg.) (2005): *A Companion to Applied Ethics,* Malden, MA: Blackwell.

Englischsprachige Aufsatzsammlung, die in rund fünfzig Beiträgen die zentralen Themen der angewandten Ethik abhandelt.

LaFollette, Hugh (Hrsg.) (2005): *The Oxford Handbook of Practical Ethics,* Oxford: Oxford University Press.

Englischsprachige Aufsatzsammlung führender Expertinnen und Experten, die auf hohem Niveau die Positionen diverser Themen der angewandten Ethik wie moralischer Status, gerechte Gesellschaft, internationale Beziehungen oder Leben und Tod darstellen.

Nida-Rümelin, Julian (Hrsg.) ([2]2012): *Angewandte Ethik. Die Bereichsethiken und ihre theoretische Fundierung,* Stuttgart: Kröner.

Führt auf hohem Niveau in die verschiedenen Bereichsethiken ein.

Wirtschafts- und Unternehmensethik

Aßländer, Michael S. (Hrsg.) (2011): *Handbuch Wirtschaftsethik,* Stuttgart: J.B. Metzler.

Übersichtliches Handbuch, das einen umfassenden Überblick bietet über die philosophischen und theoriegeschichtlichen Hintergründe der Wirtschafts- und Unternehmensethik.

Brenkert, George G. & Beauchamp, Tom L. (Hrsg.) (2010): *The Oxford Handbook of Business Ethics,* Oxford: Oxford University Press.

Das Handbuch dient als umfangreiche Einführung in die Unternehmensethik aus philosophischer Perspektive. Ein besonderer Fokus liegt auf dem Verhältnis von ethischer Theorie und Unternehmensethik.

Crane, Andrew & Matten, Dirk ([3]2010): *Business Ethics. Managing Corporate Citizenship and Sustainability in the Age of Globalization,* Oxford: Oxford University Press.

Vielseitiger Reader mit einem Fokus auf den europäischen Kontext, der zudem pädagogisch hervorragend aufbereitet ist.

Göbel, Elisabeth ([2]2006): *Unternehmensethik: Grundlagen und praktische Umsetzung,* Stuttgart: Lucius & Lucius/UTB.

Einfach gehaltenes Studienbuch, das sich mit seinen zahlreichen Literaturverweisen vorrangig an Studierende der Betriebswirtschaftslehre richtet.

Huppenbauer, Markus (2017): *Leadership und Verantwortung. Grundlagen ethischer Unternehmensführung,* Zürich: Versus.

Pragmatisch orientierte Einführung in zentrale Fragen von Unternehmensethik und Führungsverantwortung mit vielen aktuellen Beispielen.

Maak, Thomas & Ulrich, Peter (2007): *Integre Unternehmensführung. Ethisches Orientierungswissen für die Wirtschaftspraxis,* Stuttgart: Schäffer-Poeschel.

Aus fünfzehn eigenständigen Modulen bestehende anspruchsvolle Lektüre, die dennoch praxisnah bleibt.

Politische Philosophie

Goodin, Robert E. & Petit, Philip & Pogge, Thomas (Hrsg.) ([2]2012): *A Companion to Contemporary Political Philosophy,* Oxford: Blackwell.
Sammlung englischsprachiger Überblicksartikel zu den zentralen Themen der politischen Philosophie.

Herzog, Lisa (2019): *Politische Philosophie,* Paderborn: Wilhelm Fink Verlag/UTB.
Einführung in Prinzipien der politischen Philosophie, die auch nach deren Niederschlag in heutigen politischen Institutionen und unserem Verständnis politischen Handelns fragt.

Horn, Christoph ([3]2012): *Einführung in die politische Philosophie,* Darmstadt: Wissenschaftliche Buchgesellschaft.
Kompakte und historisch informierte Einführung in Grundfragen der politischen Philosophie.

Menke, Christoph & Pollmann, Arnd ([4]2017): *Philosophie der Menschenrechte zur Einführung,* Hamburg: Junius.
Systematisch-philosophische Einführung in die Menschenrechtsthematik, die trotz Breite und Tiefgang verständlich bleibt.

Umwelt- und Tierethik

Armstrong, Susan J. & Botzler, Richard G. (Hrsg.) ([3]2016): *The Animal Ethics Reader,* London: Routledge.
Sammlung von rund neunzig teils sehr kurzen Beiträgen, die in zehn Themenblöcken (Theorien über Tiere, das Essen von Tieren, Tierversuche, Tiere und Biotechnologie usw.) neben grundsätzlichen philosophischen auch sehr konkrete Fragen der Tierethik (wie exotische Arten, Jagd, Zoohaltung, Haustiere) zum Inhalt haben.

Brenner, Andreas (2014): *Umweltethik. Ein Lehr- und Lesebuch,* Würzburg: Königshausen & Neumann.
Leicht lesbares Buch, das nach einem philosophiehistorischen Abriss auf die Darstellung einzelner umweltethischer Positionen fokussiert.

Gardiner, Stephen & Thompson, Allen (Hrsg.) (2019): *The Oxford Handbook of Environmental Ethics,* Oxford: Oxford University Press.
Fünfhundertseitiges Handbuch mit über vierzig Beiträgen internationaler Expertinnen und Experten zu allen möglichen Themen der Umweltethik.

Grimm, Herwig & Wild, Markus (2016): *Tierethik zur Einführung,* Hamburg: Junius.
Gut lesbare Einführung in die moderne Tierethik, die auch kritische Reaktionen und Anwendungsfragen wie Vegetarismus und Tierexperimente behandelt.

Roser, Dominic & Seidel, Christian ([2]2015): *Ethik des Klimawandels. Eine Einführung,* Darmstadt: Wissenschaftliche Buchgesellschaft.
Gut lesbare, systematische Einführung in die aktuelle klimaethische Diskussion mit einem Fokus auf Gerechtigkeitsfragen.

Medizinethik und Klinische Ethik

Bleisch, Barbara & Büchler, Andrea (2020): *Kinder wollen. Über Autonomie und Verantwortung,* München: Hanser.
Das Buch bietet einen umfassenden Überblick über die zentralen ethischen Spannungsfelder der Reproduktionsmedizin wie Leihmutterschaft, Selektion oder genetische Optimierung. Recht und Philosophie kommen gleichermaßen zu Wort.

Schöne-Seifert, Bettina (2007): *Grundlagen der Medizinethik,* Stuttgart: Kröner Verlag.
Einfach verständliche Einführung in die zentralen Themen der Medizinethik wie Reproduktionstechnologie, Organspende oder informierte Zustimmung.

Sturma, Dieter & Heinrichs, Bert (Hrsg.) (2015): *Handbuch Bioethik,* Stuttgart: J.B. Metzler.
Umfassendes Handbuch, das einen Überblick bietet über zentrale Themen der Medizinethik wie Menschenwürde, Lebensschutz oder Hirntod.

Wallimann-Helmer, Ivo & Keller, Muriel (2018): *Ethik für medizinische Berufe. Reflexionshilfe zur Analyse ethischer Konfliktsituationen,* Zürich: Versus.
Ein Leitfaden zur strukturierten Bearbeitung medizinischer Einzelfälle in Gesundheitsberufen inklusive Lösungsvorschläge.

Wiesing, Urban (Hrsg.) ([5]2020): *Ethik in der Medizin. Ein Studienbuch,* Stuttgart: Reclam.
Grundlagenwerk für einen Überblick über die zentralen Fragen der Medizinethik. Verfasst für Medizinstudierende, empfiehlt sich das Buch aber auch auch für ein breiteres Publikum.

Einführungen in die Argumentationslehre

Bowell, Tracy & Cowan, Robert & Kemp, Gary ([5]2020): *Critical Thinking. A Concise Guide,* New York: Routledge.
Sehr gute, aber relativ anspruchsvolle Einführung ins Argumentieren, die zahlreiche Übungen (inkl. Lösungen) enthält.

Pfister, Jonas (2013): *Werkzeuge des Philosophierens,* Stuttgart: Reclam.
Gut lesbare Einführung ins Analysieren und Argumentieren, die auch ein Kapitel zum Argumentieren in der Ethik enthält.

Rosenberg, Jay F. ([6]2009): *Philosophieren. Ein Handbuch für Anfänger,* Frankfurt a.M.: Klostermann.
Ausgezeichnete Einführung in das Philosophieren, die dem Argumentieren viel Gewicht beimisst; Standardwerk.

Schleichert, Hubert ([10]2019): *Wie man mit Fundamentalisten diskutiert, ohne den Verstand zu verlieren. Anleitung zum subversiven Denken,* München: Beck.
Leicht lesbar und amüsant. Widmet sich in zehn mit vielen Beispielen versehenen Kapiteln fundamentalistischen Argumentationsmustern und ihrer Entkräftung.

Weston, Anthony ([5]2017): *A Rulebook for Arguments,* New York: Oxford University Press.
Sehr kurzer Ratgeber, der in zehn Kapiteln konkrete Regeln zum richtigen Argumentieren sowie zentrale Begriffe der Argumentationslehre vorstellt.

Internetressourcen

Filosofix – Philosophie animiert: https://www.srf.ch/kultur/gesellschaft-religion/filosofix
Animierte Versionen berühmter philosophischer Gedankenexperimente.

Routledge Encyclopedia of Philosophy: www.rep.routledge.com
Kostenpflichtige Enzyklopädie, deren rund zweitausend englischsprachige Artikel ein breites Themengebiet abdecken.

Stanford Encyclopedia of Philosophy: plato.stanford.edu
Kostenlose Seite, die in ausführlichen und anspruchsvollen Artikeln in verschiedene philosophische Probleme und Autoren einführt.

Internet Encyclopedia of Philosophy: www.iep.utm.edu
Kostenlose Website, die durch eine einfache Navigation besticht, teils aber sehr knappe Artikel enthält.

Markkula Center for Applied Ethics, Santa Clara University: www.scu.edu/ethics
Gut aufbereite Internetseite, die freien Zugriff auf zahlreiche Artikel, Veröffentlichungen und angewandte Fallbesprechungen zu diversen Bereichsethiken ermöglicht.

Stichwortverzeichnis

S

T

U

V

W

Z